LOS AMOS
DE LA
MAFIA SINDICAL

Francisco Cruz Jiménez

LOS AMOS
DE LA
MAFIA SINDICAL

temas 'de hoy.

Índice

A manera de dedicatoria

A Rosbelia Jaimes Jaimes por su paciencia, observaciones y correcciones primeras. A Priscila Galeana Arzate por sus comentarios.

A los empleados de los sindicatos ferrocarrilero, de salud, petrolero y electricista que, desinteresadamente, se sentaron a platicar conmigo sin poner una sola restricción y me allegaron material para sentarme a escribir.

Al infaltable Teófilo Abdo Kuri, juez primero de lo Familiar en la Ciudad de México, "Su Señoría", le dicen, quien en agosto de 2011, después de un juicio simulado o secreto, amañado y tramposo, ordenó congelar mis cuentas bancarias. Hasta ahora el juzgado a su "dignísimo" cargo ha sido incapaz de entregarme una sola notificación. ¿Corrupción? ¿Encargo? ¿Incapacidad? Cualquiera que sea la razón, carece de importancia. De agosto de 2011 a mayo de 2013 esperé, como lo pueden atestiguar innumerables personas, vecinos y amigos. Por eso, insisto, si algunas "notificaciones" obran en mi expediente, fueron simuladas. Hoy es claro que en algún lugar se le perdieron la buena fe y la imparcialidad. Para su fortuna o fortuna del juzgado, mi familia, asentada en uno de los pueblos del valle de Toluca, tomó a broma los intentos de hostigamiento que hicieron, en octubre de 2012, supuestos empleados del juzgado a su "dignísimo" cargo. Supuestos porque, cobardes como fueron, o ¿son?, se negaron a mostrar identificaciones oficiales. Sí, encontraron a mi familia —y hay elementos para afirmar que fueron ellos porque sólo una persona conocía esa dirección—, pero a mi casa en la Ciudad de México han sido incapaces de llegar. Como dice una de las "notificaciones" integradas al expediente: "Domicilio no encontrado". ¿Contrató el juez actuarios notificadores incapaces, corruptos? Algo pasó. Ahora, como parece que es, esperemos la venganza, un nuevo abuso de poder.

Francisco Cruz Jiménez
Mayo de 2013

Introducción

Hasta que la muerte o la cárcel los destituyan

LOS "GRANDES" LÍDERES SINDICALES de México son lo que parecen y lo que aparentan: viejos dictadores, caciques depredadores, el club de la eternidad. Una relación perversa con el poder les ha permitido forjar una gerontocracia tan profundamente antidemocrática que se han convertido en representantes emblemáticos del régimen antiguo; no admiten la crítica, ni ejercen la autocrítica, son adaptables a cualquier escenario, situación o ideología; y un despotismo ilustrado caracteriza su comportamiento; empero, el fraude radica no en engañar a sus representados, sino en que han traicionado sus principios. Sólo la muerte o la cárcel son capaces de arrancarles su liderazgo.

Como gestores económicos y sociales, son un desastre. Amalgamados con el poder, se limitan a presentar demandas y aceptar lo que el gobierno o el patrón les quieran dar. Por ellos, en México parece practicarse una sola política laboral, la del cinismo: abundancia para unos cuantos, el mundo de los privilegiados; pobreza, carestía e inflación para los más.

Su éxito se basa en la capacidad para mostrar docilidad al presidente de la República, complacer a los empresarios y contener a los trabajadores, mantenerlos en un ejército cautivo y temeroso, utilizando todo tipo de artimañas o métodos sugestivos como la cláusula de exclusión, la lista negra, y la manipulación de estatutos, autorizando su reelección "por esta única vez", cuando se proclaman dirigentes vitalicios, líderes a perpetuidad. Y eso les garantiza la funcionalidad política de su sector.

A cambio, el gobierno se hace de la vista gorda, les mantiene sus prebendas, les permite usar a sus organizaciones para lograr aspiraciones personales y alcanzar poderío económico; nada trastoca su nivel de vida de ensueño ni el de sus descendientes. Mientras sus privilegiados hijos ven cómo engordan sus cuentas bancarias, aumentan sus joyas y ujieres, se divierten en el extranjero y pueden estudiar en universidades de España, Gran Bretaña, Alemania o Estados Unidos, los hijos de sus representados enfrentan un magro porvenir. Si bien les va, éstos están condenados a vivir en las "palomeras" del Infonavit; aquéllos, en Polanco, cuando mal les va, El Pedregal, Miami o Lomas de Chapultepec.

Anclados en la impunidad o en el sindicalismo más oscuro y siempre al lado del poder, los protagonistas de esta particular gerontocracia mexicana están enquistados casi en todos los sectores y se reproducen fielmente en los estados. Aunque en algunas ocasiones se ha puesto en peligro la seguridad de los *charros*, sus nombres son de uso común: Víctor Flores Morales, Francisco Hernández Juárez, Juan Díaz de la Torre, Napoleón Gómez Urrutia, Joel Ayala Almeida, Carlos Romero Deschamps, Joaquín Gamboa Pascoe, Víctor Fuentes del Villar y Agustín Rodríguez Fuentes.

A la par de éstos, menos conocidos, hay otros iguales: Armando Neyra Chávez, Fernando Rivas Aguilar, Miguel Ángel Yudico Colín, Rafael Riva Palacio Pontones, Patricio Flores Sandoval, Enrique Aguilar Borrego, Gilberto Muñoz Mosqueda, Fernando Espino Arévalo, Antonio Reyes, Miguel Ángel Palomera de la Ree, Eduardo Rivas Aguilar y Francisco Vega Hernández.

Para ellos es letra muerta el "sufragio efectivo no reelección". Todos han seguido la "escuela" que impunemente impusieron personajes de negro historial: Elba Esther Gordillo Morales, Fidel Velázquez Sánchez, Joaquín Hernández Galicia, Carlos Jonguitud Barrios, Salustio Salgado Guzmán, Luis Gómez Zepeda, Napoleón Gómez Sada, Nezahualcóyotl de la Vega García, Venustiano Reyes, Leonardo Rodríguez Alcaine o Luis Napoleón Morones Negrete.

Muñoz Mosqueda, para ejemplificar, del Sindicato de Trabajadores de la Industria Química, tiene 36 años en el poder; Fernando Rivas Aguilar, también 36 en la industria del plástico; Reyes no se queda atrás, 36 como mandamás de los trabajadores de Fonacot, y Riva Palacio cumplirá un tiempo similar en el gremio del Infonavit; Yudico Colín, líder de transportistas, no puede contar tantos años, pero sí dos decenas, los mismos que Eduardo Rivas Aguilar.

Hay líderes invisibles. Ése es el caso del mexiquense Armando Neyra Chávez en la Sección 12 del Sindicato de Trabajadores de la Industria Embotelladora (STIE) de la Confederación de Trabajadores de México (CTM). Nadie quiere recordar cuántas reelecciones lleva. En 1970 llegó a la Secretaría General y desde entonces ha tenido una reelección tras otra.

Si no pasa nada extraordinario, Agustín Rodríguez Fuentes cumplirá en 2013 casi dos décadas como líder del Sindicato de Trabajadores de la Universidad Nacional Autónoma de México (STUNAM). Tampoco se le ven muchas ganas de irse. Hace mucho los trabajadores universitarios se convirtieron en un gremio despolitizado y desmovilizado, "en el que operan el clientelismo, el *cochupo* y el contubernio de los delegados sindicales con las autoridades administrativas", como advirtió en su momento René Rivas Ontiveros, doctor en Ciencia Política e investigador de la Máxima Casa de Estudios.

Otros son más visibles. Desde joven, Joel Ayala Almeida, líder de los burócratas federales, a través de la Federación de Sindicatos de Trabajadores al Servicio del Estado (FSTSE), desarrolló un gusto excepcional por los pura sangre. Se le ha llegado a contar la propiedad de ocho caballos. Sobre su vida sindical, los cronistas y sus enemigos afirman que es de poderío, "traición, intrigas o corrupción" y que, ya para mediados de la década de 2000, acumulaba una fortuna cercana a 15 millones de dólares. Con mano férrea mantiene desde 1977 su carrera, que consolidó como secretario general del Sindicato de la Secretaría de Salud. Ha sido diputado federal dos veces, y senador en tres ocasiones.

Para recordar su ascenso a la presidencia del Congreso del Trabajo, el cetemista Joaquín Gamboa Pascoe usó un reloj de producción limitada en oro amarillo y movimiento cronógrafo, valuado en unos

70 mil dólares. Notorio fue desde el echeverriato, pero en 1988 quedó grabado, para siempre, en la mente de un puñado de periodistas cuando, con voz fuerte y clara, les declaró: "A mí nunca me verán con guaraches".

En los estados no se quedan atrás, trabajadores y documentos hemerográficos y las luchas entre sindicatos —porque en la mayoría de las ocasiones ellos mismos son sus mayores enemigos— ofrecen testimonios vivos sobre la historia de estos personajes en la que la corrupción, la negociación de derechos sindicales, el uso clientelar de cargos públicos y los nexos con el poder fomentaron la consolidación de una oligarquía sindical mexicana, una gerontocracia que, según parece, se ha ganado el derecho a ostentar sus cargos hasta morir.

Para eso, basta revisar nombres como los del prominente ganadero veracruzano Pascual Lagunes Ochoa, de Tubos y Acero de México (TAMSA), quien, demandas al margen, supera 23 años como secretario general del sindicato de esa empresa; en cuanto a los señalamientos sobre sus valiosas joyas, caballos pura sangre y ranchos, entre otros, insiste en que la riqueza parte de una herencia familiar y de su honrado trabajo como abogado.

Una nota de *El Dictamen de Veracruz* en octubre de 2012 da cuenta de su personalidad: "La primera vez que fue encarcelado en el [ex] penal Ignacio Allende fue de 1971 a 1979, involucrado en el homicidio de un trabajador; la segunda, tres meses, por el delito de fraude durante la administración [estatal] de Dante Delgado, y, la tercera, en 1990, por sedición, motín y daños contra TAMSA". Nada le hace mella, ni las acusaciones sobre la desaparición de un fondo de 425 millones de pesos para jubilaciones. Pascual se siente libre de culpa, porque el dinero se multiplica con una buena administración.

Pero también pueden mencionarse: Reynaldo Garza Elizondo, de las maquiladoras de Reynosa; Edmundo García Román y su papel en la Federación de Trabajadores de Tamaulipas; Tereso Medina Ramírez, conocido mejor como *El Charrro Medina*, amo sindical de la CTM en el estado de Coahuila y quien en una década se enriqueció gracias al campo, dicen sus hombres de confianza; Eligio Valencia Roque, que levantó el imperio cetemista en Baja California; Jorge Doroteo Zapata, en Chihuahua, o Silvino Fernández López, quien cumple casi tres décadas al frente del Sindicato de Trabajadores de la Industria de la Radio y la Televisión (STIRT) en Yucatán. Tela hay de donde cortar.

Mención aparte merece el extinto Jesús Díaz de León, progenitor de la palabra que los hace tener algo en común, que los une, que les da identidad o los califica: *charro*, para designar a un líder corrupto, controlado por el gobierno y proclive a beneficiar, por las buenas y las malas, a los patrones. En su oportunidad, Díaz de León, a quien le gustaba encabezar, vestido de charro, las sesiones formales de su Comité Ejecutivo, "vendió" o entregó el combativo sindicato ferrocarrilero al presidente Miguel Alemán Valdés. El *charrazo*, el *charrismo* y los *charrazos* se hicieron parte del paisaje cotidiano sindical. Como quiera, el prototipo de *charro* no es él, sino Fidel Velázquez Sánchez quien, por 70 años, prohijó la formación de *charros* en cada una de las entidades del país, incluido el Distrito Federal.

En 1986, cuando preparaba su octava reelección, muy respetuosos los periodistas preguntaron:

—¿Cuándo se va don Fidel?

La respuesta no sorprendió a ninguno:

—A mí me van a sacar de la CTM con los tenis por delante.

Sus palabras fueron proféticas: 11 años después, a los 97 años de edad, salió en su féretro. Fue líder sindical hasta el último minuto del 21 de junio de 1997. Nadie lo derrotó. Lidió con 11 presidentes de la República, casi 11 sexenios y, cuando murió, no quería morir. Puso el ejemplo.

Lo mismo le pasó a Enrique Aguilar Borrego. Veintidós años se mantuvo al frente de la Federación Nacional de Sindicatos Bancarios (Fenasib), la cual agrupa a unos 70 mil de los casi 150 mil empleados que tiene el sector bancario. De la mano del Partido Revolucionario Institucional (PRI) y gracias a su cargo, fue diputado federal y presidente del Congreso del Trabajo. Sólo la muerte logró arrancarlo de la dirigencia. El 15 de junio de 2009, mientras comía con su familia, murió de un infarto. Tenía 60 años de edad.

El martes 14 agosto de 2012 se inició una guerra intestina en el Sindicato Nacional de Trabajadores del Seguro Social (SNTSS) por la sucesión de su líder, el diputado federal panista Valdemar Gutiérrez Fragoso, a quien se le declaró incapacitado para continuar en el cargo. No quería dejar el sindicato que agrupa a poco más de 430 mil trabajadores, pero en mayo de ese año sufrió un infarto. Sólo así lograron quitarlo.

El 13 de octubre, después de un cuestionado proceso, llegó a la Secretaría General Manuel Vallejo Barragán, quien cumplirá su primer periodo en 2018. Conocido como el *virrey calderonista*, Vallejo Barragán llegó con una agenda de tres puntos fundamentales para su proyecto político-gremial: "Autonomía sindical, respeto al Contrato Colectivo de Trabajo y respeto a los estatutos". Derrotado su padrino Felipe Calderón Hinojosa y puesto en las manos del PRI, el tiempo dirá de lo que es capaz.

Acostumbrado a ese mundo, también un compendio de traiciones y venganzas, el tlaxcalteca Alberto Juárez Blancas no hizo aquella promesa de Fidel, pero, como si la hubiera hecho, sólo la muerte fue capaz de arrebatarle el liderazgo de la Confederación Revolucionaria de Obreros y Campesinos (CROC). Para evitarse complicaciones, en 1975 se hizo nombrar presidente ejecutivo de esa organización. Víctima de un paro cardiaco, luego de permanecer más de 12 meses en estado de coma, murió la madrugada del jueves 27 de octubre de 2005, a los 98 años de edad. Hasta ese momento, Juárez Blancas retenía el liderazgo vitalicio de su organización.

Incuestionable su lealtad al PRI, en 2000 se sumó a la fila de dirigentes sumisos al Partido Acción Nacional (PAN). Para congratularse con el nuevo mandatario, fustigó a los "tiburones" del sector obrero que "se han enriquecido a costa de los trabajadores". Exigió castigar a esos personajes, se mordió la lengua o escupió para arriba y se curó en salud: "Mis bienes y propiedades son resultado de trabajo honesto. Estoy de acuerdo en que los funcionarios corruptos y los peces gordos sean investigados. Yo no llego ni a charal".

Y en noviembre de 2002 mostró de nuevo su incuestionable lealtad a Vicente Fox: "Jamás los he obligado [a los trabajadores croquistas] a votar por el PRI, porque tengo el concepto de que todos los políticos sólo utilizan a los obreros para ganar votos y cuando llegan al poder ni nos conocen. No tienen por qué ser fieles al PRI, pues éste sólo cuando hay fiestas nos repica las campanas y nos invita".

De pasadita, sus pares le recordaron al "charal" que vivía de las cuotas emanadas de la segunda central obrera más grande de México, cuyo poder se extendía sobre 4.5 millones de trabajadores aglutinados en 4 mil 500 sindicatos federales y locales, así como de 18 mil contratos colectivos de trabajo por lo menos.

Eternizados en el cargo, los "favores" personales que piden les son otorgados con proverbial generosidad y forman parte de la picaresca política mexicana porque, aunque en ocasiones no lo parezca, su palabra puede convertirse en un arma capaz de propiciar el deterioro de las instituciones, incluida la Presidencia de la República; hasta ahora, ninguno ha osado abrir la boca, ni los caídos en desgracia. Todos han aguantado la humillación, el escándalo, las intrigas y el descrédito; la mayoría se ha comportado como si fueran los peores enemigos de sus agremiados. Los trabajadores son una especie de vaca lechera que se puede ordeñar a cualquier hora, y la autonomía sindical, una bandera prostituida que les permite acaparar fortuna y escalar posiciones políticas.

La relación perversa con los grupos de poder ha permitido que los líderes sindicales hagan, por más inapropiada que parezca, ostentación pública de su gran fortuna personal: joyas deslumbrantes, inalcanzables hasta para los sueños de un trabajador; automóviles último modelo, de colección; residencias en exclusivos barrios de la Ciudad de México, en zonas turísticas nacionales y el extranjero; o cuenten, cual hazaña deportiva, cómo recibían gruesos fajos de billetes, del gobierno, para gastar en Washington.

¿Acaso son necesarios los sindicatos? Los líderes lo saben, como saben todos que tienen un problema de imagen, pero parece no importarles. El derroche sólo es limitado por la imaginación. Gastan cual príncipes europeos o los "magnates" que son. Por ejemplo, la modesta profesora Elba Esther Gordillo Morales, quien llegó a humillar a secretarios de Estado, gobernadores y candidatos presidenciales, abrió 80 cuentas bancarias y se hizo de 70 propiedades, entre las cuales destacan sus espectaculares mansiones en Polanco y San Diego, que en conjunto superan valuaciones de 10 millones de dólares.

A Víctor Flores, cuyo ascenso se le notó usando, cada vez más, zapatos, camisas y trajes más finos, es frecuente verlo con un reloj de oro, de 50 mil dólares, en la muñeca del brazo derecho; inimaginable no sólo para un trabajador de salario mínimo, sino hasta para aquel que pudiera ganar dos. Napoleón Gómez Urrutia se hizo construir una casa de descanso en la punta del cerro El Tepozteco, de 28 mil metros cuadrados —la napoleónica— valuada en 4 millones de dólares; también impensable para un obrero que gane 300 pesos diarios. Y famosos eran los anillos de piedras preciosas —uno para cada dedo de cada mano— de Luis N. Morones, quizás el líder más poderoso que ha tenido México, secretario de Industria, Comercio y Trabajo en el gabinete de Plutarco Elías Calles, el *Jefe Máximo* de la Revolución.

En marzo de 2013, el periodista Julio Aguilar escribió: "Desde Morones, la bonanza de los líderes puede apreciarse como en catálogo. [...] De la prudencia del longevo Fidel Velázquez, quien evitó mostrar su prosperidad ante varias generaciones de mexicanos durante el siglo XX, al desenfrenado exhibicionismo de Elba Esther, una *fashion victim* en eternas compras compulsivas. Pero incluso al cauto líder histórico de la CTM hoy puede documentársele al menos una mínima parte de un patrimonio difícilmente explicable, dado su modesto origen campesino y su prolongado empleo como líder obrero en un país con pobreza ancestral: vivía en una bonita residencia en las Lomas de Chapultepec".

La mayoría de los líderes sindicales *charros* han seguido el mismo camino; unos cuantos, poquísimos años en la brega y luego al escritorio para convertirse en defensores y gestores de la causa propia o la familiar. El petrolero Carlos Romero Deschamps puede servir de testimonio: aseguró el porvenir de sus familiares por cerca de mil años.

El extraordinario *boom* financiero de los dirigentes sindicales mexicanos se ha documentado paso a paso. A Romero Deschamps se le ha visto dar la hora con relojes Rolex y Audemars Piguet, cuyo precio oscila entre 50 mil y 200 mil dólares. Como los demás dirigentes, tiene una obsesión especial por los bienes raíces: su "casita" en el bulevar Kukulcán, en Cancún, tiene un valor cercano al millón y medio de dólares en el mercado inmobiliario mexicano.

Sus hijos Carlos y Paulina representan la imagen más acabada de la opulencia, el derroche y el exceso: él manejando un Ferrari Enzo; ella paseando en lujosos yates y aviones privados. En 2011, Romero Deschamps recibió 282 millones de pesos por concepto de "ayudas al comité ejecutivo" del sindicato, y 200 millones provenientes de cuotas sindicales.

Los sindicatos aparecen, en papel, como organizaciones que tienen por misión defender los derechos del trabajador. El diccionario de la Real Academia Española lo define con claridad: "Asociación de trabajadores constituida para la defensa y promoción de intereses profesionales, económicos o sociales de sus miembros". En México, los hechos los muestran como un gran lastre que arrastra la sociedad.

Los amos de la mafia sindical rescata ocho historias de larga duración que muestran no sólo a los ocho dirigentes más poderosos del país, sino las perversiones y deformaciones de una burocracia sindical que se queda con la enorme fortuna de las cuotas de sus agremiados, sobre las cuales no hay transparencia ni control. Sí, hay más, pero estos ocho pintan la triste y compleja historia de una realidad.

Capítulo I

Infierno en Ferrocarriles

COMO TODAS LAS BUENAS HISTORIAS alrededor del sindicalismo en México, la de Ferrocarriles empezó mucho antes de la llegada del *charro* sumiso Víctor Félix Flores Morales; comenzó con una lucha y un hombre fiero y de principios que la encabezó. Su nombre: Demetrio Vallejo Martínez, memoria viva y uno de los máximos símbolos de la lucha obrera por la reivindicación del sindicalismo independiente; un oaxaqueño altivo, indoblegable hombre de hierro que, en junio de 1958, llegó a la Secretaría Nacional. No hubo ni una duda, ni protesta: 56 mil votos contra nueve de Salvador Quiroz —aunque en algunos registros aparece también el nombre de José María Lara—, impulsado por la Secretaría del Trabajo.

Por añadidura, se le otorgó la Presidencia de la Gran Comisión pro Aumento de Salarios del gremio. Vallejo tenía una comprensión intuitiva de los problemas de sus compañeros y era dueño de una impresionante perspicacia y astucia. Su movimiento rescataba las líneas que, desde su fundación el 13 de enero de 1933, había establecido el Sindicato de Trabajadores Ferrocarrileros de la República Mexicana (STFRM), cuando contaba entre sus filas con 35 mil trabajadores: "Eliminar los obstáculos que dificulten el progreso y la consecución del poder para los trabajadores". Vallejo era congruente. Desafió a los presidentes Adolfo Ruiz Cortines y Adolfo López Mateos. Entre finales de marzo y principios de abril de 1959 estuvo a la cabeza de la huelga histórica de los rieleros.

Con el líder campesino morelense Rubén Jaramillo Némez,[1] estaba en los primeros lugares de los personajes que López Mateos quería eliminar desde que empezó su administración el I de diciembre de 1958. Pero ni éste, ni su antecesor, Ruiz Cortines, encontraron la fórmula para acabar con la popularidad de Vallejo y Jaramillo. La hostilidad y persecución contra el primero empeoraron con aquel paro del 59. La represión dejó un saldo de, al menos, 3 mil trabajadores detenidos en todo el país, entre ellos Vallejo, Hugo Ponce de León y Alberto Lumbreras. Luego se les se sumaría otro histórico luchador, Valentín Campa Salazar.

El vallejismo venció al miedo, marcó para siempre las luchas del siglo XX, unificó a trabajadores de todo el país, involucró a sectores de la sociedad que no tenían relación con los ferrocarrileros y resistió los embates del gobierno, pero el ejército le respondería con la tortura y otras medidas salvajes: de los 3 mil detenidos, 800 lo fueron por largos periodos, 150 fueron acusados de ser agitadores comunistas y por lo menos 500 fueron a juicio. El encarcelamiento de Vallejo se dio a través del alegato de imaginarios delitos contra la República: sabotaje y disolución social. Casi 12 años lo mantuvieron en prisión —en el *Palacio Negro de Lecumberri*—, pero también tras las

---

[1] Como la de Vallejo, quien se negó a mendigar o a ponerse de rodillas, la lucha jaramillista, documentada después del zapatismo, se retoma a partir de 1942, en el marco de una huelga en el ingenio azucarero de Zacatepec, donde obreros y campesinos se unieron para exigir respeto a sus derechos. Perseguido por pistoleros a sueldo del ingenio, por liderar esa lucha, Jaramillo retomó las armas enterradas al término de la Revolución. Fue éste uno de los tres primeros levantamientos que dieron nacimiento a la guerrilla moderna y que revela, para muchos especialistas, la vigencia del legado zapatista. En una respuesta *creativa*, el gobierno recurrió a la represión violenta y el ajusticiamiento. El 23 de mayo de 1962, una partida de la Policía Militar —que sólo pudo haber actuado por órdenes de la Secretaría de Gobernación, a cargo del poblano Gustavo Díaz Ordaz, y con el visto bueno del presidente López Mateos— lo sacó de su casa en Tlaquiltenango, Morelos, y lo ejecutó. El crimen se lo cargaron a policías judiciales, pero los militares también ejecutaron a Epifania Zúñiga, la esposa embarazada de Jaramillo, así como a los hijos de ambos: Rubén Enrique, de 20 años de edad; Filemón, de 24, y Ricardo, de 28. En aquel crimen de Estado estuvieron involucrados Luis Echeverría Álvarez, subsecretario de Gobernación, y Fernando Gutiérrez Barrios, subdirector de la Dirección Federal de Seguridad (DFS), la policía política del régimen, hasta que desapareció.

rejas desafió a la Presidencia de la República. Lo encarcelaron, pero no lo doblegaron.

Sin embargo, su encarcelamiento fue un golpe brutal para el sindicalismo obrero. Como primera medida de control, el gobierno lopezmateísta impuso a los ferrocarrileros el liderazgo dócil de Alfredo A. Fabela hasta 1962. Ese año, a través del golpeador y represor chiapaneco Salomón González Blanco —desde su despacho mayor en la Secretaría del Trabajo—, el presidente López Mateos apretó las tuercas todavía más y llevó a la Secretaría Nacional del sindicato a un *charro* mayor, quien alguna vez intentó navegar con bandera de democrático: Luis Gómez Zepeda o Luis Gómez Z, como le gustaba ser llamado.

Corrompido y corrompiendo, éste se quedaría allí hasta 1968 y mantendría el control de la organización hasta 1992 a través de sus marionetas José C. Romero Flores, Mariano Villanueva Molina, Tomás Rangel Perales, Jesús Martínez Gortari, Faustino Alba Zavala, Jorge Oropeza Vázquez, Jorge Peralta Vargas y Lorenzo Duarte García. Y con él, con Gómez Z, comienza la historia que rige el presente del movimiento ferrocarrilero; con él también se fincan los procedimientos, fraudes y malversaciones que decidirían su futuro y el futuro de un sindicato histórico y revolucionario, hasta casi su extinción, con el veracruzano Víctor Félix Flores Morales, mejor conocido como Víctor Flores.

Ajustado a los intereses del *charrismo* sindical y a la desproporcionada repartición de la riqueza —a manos llenas para líderes, y mendrugos para el trabajador—, el nombre de Víctor Flores está rodeado por secretos a voces, referencias de abuso, insinuaciones sobre crímenes, denuncias públicas de corrupción, compra de periodistas y gansterismo. Su imagen como líder del sindicato ferrocarrilero ha quedado detenida en los vericuetos del poder y una maraña de complicidades; en términos rieleros, sortea el camino de tierra fangosa, cascajo, durmientes apolillados y residuos de cualquier abandonado taller de trenes. Muchos desean acabar con el reinado de este viejo bailarín, maestro de vals, que forjó su ascenso al más puro estilo priista y lo robusteció durante el gobierno de los panistas Vicente Fox Quesada y Felipe de Jesús Calderón Hinojosa, pero nadie se atreve a hacerlo.

Desde el 1 de febrero de 1995, el ahora septuagenario Flores engalana una deshonrosa galería de dirigentes que se arrebujan en los vicios del sindicalismo, las componendas internas de los partidos políticos o el desaliño de los puestos públicos, y en la que destacan como actores principales Joaquín Hernández Galicia, Jorge Peralta Vargas, Eduardo Rivas Aguilar, Miguel Ángel Yudico Colín, Francisco Vega Hernández, Gilberto Muñoz Mosqueda y Antonio Reyes; además de los histriónicos y desaparecidos Fidel Velázquez Sánchez, Leonardo *La Güera* Rodríguez Alcaine, Napoleón Gómez Sada, Nezahualcóyotl de la Vega García, Sebastián Guzmán Cabrera, Salvador Barragán Camacho, Luis Gómez Zepeda y el folclórico Jesús Díaz de León

De estatura baja, moreno, bravucón, despótico, de figura desaliñada —cuyo rostro picado, como de piña, y apariencia corporal distan mucho de los jóvenes bonitos, telegénicos, del nuevo PRI— y vestir a veces disparatado por sus particulares combinaciones de camisas de seda, Flores ha dado mucho de qué hablar. Confeccionando, cual si fuera sastre, su liderazgo a la medida del presidente en turno, como una sombra lo persiguen cientos de denuncias —los números han llegado hasta 15 mil— presentadas por ferrocarrileros, quienes lo involucran en desvíos multimillonarios de los fondos de liquidación de Ferrocarriles Nacionales. Su credibilidad está en duda desde antes de ascender a la Secretaría Nacional. A partir de entonces enfrenta acusaciones por malversación y enriquecimiento ilícito.

Nadie en su sano juicio le pediría una rendición de cuentas ni sostendría una discusión teórica sobre lo que ha pasado en su sindicato en los últimos 30 años. Y nada parece exagerado cuando se habla de él, se le cuestiona o se le critica. No ha tenido reparos para lucir en la muñeca del brazo derecho, por ejemplo, relojes costosísimos. Una de tantas anécdotas —plasmada para la historia en fotografías de algunos diarios— narra cómo, durante la ratificación de Joaquín Gamboa Pascoe como presidente del Congreso del Trabajo, en 2009, Flores lució uno de la prestigiosa marca Vacheron Constantin con correa de piel, bisel y caja en oro amarillo, máscara de turquesa, valuado en 50 mil dólares. A pesar del hermetismo judicial, se sabe que al menos se han presentado dos denuncias legales por malversación de fondos.

Y ferrocarrileros jubilados le han documentado, en diversas épocas y al mismo tiempo, la propiedad de seis automóviles para uso personal: de Mercedes-Benz a Jaguar, camionetas Lincoln, Land Rover, Ford Expedition y Suburban.

Hasta el cuestionado dirigente minero Napoleón Gómez Urrutia, prófugo de la justicia y autoexiliado en Canadá, y Francisco Hernández Juárez, *virrey* de los telefonistas, lo han cuestionado. Jesús Ortega Martínez, ex presidente del Partido de la Revolución Democrática (PRD), demandó a Flores en mayo de 2003 por desviar 600 millones de pesos de las pensiones de los obreros para la campaña presidencial de Ernesto Zedillo en 1995; y los trabajadores lo denunciaron públicamente por el mismo delito, pero para la campaña presidencial de Francisco Labastida Ochoa en 2000. También se le ha acusado por los delitos de fraude, abuso de confianza, discriminación relacionada con derechos laborales y amenazas.

En 2005, el líder del STFRM fue acusado de aprovechar el proceso de liquidación de Ferrocarriles para despojar a los jubilados de más de 30 mil millones de pesos y saquear los fondos que tenían ahorrados desde 1936 en la sociedad mutualista Previsión Obrera que desapareció, quebrada, en 1998. Valga decir que fue ésta la crónica de una quiebra anunciada con mucha anticipación. Una revisión que llevó a cabo la Comisión Nacional de Seguros y Fianzas (CNSF) durante la primera semana de octubre de 1986 encontró que había un faltante preliminar superior a 32 mil millones de pesos en las reservas técnicas.

El manejo de los recursos fue siempre un caos. Flores y sus antecesores no supieron cómo administrarlos o, de plano, se dedicaron a utilizarlos para otros fines. Se calcula, por ejemplo, que el sindicato se lleva unos 40 millones de pesos al año —unos 19 millones de pesos por cuotas y otra cantidad similar en honorarios del Fideicomiso Ferronalesjub, una figura fiduciaria creada con dinero de los ferrocarrileros—. Si ha de confiarse en los números oficiales, el STFRM tiene unos 81 mil afiliados, de los cuales sólo poco más de 23 mil están en activo y 57 mil jubilados. Hasta 1992, antes de que empezaran los programas de retiro voluntario, el sindicato contaba con 120 mil trabajadores. Y en menos de dos sexenios —Carlos Salinas y Ernesto Zedillo—, la planta laboral se redujo de 100 mil trabajadores a 15 mil —algunos ponen el número en 30 mil, pero sin las prestaciones ni la seguridad que tenían hasta antes de 1995—. El contrato colectivo de más de 2 mil páginas se cortó a menos de 100, mientras el número de cláusulas pasó de 3 mil 35 a sólo 208 en 1996 y, una década más tarde, bajó a 38. Aunque los socios jubilados cuentan con un representante nacional y pueden participar en las asambleas, y a pesar de que son mayoría y pagan sus cuotas sindicales puntualmente, no tienen derecho a voto. Por eso, Flores y su equipo tienen asegurada, hasta 2018, su injerencia en el fondo de pensiones.

La CNSF levantó un acta en la cual se hace constar que hasta diciembre de 1995 el sindicato había sacado de la sociedad mutualista más de 22 mil millones de pesos mediante préstamos, algunos dedicados a apoyar campañas priistas. Así, en agosto de 1994, siendo Flores tesorero del sindicato, recibió 900 mil pesos para "promoción del voto ciudadano" con motivo de las elecciones federales de ese año. Cada vez que el entonces presidente Zedillo visitaba el sindicato se sacaban recursos del fondo mutualista para organizar la bienvenida a su "jefe", el Ejecutivo en turno, y otros encuentros similares, advirtieron Fabiola Martínez y Andrea Becerril, en un amplio reportaje que publicaron en la edición del 4 de octubre en el periódico *La Jornada*.

La marca distintiva de Ferrocarriles Nacionales es y ha sido el escándalo. Pero en septiembre de 2010 los jubilados enfrentaron, quizás, su momento más dramático cuando se enteraron de que los líderes del sindicato se habían acabado el dinero para el pago vitalicio de pensiones y jubilaciones de los trabajadores, depositado en el llamado Fideicomiso Ferronalesjub 5012-6, proyectado para cubrir pagos hasta 2032 y que contaba con un monto de 19 mil 568 millones 961 mil 329 pesos. En otras palabras, estaba a un paso de la bancarrota y necesitaba, de emergencia, fondos gubernamentales. Por extrañas razones —mucho se atribuyó al agradecimiento del entonces presidente Felipe Calderón Hinojosa porque Flores le mantuvo a raya a los ferrocarrileros—, las secretarías de Hacienda y Comunicaciones aceptaron cubrir el déficit de 15 mil 699 millones de pesos.

El periódico *Reforma* dio a conocer en su edición del 20 de septiembre de aquel año que "según una auditoría practicada a dicho fondo, creado en 1997, sólo se han destinado 4 millones de pesos mensuales al pago de pensiones y jubilaciones. [...] Unos 220 millones de pesos mensuales han sido utilizados en prestaciones de los fideicomisarios, gastos de administración, honorarios e impuestos. También se ha detectado el pago a ferrocarrileros ya muertos. [...] Los jubilados han denunciado a la dirigencia por fraude y desvío del fideicomiso. En un oficio enviado a Hacienda el 28 de julio de 2010, legisladores solicitan que se atiendan las recomendaciones que formuló la Auditoría Superior de la Federación (ASF), dentro de las revisiones a las Cuentas Públicas de 2004 y 2007, respecto al fideicomiso. [...] La ASF detectó en 2004 que no se acreditó el pago de pensiones del orden de 17.1 millones de pesos por 111 jubilados con edad mayor a 98 años. [...] En el análisis de 2007, la ASF observó un déficit de 13 mil 817 millones 800 mil pesos".

Lleno de sospechas

En 1995, izada en todo lo alto la bandera del neoliberalismo económico, en un proceso turbio y ciertamente anunciado desde julio de 1993, Víctor Flores llegó a la Secretaría Nacional y se puso en marcha el programa por el que el gobierno entregó Ferrocarriles Nacionales de México (Ferronales o FNM) a la iniciativa privada. Ese año, el ferrocarril histórico murió, fue privatizado y en 1997 se suspendió el servicio de pasajeros. El ferrocarril se descarriló en medio de la ineptitud y la corrupción. Triste e irónica la herencia: desmantelamiento de talleres; pueblos fantasma; abandono de estaciones que por décadas sirvieron de tránsito al tren de carga y pasajeros —Ciudad Ixtepec, Empalme, Benjamín Hill—; fogoneros, auditores, maquinistas, despachadores, guardavías, carpinteros, garroteros y electricistas en el desempleo. Y el control de 20 mil 687 kilómetros de vías en manos de cinco grupos empresariales: Ferrovalle, con Ferrocarril y Terminal Valle de México; Ferromex, Pacífico

Norte; Ferrosur, Sureste; FIT, Istmo de Tehuantepec, y Kansas City Southern de México S.A. de C.V. (antes TFM), Noreste.

La complicidad de la dirigencia encabezada por Flores permitió a Zedillo cumplir con los lineamientos del Banco Mundial (BM) que promovía la privatización en todos los países del llamado Tercer Mundo. Según señalaba, el ferrocarril debía ser concentrado y operado en su totalidad por el sector privado para cumplir con la apertura que promulgaba el libre comercio. Las presiones del organismo se habían dejado sentir desde mayo de 1992, cuando una comitiva encabezada por el analista financiero Zvi Raanan, el ingeniero José Baigorria y el economista Robin Carruthers sugirió que Ferronales adoptara un programa para racionalizar y modernizar el sistema ferroviario mexicano. Los primeros pasos se darían a través de la subcontratación de talleres y algunos servicios. Dócil y adelantándose a los deseos presidenciales, el sindicato aceptó modificar el contrato colectivo de trabajo.

Como la de muchas otras privatizaciones entre el salinato y el zedillismo, la historia de la liquidación de Ferronales está plagada de puntos oscuros y sólo algunas verdades: las primeras subcontrataciones se reportaron en mayo de 1994. Talleres de Monterrey, el Valle de México y Xalapa se entregaron a la firma francesa-inglesa GEC-Alsthom. Nada detuvo el proceso: un mes más tarde el consorcio Gimco —dedicado a la operación de talleres de reparación y mantenimiento de locomotoras y carros de ferrocarril, que incluía a la firma canadiense VMV— operaba talleres de Chihuahua y Torreón, donde presta servicios a locomotoras propiedad de Ferromex. En noviembre de 1999, Gimco puso en marcha un proceso, que concluyó en enero 2000, para deshacerse de todas sus acciones de capital social —menos una—. Los estadounidenses entrarían por San Luis Potosí y Acámbaro, Michoacán, a través de Morrison Knudsen, y se suprimieron los talleres de la región Benjamín Hill, en el estado de Sonora.

Verdad también es que, después de más de dos años de largas e interminables discusiones, acalorados debates sobre la privatización, el cambio de patrón era un hecho y lo trabajadores fueron obligados a renunciar, aceptar el retiro voluntario o jubilarse. En cualquiera de los casos, los que se quedaran perderían su antigüedad y sus históricas condiciones de trabajo al ser recontratados por los nuevos empresarios. No había nada peor; bueno, sí, según las amenazas que les llegaban por todos lados: el desempleo, porque serían incluidos en una lista negra si se negaban a firmar algunos documentos a su sindicato. En algunas secciones, como en la 8 de Empalme, Sonora, los 3 mil 700 sindicalizados se decidieron por el paro. Y estallaron en huelga. Fue una victoria parcial de los trabajadores, pero no hubo marcha atrás. La privatización era un hecho.

En esta primerísima etapa, 8 mil trabajadores quedaron desempleados. La gran oleada de la privatización llegó en marzo de 1996 con la primera concesión —o permiso especial del gobierno federal a empresarios privados para operar ferrocarriles— por 50 años; el gobierno zedillista recibió unos mil 400 millones de dólares. La dirigencia *florista* se convirtió en un aliado muy eficaz de las privatizaciones, partidaria de la empresa estatal, simpatizante de los nuevos patrones y una muy pobre defensora de los sindicalizados. Desde entonces, ha formado una mano de obra dócil y maleable al capricho de los empresarios.

El proceso de privatización y el otorgamiento de concesiones a empresas privadas para operar el ferrocarril no pudo ser más calamitoso para los trabajadores. A decir verdad, con el apoyo de dirigentes como Jorge Peralta Vargas, Lorenzo Duarte García, Praxedis Fraustro Esquivel, Antonio Castellanos Tovar y Víctor Flores, el neoliberalismo, que se puso en marcha durante el gobierno de Miguel de la Madrid Hurtado (del 1 de diciembre de 1982 al 30 de noviembre de 1988), resultó una herramienta eficaz para minar, lenta e inevitablemente, a los ferrocarrileros. De la Madrid aceptó todas las políticas impuestas por los organismos financieros internacionales. Se comprometió a no conceder ningún aumento salarial a los trabajadores.

Y en ese proceso que se prolongó durante 18 años o tres sexenios —De la Madrid, Salinas y Zedillo, aunque los panistas Vicente Fox y Felipe Calderón seguirían por el mismo camino—, los sindicatos corporativistas renunciaron, de nueva cuenta, a sus derechos. Los trabajadores quedaron a la deriva. En ese contexto, durante los primeros años de la década de 1990, Ferronales vivió una lucha muy violenta por el control de un sindicato que históricamente se articulaba en políticas clientelares y había pasado por etapas en las que la gerencia de la empresa y la Secretaría General del sindicato —cuyos nombramientos salían desde la Presidencia de la República— eran cabecillas de bandas internas dedicadas al robo de piezas, la rapiña, el hurto de equipaje. El director gerente y el líder controlaban una empresa que ellos mismos se encargaban de saquear. Valgan las palabras, eran ladrones con licencia gubernamental. Todo lo que se decía de Ferrocarriles era verdad. Era una copia de las buenas y malas películas de gánsters producidas por Hollywood.

"El robo es una de las prácticas empresariales más comunes y extendida hacia algunos trabajadores de confianza y de base, que afectan la productividad y, por ende, la rentabilidad de la empresa. Tan sólo en el periódico *El Rielero* aparecen 60 artículos relacionados con la corrupción o robo empresarial en el periodo 1970-1980. Es precisamente el periodo administrativo de Gómez Zepeda. [Y] una de las prácticas corruptas empresariales más frecuentes se realiza con la adquisición de locomotoras", escribió Marco Antonio Leyva Piña, investigador de la Universidad Autónoma Metropolitana (UAM) Unidad Iztapalapa.

En su estudio *Poder y dominación en Ferrocarriles Nacionales de México 1970-1988*, que se publicaría en 1995 como libro patrocinado por la universidad y la fundación Friedrich Ebert Stiftung, Leyva Piña cuenta cómo en 1978 Gómez Z adquirió, con opción a compra en cinco años, 37 máquinas usadas, pero al llegar a México, "muchas tuvieron que ir directamente al taller porque eran de desecho. [...] Gómez Z, es el mejor cliente que los gringos han tenido para guardar chatarra". En 1972 *El Rielero* daba cuenta también de cómo, en San Luis Potosí —y sólo era una imagen de lo que pasaba en el resto del país—, encargos que podían ser ejecutados por los trabajadores de planta eran enviados a talleres particulares. "El subgerente, ingeniero Roberto Méndez, mandaba a reparar las armaduras eléctricas, motores de tracción y generadores principales para ser embobinados en un taller de su propiedad. Y Ferrocarriles compraba, a particulares, las

29

zapatas, cuando la planta de Aguascalientes —donde podían fabricarse— trabajaba al 50 por ciento de su capacidad".

Amparado en la protección de los secretarios de Comunicaciones, Gómez se había tomado otras "pequeñas" licencias, como desaparecer el sistema de talleres de fundición para hacerse de un negocio personal con la chatarra de los ferrocarriles —de motores de las máquinas a las vías—. En el saqueo, escribió Leyva Piña, "algunos trabajadores participan como 'hormiguitas', poco a poquito se llevan lo que consideran que 'está mal puesto', desde alambre, estopa, instrumentos de trabajo, todo lo que sea posible para compensarse los bajos salarios. También es frecuente que los empleados de la vigilancia estén en complicidad con bandas de delincuentes para atracar los furgones de carga".

Todos se robaban a todos y todos robaban a la empresa. Ferronales —empresa en la que los requisitos de ingreso fundamentales eran el parentesco o derecho de sangre, el más importante y que dio nacimiento a la llamada *realeza ferrocarrilera*, recomendación del líder sindical, compadrazgo, "parentesco" matrimonial y, de cuando en cuando porque tenía a su disposición personal 101 de las 711 plazas de confianza, el dedazo directo de la Gerencia General— fue aceptando como normales las prácticas corruptas desde el liderazgo sindical y administrativo, o desde la plaza en la categoría más baja del escalafón hasta la de más alta remuneración. Entre sindicalizados y de confianza, la corrupción era vista como una especie de complementación económica, una esperanza de vida. Como en ninguna otra empresa aplicaba el señalamiento "la corrupción somos todos".

Por esa malsana normalidad nadie quiso mirar al pasado cuando en febrero de 1986 fue impuesto, en la Secretaría Nacional del Sindicato, un asesino convicto. Los oscuros hilos que tejen esta historia son contados por Fernando Miranda Servín en su libro *La otra cara del líder. La historia de un capo sindical ferrocarrilero*, de 1992, que dio paso en 1993 a *La otra cara del líder. Otro delincuente en el sindicato*, cuya edición fue financiada en su totalidad por el propio Víctor Flores, en aquella época el ambicioso tesorero del STFRM. A este libro seguiría, en 2006, el proyecto inconcluso de *Un asesino en el sindicato*, texto que, por falta de editores, fue dado a conocer al público a través de un blog en Internet con el mismo nombre. En este último documento, el autor reconocería y confesaría cómo y por qué aceptó escribir por encargo contra el entonces dirigente Praxedis Fraustro Esquivel, víctima en 1993 de un atentado con arma de fuego.

Hoy, ya sereno, amable como es desde siempre y en una vivienda modesta, muy alejado de la política sindical ferrocarrilera, Fernando acepta que no está muy orgulloso con la presentación de aquel texto en el que, "a petición de Víctor Flores", hizo en la portada dos señalamientos mordaces y violentos que impactaron directo en los de por sí endebles cimientos ferrocarrileros y sacaron a la superficie el desbarajuste sindical: "Caso Lombardo —titular de la Secretaría de Comunicaciones y Transportes— es homosexual: dice Praxedis Fraustro" y "otro delincuente en el sindicato ferrocarrilero".

Bajo la premisa de que haber escrito un libro por encargo suele convertirse en un bumerán, Miranda Servín no se esconde ni agacha la cara: "Cometí errores, es cierto; no estoy orgulloso de eso; sin embargo, pese a todos los señalamientos que me hicieron y siguen haciendo —traición, chantaje y extorsión, entre otros; además de una lista interminable de calificativos— ninguno de los líderes sindicales ni los ferrocarrileros me acusó de mentir. Por el contrario, el libro vendió y vendió muy bien porque la información salió de los obreros, porque estuve en las entrañas del sindicato y porque entre mediados de 1991 y principios de 1992 viví una contienda interna en la que dos delincuentes se disputaron la Secretaría Nacional.

"En la primera, segunda y tercera edición exhibí las corruptelas de la mafia sindical ferrocarrilera gomezetista, que, hasta ese momento, había ostentado el control absoluto de este sindicato. Luego, invitado por el mismo Praxedis, colaboré en su equipo de campaña ayudándole a redactar su plataforma política y algunos de sus discursos. Le ganamos al grupo *charro* de Gómez Zepeda, pero el esperado cambio nunca llegó, ya que Praxedis resultó ser igual que los anteriores secretarios y este hecho también lo expuse en la cuarta edición corregida y aumentada de *La otra cara del líder*.

"Pueden acusarme de ser mal escritor, de inconsistencias en la

31

redacción y en las secuencias verbales, de haber acomodado mal la denuncia pública e incluso de usar un lenguaje poco apropiado, pero, transcurridos 20 años desde la primera aparición de estos libros de autor, nadie ha dicho que mentí. Ni siquiera se descalificó aquella polémica cita sobre Caso Lombardo. Todo estuvo apoyado en documentos internos del sindicato, que me proporcionaron ferrocarrileros cansados de la rapiña de la cúpula sindical", sazonada por la presencia de un Víctor Flores que se elevaría hasta convertirse en el líder que es hoy.

Las luchas sórdidas del sindicato han acaparado muchas páginas de la prensa mexicana que validan la posición de Fernando: a fines de agosto de 1993, dos meses después de la aparición de la cuarta edición de *La otra cara del líder*, se hicieron señalamientos y acusaciones públicas para indagar a Gómez Zepeda, líder vitalicio del grupo *Héroe de Nacozari* y que de 1946 a 1992 —con la breve interrupción de Vallejo entre junio de 1958 y marzo de 1959— controló al sindicato ferrocarrilero; al veracruzano Peralta, líder de 1986 a 1989; y al secretario salinista de Comunicaciones y Transportes, Andrés Caso Lombardo, "ante la sospecha de que alguno o todos ellos pudieran tener" alguna responsabilidad en el atentado que costó la vida a Praxedis, como publicó la revista *Proceso* el día 23 en el reportaje "En el sindicato ferrocarrilero, disputa por el poder y la riqueza; trasfondo de la muerte de los líderes Lorenzo Duarte y Praxedis Fraustro".

Enrique Isaac Fraustro, hijo del asesinado dirigente; Jesús Godoy Alvarado, jefe de seguridad; Francisco Peña Medina, responsable de prensa, y el abogado Juan Medardo Pérez cuestionaron el resultado de las investigaciones oficiales y aportaron informes para que la policía capturara a los verdaderos responsables del crimen. Enrique Isaac fue un poco más nítido en sus declaraciones a la revista: "Desde 1986, cuando Peralta Vargas fue secretario general del STFRM, una persona le dijo a mi papá que Víctor Flores había llegado de Monterrey con instrucciones de matarlo. Mi papá decidió presentar la denuncia, en la que responsabilizó a Peralta de lo que le pasara a él y a su familia". Las declaraciones de Isaac Fraustro quedaron sepultadas en una maraña burocrática-judicial que avanzó poco, por no decir nada, en la investigación. Por otro lado, la peligrosidad de Peralta ha sido ratificada por muchos otros testimonios.

"Miranda Servín ha denunciado las amenazas que contra su padre, Fernando Miranda Martínez, habría proferido el ex líder ferrocarrilero Jorge Peralta Vargas, cuya historia sindical forma parte del tenebroso entramado del que finalmente resultó como producto más conocido el actual dirigente ferroviario Víctor Flores. Miranda es compositor y ha producido de manera independiente el disco *Por la avenida Insurgentes*, y además ha escrito el libro *La otra cara del líder*, en el que se relatan las peripecias judiciales y políticas de Peralta. [...] Temeroso de que contra él y su familia se pudiesen reproducir los episodios de homicidios sangrientos y actos porriles que caracterizan el actuar de los líderes rieleros actuales, Miranda Servín investigó el quehacer de Peralta y encontró que desde años atrás ocupa una oficina en Cuauhtémoc 1138, en la Ciudad de México, en cuyo teléfono se contestan las llamadas diciendo que allí es la Unidad de Información del secretario de Comunicaciones y Transportes, que en esa fecha era Carlos Ruiz Sacristán. Tal versión ya había sido conocida por esta columna, aunque sin precisión de número de teléfono y de domicilio. En el esquema de cooptaciones, la SCT habría adjudicado oficina, personal y prerrogativas al sombrío personaje que sigue teniendo influencia sustancial en el manejo de los asuntos ferrocarrileros", escribió el martes 23 de julio de 1998 Julio Hernández López en su columna "Astilleros", que publica en el periódico *La Jornada*.

La otra cara del líder no es sólo la sumatoria de problemas espectaculares en el sindicato, ni de las ambiciones de sus líderes o la connivencia con funcionarios del gobierno federal; en efecto, hasta finales de 1985, Flores prefería parecer invisible. Era un hombre misterioso. Su personalidad todavía constituía un enigma. Su mayor virtud: vivir a la sombra de su maestro Jorge Peralta Vargas, en ese entonces líder del sindicato ferrocarrilero. Le profesaba, según recuerdan viejos trabajadores, no sólo lealtad, sino obediencia ciega porque así podía llegar a un puesto mejor, y aguantó continuos actos de humillación de su parte porque a finales de la década de 1960 lo rescató de un puesto degradante o una de las plazas más bajas en el escalafón de

Ferrocarriles en Veracruz, lo incorporó a su equipo de colaboradores, lo hizo su hombre de confianza y, finalmente, lo sacó de Veracruz para incorporarlo al comité nacional del sindicato, en el Distrito Federal. Miranda llamó la atención: "Una vez que llegó a la Secretaría Nacional, para cubrir el trienio 1986-1989, Peralta se rodeó de 'obreros' incondicionales de pasado dudoso.

"Destacaban León Martínez Pérez, acusado de victimar a un niño; Raúl García Zamudio, del grupo *Halcones Ferrocarrileros*; Rodolfo Jiménez, especialista en el manejo oscuro de las cuotas sindicales; Gabriel Pedroza, *El verdugo de las casas*, mote ganado en la dirigencia 1983-1986 por su habilidad para esquilmar trabajadores a través de la entrega de vivienda; Jorge Oropeza Vázquez, con las mismas cualidades que el anterior; José Luis Yáñez Montoya, sobre quien pesaban acusaciones de apropiarse ilegalmente de las cuotas en la Sección 16; y, 'uno de los favoritos, José Márquez González, de la 15', a quien se le achacaban habilidades especiales para engañar a los trabajadores.

"Pero el consentido es Víctor Flores, primer vocal del Comité Nacional de Vigilancia, encargado de controlar el ingreso de obreros cuando se abren escalafones [...] exigiendo, por plaza, entre 200 mil y 250 mil pesos. [...] Por cambio de especialidad pide entre 80 mil y 100 mil pesos, como sucedió en la Sección 12, Jalapa, su natal Veracruz, donde hizo una considerable fortuna, extorsionando. [...] Los mismos obreros son testigos del enriquecimiento inexplicable de Peralta y Flores, quienes hacen ostentación de coches último modelo que, antes, estaban lejos de adquirir. [...] El 9 de octubre de 1986 se presentó a la casa de mi padre, Fernando Miranda Martínez, una persona —identificada como Roque Lara— para pedirle que sirviera de intermediario conmigo, para convencerme de que no saliera la segunda edición de *La otra cara del líder* [...] a cambio de 25 millones de pesos. [...] Argumentó que lo habían enviado Peralta y Flores".

El tono y las intervenciones de Peralta cambiaron a partir del 3 de febrero de 1986, cuando llegó a la Secretaría Nacional bajo la protección del "líder" vitalicio Gómez Zepeda. Apenas tomó posesión creó un clima de desconfianza y reforzó el apoyo a un grupo interno de choque conocido como *Halcones Ferrocarrileros* creado por Luis Gómez Zepeda, una mofa del cuerpo paramilitar-policiaco responsable de sofocar movimientos estudiantiles, auspiciado y financiado por el presidente Luis Echeverría Álvarez, en la década de 1970. Peralta tenía sus razones: había pactado una alianza clandestina con el director general de Ferronales, Andrés Caso Lombardo, para fracturar la poderosa corriente de su protector Gómez Zepeda.

Abierto el flanco de la deslealtad gremial o consumada la traición, para 1987 el enfrentamiento Peralta-Gómez Zepeda era evidente. Hasta *El Rielero* se filtraron en parodia —los ferrocarrileros volvieron la vista a las oficinas de Caso y Peralta— acusaciones contra el líder "vitalicio": *y pensar que una vez en ti creyeron / y un caudal de los charros fuiste tú / y hoy te vemos Gómez Z cómo robas / y hoy los mata de tristeza tu traición / y a qué debo dime entonces tus trinquetes / y a quién compras disimulo pa' robar / y si dice la verdad viejo ratero / de seguro al frescobote vas a dar.* El acuerdo de Peralta con Caso le permitiría al primero levantar un imperio propio, a través de una camarilla que tomaría el nombre de *Democracia Sindical.* Financiados por la tesorería sindical, los *Halcones* se encargarían de aplastar a la oposición; además, serían puestos a disposición del Partido Revolucionario Institucional, como sucedió en los hechos, para enfrentar a la disidencia que, en 1987, tomó forma en la Corriente Democrática.

Los *Halcones* estaban autorizados para espiar cada rincón de las secciones sindicales. Luego, en las luchas intestinas internas se dividirían. Los llamados *traidores* atenderían a las órdenes de Peralta. Pero siguiendo a unos u otros eran *perros* custodios que aterrorizaban donde les pedía su líder. Llevaban consigo órdenes concretas: rechazar cualquier negociación pacífica de los conflictos internos; y tenían un lema peculiar o peculiarmente grosero y agresivo: *llegar a madrear.* Se hizo habitual ver a los líderes sindicales escoltados por un séquito impresionante de *Halcones* o "ferrocarrileros" armados.

La labor de los golpeadores de Peralta sirvió, pero no tanto. Gómez Zepeda no sólo tenía parte del control sindical. Habría sido un suicidio político ignorar que en 1973 el presidente Luis Echeverría le había entregado Ferronales, nombrándolo gerente general, cargo que se le respetó en el sexenio siguiente de José López Portillo (1976-

1982). Todavía lo aguantaron por unos meses de 1983, en el régimen de Miguel de la Madrid. En ese año se reformó el artículo 28 de la Constitución para reconocer el "carácter estratégico" de los ferrocarriles. A la larga demostraría éste ser un cambio inútil. En enero de 1995, con el ascenso presidencial de Zedillo, se aprobaron nuevas reformas al artículo en cuestión para cambiar la palabra "estratégico" a "prioritario". El cambio tenía un significado: Zedillo abrió la puerta a empresarios, mexicanos y extranjeros, para adueñarse de una actividad histórica para el desarrollo y la seguridad nacionales.

Gómez Zepeda dio acuse de recibo, pero no señales de que pudiera perder el mando sindical. Lo tenía muy presente y lo hizo saber a algunos de sus allegados: por más apoyo que tuviera del PRI, Peralta no era Vallejo. Ni siquiera había un pequeñísimo punto de comparación. Peralta era un asesino convicto y golpeador, protegido por un poderoso primo, Mario Vargas Saldaña, insertado en la cúpula nacional priista. Además, los tentáculos de Gómez Zepeda se desperdigaban por cada rincón por donde hubiera una vía de ferrocarril tendida y una máquina arrastrando un tren. Tenía su propio cuerpo de espías. No cedería el poder sin pelear. Eso sólo lo creían Peralta y Caso. La influencia de Gómez Zepeda se hizo sentir casi de inmediato. En el proceso sucesorio de 1989, Peralta y Zepeda fueron obligados a pactar la imposición del coahuilense Lorenzo Duarte García. Y, por tres años, éste hizo malabares para atender, controlar y estudiar a los dos grupos, entendió sus debilidades y, en febrero de 1992, contra todas las costumbres establecidas, maniobró con astucia para poner en marcha el fraude con el cual anuló la victoria de Peralta e inclinó el recuento de votos al lado del diputado local neoleonés Praxedis Fraustro Esquivel.

Duarte tuvo su primer encuentro con el poder real apenas entregó la Secretaría Nacional. El hostigamiento y la persecución fueron sistemáticos. No lo dejaron llegar muy lejos. En condiciones extrañas y episodios llenos de múltiples versiones, grotescas algunas, inexactas la mayoría, la noche del 24 de junio de 1993, según señalamientos oficiales, murió al estrellar su automóvil contra un tráiler en el kilómetro nueve de la carretera Matamoros-Mazatlán, en el tramo Saltillo-Monterrey. Lo que siguió a los reportes de la Policía Federal de Caminos (PFC) y en las indagaciones posteriores fue una tragicomedia que hizo a policías, peritos, investigadores y agentes del Ministerio Público enredarse en un mar de incompetencia, argumentos peregrinos y contradicciones, mientras la familia exigía, investigaba por su lado y hacía señalamientos llenos de detalles que, como mínimo, levantaron sospechas y mostraron los boquetes de las versiones oficiales.

Testimonios de Pablo Duarte de Alejandro, hijo del finado Duarte García, enfilaron hacia un complot orquestado por la cúpula del sindicato y, en específico, represalias de Jorge Peralta y su grupo, además de venganzas del secretario Caso Lombardo por haber entregado la dirigencia sindical a Praxedis Fraustro Esquivel, en febrero de 1992. Hoy, las causas siguen ocultas, pero nadie ha logrado borrar que, dos meses después del "accidente", Pablo alertó sobre hilos sueltos de las investigaciones oficiales, por llamarlas de alguna manera, y las coincidencias que hacían sospechar. "Caso llamó varias veces a mi papá para decirle: 'Te voy a meter a la cárcel si no apoyas a Peralta porque son instrucciones del señor Presidente', pero mi papá no cedió, reconoció el triunfo de Praxedis. Meses después, Caso dijo: 'No voy a descansar hasta ver al compañero [Juan José] Pulido —gerente de Previsión Obrera— en la cárcel, y a Praxedis muerto'

"Cada vez que mi papá se encontraba a Peralta, frente a frente, en público o en privado, éste lo amenazaba de muerte, [...] hay testigos. [...] El resentimiento de ellos contra mi papá se debió a que no querían que llegara alguien al sindicato que pudiera poner al descubierto sus negocios, sus corruptelas, la venta irregular de terrenos en Puebla; en Torreón, el fraude con azúcar a precios subsidiados, supuestamente para ferrocarrileros, pero que en realidad los vendió a las tiendas".

La incógnita sobre los móviles no se ha despejado, pero en sus investigaciones y lectura del expediente, Pablo hizo otro descubrimiento que entregó a la prensa: "el tráiler que ocasionó la muerte de mi padre es propiedad del ferrocarrilero Erasmo López Villareal, que tiene fuertes nexos con Luis Gómez Zepeda, Peralta y Caso", y quería ser de nueva cuenta presidente municipal de Ramos Arizpe, Coahuila.

Con la ayuda del PRI, pero enfundado en las filas del Partido Auténtico de la Revolución Mexicana (PARM), López Villareal, conocido también como *El Zorro Plateado*, había sido alcalde de aquella población en dos ocasiones: 1973-1975 y 1985-1987. Y en 1993 su rival más fuerte se materializaba en la persona de Lorenzo Duarte. Jesús García Calzada, operador del tráiler con el que se estrelló la camioneta de Duarte, quedó casi de inmediato en libertad condicional.

"Dar con Pablo Duarte y convencerlo para que rompiera el silencio a fin de recorrer el velo que había detrás de la muerte de su padre fue fácil. Incluso estuvo de acuerdo en que se grabaran sus revelaciones que más tarde, con su autorización, un grupo de amigos y familiares de Praxedis entregamos al periodista Salvador Corro", escribió el 19 de noviembre de 2011 Francisco Peña Medina —en su momento jefe de prensa de Praxedis—, en la columna "Tinta en la sangre" que le publicó el portal noticioso *Los círculos rojos del poder*.

"Pero eso ya es historia; hoy, a 18 años de la tragedia de su padre, Pablo es otro, seducido por el poder y el dinero claudicó en sus convicciones ideológicas y familiares para aliarse con personajes que tiempo atrás despreció. En el colmo de la ignominia hizo compadre a Víctor Flores, al grado de que uno de sus hijos lleva el nombre del dirigente ferrocarrilero. [...] Y no es para menos: gracias a él vive con comodidades, se pasea en camionetas de lujo, come en los mejores restaurantes y dirige lo que queda del gremio ferrocarrilero en Nuevo León, pero además sueña con ser diputado con el apoyo, claro, de su compadre, quien por cierto nada le niega".

Jugosos negocios

Duarte García y Praxedis conocían bien a sus enemigos, pero ambos cometieron el mismo error: los desdeñaron. Jamás quisieron enterarse que la guerra era inevitable. Se sintieron poderosos e hicieron a un lado la máxima de "a los amigos es necesario tenerlos cerca, pero a los enemigos todavía más cerca". Algunos de quienes vivieron las elecciones internas del sindicato ferrocarrilero en las que Duarte impuso a

Praxedis todavía recuerdan una contienda inmoral a partir del terror y el miedo en la que lo menos indecente fueron la amenaza, la contabilidad amañada de votos, el acarreo de trabajadores y la invención de actas de votación.

Esa época es la que marca el lanzamiento de la tercera edición de *La otra cara del líder. La historia de un capo sindical ferrocarrilero; del presidio al presídium*, una edición de autor, prohibida en el sindicato, pero vendida clandestinamente entre los ferrocarrileros. Pagada con recursos propios para volver a exponer el lado oscuro y desconocido de Peralta, como lo había hecho en 1986, la circulación del libro corregido y aumentado se convirtió en un preámbulo inesperado del proceso electoral interno que había iniciado a mediados de 1991 y concluiría la primera semana de febrero de 1992 con los comicios internos.

Aunque había cubierto la fuente desde 1985, conocido a dirigentes del sindicato y publicado dos ediciones anteriores, su tercera edición le dio a Miranda Servín, por primera vez, presencia entre la élite del sindicato ferrocarrilero porque daba cuenta de la frivolidad, el caciquismo y las arbitrariedades del poder en un gremio histórico. Los trabajadores del riel se sintieron atraídos por algunos señalamientos temerarios, las intrigas y el catálogo de barbaridades de las que eran capaces sus líderes, además de sus negocios sucios. Estaban interesados en la información, así que el libro empezó a circular de mano en mano.

Los meses que prosiguieron a la toma de posesión, Praxedis y sus colaboradores iniciaron y aceleraron una investigación administrativa contra Peralta, Flores y Caso. Estaban por terminarla. Contabilidades internas mostraban malos manejos por al menos 3 mil 500 millones de pesos. Ex maquinista entrón, norteño abierto, muy alto y dueño de un físico que le envidiaban todos los ferrocarrileros, durante un año y casi cinco meses Praxedis sorteó, sin rasguños, todo tipo de dificultades, aunque sobraban versiones de que sus rivales habían puesto el grito en el cielo cuando se enteraron de semejantes propósitos: publicar resultados del arqueo a las finanzas del sindicato y llamar a cuentas. Se lo comerían vivo si no lograban eliminarlo. Y todos sabían quién era Peralta, conocían los alcances de Caso, secretario de Comunicaciones y Transportes —que había pasado por la gerencia de Ferrocarriles Nacionales—, y de las cosas de que era capaz Gómez Zepeda.

Los escándalos de Peralta, Caso y Gómez Zepeda en el sindicato no sólo tuvieron que ver con el pistolerismo. Y aunque a decir verdad ya se había publicado, a finales de agosto de 1993, Francisco Peña Medina, el responsable de Praxedis en la relación con los medios, le dio a la prensa una probada de los alcances de ese grupo: a su toma de posesión como líder sindical, Praxedis preparaba "una denuncia contra Peralta por un fraude cometido con 20 hectáreas de los terrenos denominados *La Carcaña*, en la localidad de Momoxpan, Cholula, en el estado de Puebla, porque, siendo propiedad del sindicato, los vendió a particulares. Se calcula que el fraude podría llegar a 10 mil millones de pesos".

Era un tema delicado. Los predios debían destinarse a la construcción de vivienda, claro, para ferrocarrileros. Cuando éstos exigieron el cumplimiento de aquel compromiso descubrieron, con estupor e indignación, otro destino. En septiembre de 1986, siete meses después de su toma de posesión, Peralta constituyó un fideicomiso con la fiduciaria de Banca Serfín en Puebla para desarrollar el programa habitacional ferrocarrilero, pero poco tiempo después cambió de opinión porque los estudios sobre mecánica del suelo arrojaban como resultado que era inhábil para esos fines, sumado a la escasez de créditos por parte del Instituto del Fondo Nacional de Vivienda para los Trabajadores (Infonavit), por lo que, de un plumazo, extinguió el fideicomiso.

Sintiéndose dueño del sindicato, ordenó adjudicar, en forma clandestina, los terrenos a Judith Fabiola, Sofía y Regina Vázquez Saut, representadas por su madre Judith Saut Niño, hijas y esposa, respectivamente, del infame ganadero veracruzano Cirilo Vázquez Lagunes, conocido más por sus motes de *El Cacique del Sur* o *El Hombre Más Poderoso de Acayucan*, a razón de mil pesos por metro cuadrado. Los ferrocarrileros no supieron de los beneficios de esos 200 millones de pesos. El tema murió en noviembre de 2006, cuando un comando criminal emboscó a Vázquez Lagunes y le hizo al menos 12 disparos, tres de ellos en la cabeza. En el atentado murieron tres policías municipales, guardaespaldas de Vázquez y su suegro. Antes, en junio, su hermano Ponciano también había sido asesinado.

En los inventarios financieros, al margen de libros dobles de contabilidad, Peralta también tenía un adeudo de mil millones de pesos con el Banco Obrero, suscrito, desde luego, a nombre del sindicato ferrocarrilero cuando era líder. Aunque muchos documentos fueron eliminados o de plano se los robaron, había intención de presentar cargos para cobrar el adeudo, porque los recursos jamás llegaron a las arcas del gremio.

Praxedis no era tan honrado como quería hacerse creer. Sin embargo, y en contra de los rumores de sus enemigos, muchos y poderosos, es rigurosamente exacto afirmar que tampoco nadie pudo pescarle pillería alguna ni le probó ninguna de las acusaciones que le hicieron en la campaña de 1991 y que culminó con las elecciones internas de febrero de 1992. La gestión de Peralta, de 1986 a 1989, resultó un desastre administrativo, laboral, contable y financiero. Al término de su gestión, el sindicalismo había retrocedido a la época de 1946, cuando ascendió el cacique Gómez Zepeda. El gremio ferrocarrilero quedó acosado por la corrupción. Si se hubiera encargado un estudio académico de la época, se habría encontrado que el STFRM era en realidad una oficina más, u *oficinota*, de la Secretaría de Comunicaciones y Transportes a cargo de Caso. Por alguna de esas circunstancias extrañas de la política priista, Caso y Peralta habían coincidido en Ferronales de 1986 a 1988. El primero era director general de la empresa, y el segundo, secretario nacional del sindicato.

Peralta y su grupo —con Víctor Flores a la cabeza— representaban a los sectores más oscuros del sindicalismo ferrocarrilero, encarnaban la negación de las libertades democráticas y conocían las "bondades" no sólo de eliminar, en los hechos, el derecho de huelga y financiar campañas políticas del PRI con recursos de los trabajadores, sino de delegar el poder pleno al gobierno federal en turno. Así, a mediados de 1991, el grupo *Héroe de Nacozari*, gente de Caso enviada desde la Secretaría de Comunicaciones y sus partidarios, pusieron en marcha una intensa campaña para mostrar a Peralta como un hombre capaz, íntegro, de férrea voluntad, ético, disciplinado, con una personalidad definida, a quien le gustaba asumir riesgos y que se había levantado desde su humilde puesto de boletero en la estación del puerto de Veracruz para llegar a la Secretaría Nacional del sindicato.

Como es habitual en esa clase de contiendas con tantos intereses, en una actitud arrogante los coordinadores de la campaña peraltista pasaron por alto pequeños detalles aquel 1991. La biografía oficial, por ejemplo, ignoró deliberadamente que, a finales de la década de 1960, Mario Vargas Saldaña, el sabio de la política veracruzana, había recurrido a las autoridades judiciales del estado de Veracruz para que perdonaran y excarcelaran a su primo Jorge Peralta Vargas, convicto por el homicidio del atleta Carlos Serdán Reyes.

También ocultaron que, al margen del manejo de las cuotas de los 100 mil obreros, de los recursos de miles de pensionados, la conocida venta de plazas, el control del escalafón y los consecuentes beneficios políticos traducidos en cargos de elección popular a través del PRI, los peraltistas conocían al dedillo otros temas ignorados por el común de los obreros. Destacaba en aquella época un ambicioso proyecto de vivienda. Peña Medina lo resumió en agosto de 1993: "Me tocó acompañar [a Praxedis] a un desayuno con un funcionario de San Luis Potosí, quien comentó: 'No sabes Praxedis que tienes una minita de oro ahí, con la vivienda'. Y era cierto, pues había dos aspectos importantes: el económico, que tenía que ver con los créditos enormes por autorizar —desde la Presidencia de la República—, y el político, que, en vísperas de la sucesión presidencial —Salinas concluiría su mandato el 1 de diciembre de 1994, por lo que se aprestaban comicios para julio de ese año—, representaba [el sector ferrocarrilero] miles de votos para el candidato en turno. Tenía muchos proyectos de vivienda que ya había dado a conocer la empresa".

Aunque los pormenores en archivos de Ferrocarriles eran un caos con documentos reservados, en el mejor de los casos, o perdidos, y a las memorias de gestión administrativa y sindical sólo un puñado de funcionarios tenía acceso, había otras cuestiones que, vistas a la distancia, peraltistas y Gómez Zepeda no podían dejar en manos de sus enemigos porque representaban una mina de oro. Según se supo más adelante, en el gobierno del presidente Luis Echeverría Álvarez

(1970-1976) se gestó un curioso acuerdo que, palabras más, palabras menos, otorgó el estatus de reserva territorial, para beneficio de los hijos de los obreros, a las casas en terrenos de Ferrocarriles Nacionales de México. Ese mismo beneficio recibían los terrenos que no fueran de utilidad para la empresa, por más que ésta —desde que la dirigió Caso Lombardo entre 1986 y 1988 y a través de contratos fantasma— los hubiera puesto a la venta a particulares con el visto bueno del sindicato de Peralta, como establecía el modelo neoliberal que se adoptó en 1982.

Desprotegidos, los obreros poco se enteraron de que, sólo en 1992, se habían regularizado 900 mil metros cuadrados, mientras otros 610 mil metros estaban en proceso de regularización, dentro del Programa Habitacional Ferrocarrilero. Peña Medina, el vocero de Praxedis, le dijo a la revista *Proceso* en 1993: "En el Contrato Colectivo de Trabajo se estipuló que cuando los terrenos no sean de utilidad para la empresa, pasaran al patrimonio de los trabajadores. Sin embargo, durante mucho tiempo hubo irregularidades en el procedimiento para beneficiar a las familias ferrocarrileras, por lo que las autoridades habían decidido suspender todo trámite para desafectación del dominio público de Ferrocarriles a favor del sindicato. Pero se creó una comisión para cotejar en su momento todos los predios que ya están decretados [...]. Y se agilice su regularización". Poco antes de que se pusiera en marcha el programa para concesionar ferrocarriles, se supo que en el aire estaba el destino de cerca de 70 millones de metros cuadrados de terrenos propiedad de la empresa.

Capítulo II

Un asesino en el sindicato

EL DESBORDAMIENTO de pasiones en la guerra por controlar al sindicato ferrocarrilero llegó a los extremos porque la organización era y es vista como un gran negocio, pues los líderes, además del control de las cuotas obreras y el manejo del fondo de los pensionados, tienen sus espacios de operación en el Partido Revolucionario Institucional. Abierta o soterrada la disputa, todas las noticias quedaron sepultadas en los primeros minutos de la madrugada del 17 de julio de 1993, cuando Praxedis Fraustro Esquivel, el secretario general del sindicato y diputado local por un distrito de Nuevo León, fue asesinado de dos balazos por la espalda apenas al llegar al hotel Pontevedra en la zona de Buenavista, casi frente a la estación del ferrocarril en la Ciudad de México.

La prensa dio cuenta al día siguiente. Y la facción opositora en el sindicato puso énfasis en las versiones del homicidio del fuero común, producto de un intento de asalto; también se hicieron intentos por esparcir los rumores de crimen pasional. Fernando Miranda se dio a la tarea de reconstruir el atentado: "En el estacionamiento subterráneo del hotel, apenas el líder bajó de su automóvil, un Grand Marquis rosa chiclamino —acompañado por una mujer con quien sostenía relaciones extramaritales—, cuando, de entre la penumbra, surgió un pistolero que se aproximó con un arma de fuego y le dio dos balazos a quemarropa: uno en la nuca y otro en la parte baja de la espalda. Praxedis se hospedaba en una lujosa suite desde que

44

había tomado posesión como secretario nacional del sindicato. Pero esa madrugada en especial estaba en el hotel porque a las ocho de la mañana participaría en la ceremonia del Día de la Nacionalización de los Ferrocarriles, en la explanada de Buenavista.

"El pistolero salió corriendo del lugar para abordar un auto que ya lo esperaba, según la declaración de la acompañante quien, después de unos segundos de sorpresa, subió al Grand Marquis, lo encendió y salió para tratar de dar alcance al asesino. No lo logró. En unos minutos, la noticia prendió. En el fuego vivo, las primeras conjeturas apuntaron a una riña con borrachos, un asalto o una venganza pasional. Nada de eso sería verdad. Nadie tampoco lo habría creído".

Esa muerte despertó reacciones de dolor y rechazo.

Todos los ferrocarrileros, y ésa era una verdad, recordaron que, en la primera semana de febrero de 1992, Praxedis le había ganado la Secretaría Nacional a Peralta, al grupo *Héroe de Nacozari* de Gómez Zepeda y al incrédulo Caso Lombardo. La Secretaría del Trabajo se vio obligada a entregarle la toma de nota o el llamado reconocimiento de gobierno a la nueva dirigencia, lo cual, hoy todavía, no es algo tan sencillo. Hay líderes que luchan durante años para conseguirla y otros, de plano, nunca la reciben.

De entre lo impensable y los más descabellados chismes —lo que más había, además de la incapacidad de la Policía Judicial del Distrito Federal—, los peores se hicieron realidad: en el proceso de negociaciones por las carteras sindicales que se ocuparían aquel febrero de 1992, los derrotados, Peralta, Gómez y Caso, se apropiaron de la mayoría de los puestos clave. El más importante fue Víctor Flores. Con el fracaso electoral de Peralta, su protector, él se cayó para arriba: de la Secretaría Nacional de Ajuste por Trenes fue nombrado secretario Nacional Tesorero. Con él en esa posición, la empresa intentaría ahorcar financieramente a Praxedis. Flores conocía muy bien el manejo de los recursos sindicales desde que en el trienio 1986-1989 su amigo, compadre y jefe Peralta lo nombró primer vocal del Comité Nacional de Vigilancia y Fiscalización.

Si hubo estupor cuando los ferrocarrileros conocieron al equipo de Praxedis, la magnitud de su crimen fue demasiada. Y sí, hubo desconsuelo, desconcierto, desazón y miedo. El escándalo del asesinato impactó en los cimientos del sindicalismo ferrocarrilero, pero nada pasó. Los trabajadores entraron en una etapa de pánico generalizado y de allí pasaron a la inmovilidad porque ejecutaron a Praxedis teniendo a su disposición un séquito de guardaespaldas amparados en las armas. El homicidio los hizo entender, por lo menos así lo siguen sintiendo, que su sindicato tenía dueños desalmados, delincuentes capaces de quién sabe qué cosas, corriendo tras las concesiones políticas, ríos de dinero de las cuotas de los obreros —si no, ¿para qué desaparecer a dos rieleros de renombre: uno ex dirigente y, otro, el dirigente, en menos de un mes?—, así como de los grandes negocios que deja tras de sí el control de los obreros.

El drama siguió su curso; en ese momento se comprobó que hubo una traición porque, en el momento del atentado y en una situación tan volátil en el sindicato, Praxedis estaba solito, apenas acompañado por su amante. Los obreros levantaron una pregunta que nadie adentro quiso escuchar y las autoridades no pudieron ni se atrevieron responder: ¿dónde estaban los guardaespaldas de Praxedis? Muy pocos comprendieron qué estaba pasando y, por temor, otros tampoco buscaron explicaciones. Pese a la irracionalidad del crimen, nadie abrió la boca. Los restos de Praxedis Fraustro Esquivel fueron entregados a su familia y velados.

En el mismo instante en que la familia de Praxedis recibía el pésame y solidaridad por parte de los obreros, con apoyo del secretario Caso Lombardo y de Jorge Peralta, el grupo *Héroe de Nacozari* retomó sus viejas costumbres caciquiles —no se atrevió a exponerse al ridículo con un riguroso examen a través de elecciones extraordinarias— y maquinó el ascenso del tesorero Víctor Flores, aunque no hacía falta porque éste tenía ya grupo propio avalado por su maestro Peralta.

Fue algo inusual o el auténtico símbolo del cinismo y del poder, porque ese 17 de julio personeros del *charrismo* se reunieron casi clandestinamente con el jubilado Antonio Castellanos Tovar para comunicarle que —como títere de un teatro guiñol— cubriría, a partir de ese día, y hasta febrero de 1995, el interinato en la Secretaría Nacional. Y así sucedió: en febrero de 1995 Flores tomó el lugar de Praxedis. Todos los obreros, al menos los que podían decir algo, olvidaron que, por su condición de jubilado, el octogenario Castellanos estaba impedido para ocupar la Secretaría Nacional.

Entre conjeturas y suposiciones, aquel julio de 1993 la Procuraduría General de Justicia del Distrito Federal detuvo y consignó a seis personas. Pero se centró en Efraín García Torres y Vicente Valencia Saavedra —secretario particular el primero; maquinista y cercano colaborador de Praxedis el segundo—, enviados al Reclusorio Preventivo Norte como responsables intelectuales del atentado.

Las autoridades no dieron tiempo para pensar en las causas, conocer a los protagonistas ni analizar consecuencias. Por eso, ni los familiares, ni el abogado de Praxedis y, mucho menos, el gremio creyeron tales versiones. Ninguno de los dos se beneficiaba con la ejecución de su líder. Ambos saldrían políticamente muertos. El encono en el sindicato iba mucho más allá de ellos, eran dos peones en una batalla de gigantes: Praxedis, un delincuente encarcelado por agresión, pandillerismo y allanamiento, pero, según se supo en ese momento, apuntalado por familiares del presidente Carlos Salinas; y el ex convicto Peralta, quien contaba con el apoyo incondicional de Caso, así como del grupo *Héroe de Nacozari* y su primo Mario Vargas Saldaña, uno de los sabios de la política nacional priista, quien, por cierto, lo había rescatado de la cárcel.

En el camino, o más bien en las investigaciones por el crimen, también se involucró a un ejecutivo del Banco Mexicano Somex, y luego a otros del Banco Obrero, quienes, en aparente complicidad, permitían a Praxedis hacer jugosos retiros de las arcas sindicales falsificando firmas. García y Valencia fueron liberados un año más tarde. Estatutariamente, a quien le correspondía ocupar la Secretaría Nacional era a León Guerrero Cholula, suplente de Praxedis y en ese momento Tesorero de Previsión Obrera, además de, ya se descubriría, viejo amigo de Peralta y Flores. Nunca se atrevió a reclamar el puesto.

Con muchas interrogantes que persisten y presunciones jamás atendidas sobre una conspiración de alto nivel, de la historia sobre las extrañas circunstancias en las que "se mató" Lorenzo Duarte García y la ejecución de Praxedis Fraustro no volvió a saberse mayor cosa, aunque, en menos de un mes, dejaron un boquete en Ferrocarriles. Al deshacerse por completo la planilla *Solidaridad*, los pocos colaboradores y amigos de Fraustro fueron marginados, enviados a trabajar.

Aunque no hay comparación ninguna entre ellos, después del encarcelamiento de Vallejo, éste fue el más duro golpe al sindicalismo ferrocarrilero. Olfateando lo que podría venir, Fernando Miranda intentó responder quién era Praxedis. Y, al hacerlo, se adelantó, sin querer, a la historia porque hurgó en el pasado y delineó el primer perfil de Víctor Flores, el viejo bailarín y maestro de vals en el puerto de Veracruz. Si bien quedó marcado al escribir por encargo *La otra cara del líder. Otro delincuente en el sindicato; Caso Lombardo es homosexual*, Fernando aceptó compartir su historia para *Los amos de la mafia sindical*.

"Durante los meses de octubre, noviembre y diciembre de 1991 y enero de 1992 tuvo lugar un proceso muy controvertido y particular, decidido en una segunda vuelta, en el sindicato: dos ex convictos se disputaban la Secretaría Nacional. Peralta, quien había ocupado ese cargo en el trienio 1986-1989; y Praxedis, dirigente de la Sección 19, en Monterrey, Nuevo León. El primero, convicto por el asesinato del atleta Carlos Serdán Reyes, en el puerto de Veracruz; el segundo, ex interno en un penal de Monterrey por el delito de lesiones y daños en propiedad ajena. Dos pájaros de cuenta. El primero, candidato del oficialismo empresarial o gobiernista; y el segundo, aspirante independiente a través de la planilla *Solidaridad* o *Comisión Nacional Ferrocarrilera*", y del secretario nacional saliente Lorenzo Duarte García.

Y eso de independiente es un decir porque, en 1980, Fraustro se hizo enemigo gratuito del grupo *Héroe de Nacozari*, con todo y Gómez Zepeda, tras no darle su apoyo para ganar una regiduría en Monterrey. Desde luego, Gómez Zepeda lo marginó en su primer intento por llegar a la Secretaría General de la sección ferrocarrilera en la misma ciudad. En venganza, Fraustro formó un grupo de choque, sembró terror y desde allí se catapultó a la dirigencia de los rieleros de Nuevo León.

No puede negarse que la primera parte de la elección en febrero de 1992 la ganó Peralta. Empero, Lorenzo Duarte García no se durmió. Nadie pudo explicarse por qué, pero tomó como cruzada personal la defensa electoral de Praxedis e hizo lo que pocos pensaban: en algunas reuniones dramáticas para dirimir controversias, intercambiar acusaciones, contraacusaciones y lavar el cochinero, sacó a la luz pública episodios oscuros —guardados celosamente en su memoria— del pasado de Peralta. Y los utilizó bien porque documentó y demostró un enorme fraude electoral coordinado por el grupo *Héroe de Nacozari*, por personajes allegados a Caso Lombardo y los peraltistas, quienes recibieron asesoría del PRI. Sintiéndose traicionados, Peralta, Caso y los cabecillas de *Héroe de Nacozari* sacaron las uñas. Acorralado, el coahuilense Duarte se moría de la risa.

Con mucha habilidad, libró amenazas de muerte que le llegaban casi a diario, capoteó discusiones violentísimas, no aceptó tratos despectivos, que para eso era dirigente nacional, y, por abajo del agua, montó un operativo especial para repetir los comicios. Y en esa segunda vuelta haría ganar a Praxedis. Duarte demostró que los gomezetistas eran muy vulnerables, pero, por su pasado, Jorge Peralta Vargas era todavía más débil. El 3 de febrero de 1992, en el salón Adolfo López Mateos de Los Pinos, Carlos Salinas de Gortari le dio posesión a Praxedis Fraustro Esquivel como nuevo secretario nacional del Sindicato Ferrocarrilero. Caso, Peralta y el resto de la planilla *Héroe de Nacozari* guardaron silencio. Ninguno habría osado ir contra una decisión presidencial. Por primera vez, después de casi cinco décadas, al Sindicato Ferrocarrilero llegaba un candidato marginado por el grupo de Gómez Zepeda. Tal "insolencia" quedó registrada puntualmente.

Duarte, quien conocía muy bien a Jorge Peralta Vargas porque durante la dirigencia de éste entre 1986 y 1989 fungió como presidente de la Comisión Nacional de Vigilancia y Fiscalización, había tomado una decisión socarrona: enfrentar a Peralta —a pesar de que lo consideraba un matón de la más baja calaña o criminal callejero— y Caso para tratar de quedar bien con la familia del presidente de la República. Eso sería más provechoso para su futuro político en el PRI. Dio, pues, pasó con guarache.

Cuándo y cómo recibió llamados de familiares del presidente Salinas, y quiénes eran éstos, sólo él lo supo y, literalmente, se llevó su secreto a la tumba. Pero, salvo en la peor de las circunstancias, no permitiría la segunda llegada de Jorge Peralta a la Secretaría Nacional del sindicato. Veinte años después, muertos los dos principales protagonistas, la reconstrucción de algunos episodios se complica; hay una disparidad en las narraciones que ocultan un fin premeditado, pero, en las negociaciones postelectorales y el recuento de votos de la segunda vuelta de los comicios internos de febrero de 1992, Duarte y Praxedis no se percataron de sus errores cuando cedieron a Peralta, Caso y Gómez Zepeda casi todas las restantes secretarías del Comité Ejecutivo. Praxedis se sentía satisfecho; confiaba en que, una vez sentado en la Secretaría Nacional, tendría fuerza para deshacerse de todos sus enemigos.

Creía que algunos otros se convertirían en sus marionetas. Por eso, entre otras, tomó la decisión de ceder el resto del Comité Nacional. Pero la más importante, por los recursos que manejaba, fue la Secretaría del Tesoro sindical, que quedó en manos de Víctor Flores, el paisano y hombre de confianza de Peralta, quizás el único peraltista de cepa. Como premio a su ingenuidad, además de la Secretaría Nacional, a Praxedis le cedieron el manejo de Previsión Obrera, en la que colocó a su gran amigo incondicional Juan José Pulido Rodríguez. También le dejaron imponer a su suplente en las elecciones, León Guerrero Cholula, como tesorero de esa mutualista rielera. No les soltaron nada más. Sin llegar de nueva cuenta a la Secretaría Nacional, Peralta proclamó su victoria. Acotado, Praxedis llegó al poder absoluto sin la posibilidad real de ejercer todo el poder.

Nunca se aclaró esa intrincada maraña de negociaciones y contranegociaciones por debajo de la mesa, ni aquello del descarado reparto de secretarías a los hombres de Peralta. Tampoco hacía falta, el acuerdo dio un empate entre la familia de Salinas y el grupo de Caso Lombardo. Allí estaba la historia. Por si hiciera falta comprobación, a Praxedis se le soltó la lengua: "No estoy aquí por mis compañeros de [la planilla] *Solidaridad*, estoy aquí por el presidente de la República". Nadie buscó precisiones sobre los efectos del acuerdo. Y no era necesario: Peralta controlaría las cuotas de los obreros en activo; y Praxedis —cuyas fotos con Carlos Salinas eran ampliamente difundidas entre los rieleros, con la intención de que se notara quién detentaba el poder— tendría a su disposición recursos de los obreros jubilados, muchos y cuantiosos, por cierto, a través de la mutualista Previsión Obrera. En otras palabras, se dividieron el territorio. Fueron éstas las manifestaciones más evidentes de la corrupción.

Así se enteraron los compañeros de *Solidaridad* que estaban fuera del equipo, y de los planes de Praxedis, de que sus nuevos "patrones" sindicales serían otra vez los mismos, ahora comandados por el secretario tesorero, Víctor Flores, marioneta de Jorge Peralta, quien despachaba desde una oficina en la Secretaría de Comunicaciones y Transportes, pactada con su titular Andrés Caso Lombardo. Asentado en la dirigencia nacional, Praxedis no tuvo inconvenientes a la hora de sacrificar a sus compañeros. "El poder y el dinero a manos llenas transformaron al viejo maquinista quien, por mucho tiempo, sobrevivió del porrismo sindical. Ahora, durante los actos públicos, bastaba que hiciera una señal para que uno de sus asistentes le consiguiera de inmediato una cita con la edecán más hermosa que anduviera por ahí. De la noche a la mañana, Praxedis dejó de asistir a la Hija de Moctezuma, la famosa cantina en la colonia Guerrero, no tan lejos de la estación del tren en Buenavista. En ese abrir y cerrar de ojos mudó sus gustos a lujosos bares en la Zona Rosa, cambió los carros modestos por los último modelo, la ropa de mal gusto por trajes de casimir inglés y los zapatos gastados por mocasines italianos.

"Conforme transcurrían las semanas nos dimos cuenta que todo seguía igual o peor. Praxedis hacía lo mismo que sus antecesores, estaba en camino de imitar a Peralta. En los primeros meses asumió una cruzada: convencer a los obreros para aceptar el retiro voluntario. Asumió el papel de abierto colaborador del gobierno salinista. Sorprendidos, los ferrocarrileros lo vieron recorrer talleres y oficinas exhortando a sus compañeros para que aprovecharan los beneficios de ese programa. [...] Por cada trabajador anotado en las listas de ese plan gubernamental, Praxedis recibía una comisión de Ferronales. Ésta era la práctica más acabada del sindicalismo contemporáneo: ya no eran los patrones ni funcionarios de la Secretaría del Trabajo haciendo el trabajo sucio, eran los líderes; ellos se encargaban de convencer a sus compañeros para que, de una manera u otra, aceptaran irse de Ferrocarriles", escribió Miranda Servín en 1993.

Nunca se supo quién lo aconsejó, pero el 13 de febrero de 1992, a diez días de su toma de protesta como secretario nacional, Praxedis Fraustro aprovechó algunos resquicios que encontró y maniobró para nombrar a su hermano Francisco Fraustro Esquivel administrador único del Teatro Ferrocarrilero, su salón, los camiones y todos los autos propiedad del gremio, con un salario mensual de 4.8 millones de pesos.

Las insólitas comisiones por "retiro voluntario" han sido un cáncer de codicia que corroe a la cúpula sindical. Desde el sexenio de Carlos Salinas de Gortari (1988-1994) se convirtieron en un punto de choque: sólo en 1998, tres años después de que la Presidencia de Ernesto Zedillo decretó la extinción de Ferronales, Flores logró "convencer", por las buenas y las malas, a 56 mil 783 ferrocarrileros. "Nos amenazaron, nos intimidaron, nos hostigaron y, al final, fuimos obligados a firmar un retiro no tan voluntario que exigían Flores, Zedillo y, desde Estados Unidos, quienes se harían de las concesiones del ferrocarril mexicano y de la explotación de las vías. Vinieron dizque especialistas gringos para determinar cuántos años íbamos a vivir. Además, firmar era la única forma de, según ellos, conseguir empleo en las nuevas empresas. De la Sección 17 éramos poco más de 2 mil", confió un viejo ferrocarrilero, quien pasó parte de su vida como mayordomo en la estación de Buenavista. "De aquellos casi 57 mil jubilados del 98, aún vivimos, sobrevivimos con muchas penas, unos 36 mil 838, según los números que nos entregaron, a finales de 2012, representantes de los jubilados. Y de la Sección 17 quedamos unos mil. Flores y su gente metieron en la lista de 'convencidos' a obreros con apenas 25 años de servicio".

El destino de los ferrocarrileros ha estado marcado por contrastes. Según informes de oficina de jubilados, Flores obtiene casi un millón 500 mil pesos por las cuotas sindicales que les descuenta directamente de sus pensiones. Y ninguna autoridad les ha explicado el porqué del descuento, si ellos ni siquiera tienen derecho a voto en los procesos electorales internos. Desde 2007 se puso en marcha un proceso legal para que los jubilados dejen de aportar cuotas sindicales y recuperen su dinero, pero hasta ahora no les han resuelto favorablemente. Haciendo sumas y restas, se calcula que cada jubilado recibe 4 mil pesos mensuales. Y la cuota sindical obligatoria que cada uno debe aportar es de 40 pesos. Así, los 36 mil 838 pensionados entregan, en conjunto, un millón 500 mil pesos cada mes a las arcas del sindicato, desde hace 15 años. En otras palabras, como mínimo, en ese lapso han aportado casi 19 millones de pesos anuales.

Por su estilo de vida, los relojes que presume de vez en vez y los automóviles que se le han documentado, Flores no tendría problemas en aportar, aunque nadie sabe si verdaderamente lo hace: si bien se jubiló con un salario de 56.81 pesos diarios, se le ha documentado que cada mes recibe, por cuestiones salariales, cerca de 90 mil pesos por dos pensiones. La mayoría de los casi 37 mil obreros jubilados tiene razones para quejarse porque reciben una pensión promedio, como se dijo líneas atrás, de 4 mil pesos mensuales.

Ferrocarrilero disidente despedido y vocero de las corrientes de oposición, Salvador Zarco Flores lo ha explicado de la siguiente manera cuando se lo preguntan: en el sindicato "no se luchó por conservar la plantilla laboral. Ferrocarriles Nacionales jubiló o liquidó a miles de trabajadores. La recontratación se hizo con cada una de las empresas a través de una bolsa de trabajo, figura nueva que estableció el sindicato y dejó grandes ganancias a Víctor Flores. Estableció 39 en todo el país, una por cada sección sindical, y se sabe que por cada trabajador recomendado para su recontratación llegó a cobrar 10 mil pesos o más".

La traición a los trabajadores se cuenta con detalle: los obreros del histórico ferrocarril mexicano quedaron atrapados entre la afilada espada de los gobiernos salinista y zedillista, y, por la espalda, con el puñal que representaban las ambiciones de sus líderes sindicales. El drama siguió. A nadie —Peralta, Fraustro, Flores, Salinas y Zedillo— le tembló la mano para usar las plazas de los obreros como moneda de cambio. Al final del zedillismo, las nuevas empresas ferrocarrileras sólo habían recontratado a unos 15 mil trabajadores —aunque según algunos números hay 30 mil en activo—, pero sobre otras bases.

Con la confianza desbordada, un ego que no cabía en su oficina y su destino puesto, por convencimiento personal, en las manos de la Presidencia de la República, Fraustro cometió otros desatinos. Y éstos le abrieron la puerta a la tragedia que vino después: le dio la espalda a Lorenzo Duarte, un norteño ambicioso cuyas esperanzas eran salvar de Peralta y Flores al sindicato. De entrada, lo acusó de vivales y "de méndigo saqueador. Me dejó una deuda de más de 2 mil millones de pesos. ¡Qué poca madre! Se llevó 17 coches último modelo, casi todos Topaz, y dos camionetas. Ya se quería llevar la azul que tengo allá abajo. Le dije, 'Pérame tantito, déjame siquiera ésa para moverme'. Le fue bien, se compró sus ranchos. [...] Y, como burla, Lorenzo nada más me dejó un retrato de Caso Lombardo, aquí, atrás de mí, en el suelo, volteado hacia la pared y patas arriba, con una dedicatoria del viejo para Duarte", rescata Miranda Servín de las pocas charlas que sostuvo con Fraustro, días después de su toma de posesión.

Sin guardar las formas, Fraustro también responsabilizó a Lorenzo Duarte de aceptar una reducción del periodo vacacional, para trabajadores sindicalizados, de 30 a diez días, así como de la modificación de la cláusula 15 para conceder más puestos de confianza a la gerencia general de la empresa y menos de escalafón a través del sindicato. A esa lista de retroceso en las prestaciones laborales, Duarte sumó otra aparentemente inofensiva: aceptó la supresión de corridas de trenes en varias rutas. Los ferrocarrileros descubrieron casi de inmediato que, en realidad, la disminución de corridas preparó el camino para que la empresa pusiera en marcha programas de reajuste masivo de personal, cuyo sinónimo es la palabra despido.

Cuidadosamente, Praxedis ocultó lo inocultable: para octubre de 1992, siete meses después de su triunfo, había negociado directamente con Arsenio Farell Cubillas, titular de la Secretaría del Trabajo salinista, la desaparición de cientos de cláusulas del Contrato Colectivo de Trabajo. Y en ese tiempo fue artífice, también con ese funcionario, de la liquidación dolosa de unos 25 mil ferrocarrileros, aceptó la desaparición de los talleres de Apizaco y nunca informó qué hizo el sindicato con el 1.8 por ciento de la liquidación de quienes se acogieron —entre febrero de 1992 y julio de 1993— al obligado retiro voluntario o despido forzoso.

"La gestión de Praxedis no tuvo diferencia alguna con las que le precedieron. Su grupo de trabajo lo conformó con integrantes del grupo *Héroe de Nacozari* y sólo colocó a algunos ferrocarrileros de la planilla que lo apoyó, y que muy pronto se contaminaron con prácticas charriles. El sindicato no sufrió transformaciones significativas y siguió apoyando a ultranza las políticas estatales como en el caso de la modernización. Nuevamente las ilusiones democratizadoras de los ferrocarrileros disidentes al grupo *Héroe de Nacozari* se desvanecieron y con ello desapareció la posibilidad de la construcción de un proyecto alternativo de modernización. [...] Y en la revisión contractual de 1992 se incrementó la flexibilización del contrato colectivo de trabajo. Praxedis afirmó que estaba a favor de la modernización de la empresa, por lo que aceptó la modificación de 200 cláusulas contractuales del rubro laboral, no económico", escribió en agosto de 1994 Marco Antonio Leyva Piña, profesor de la UAM-Azcapotzalco e investigador de la revista interna *El Cotidiano*.

Sin duda, Praxedis Fraustro Esquivel estaba acostumbrado a proceder según le venía en gana. Y aunque no hay claridad en cuanto a algunos señalamientos de corrupción que se le hicieron porque, a su muerte, desapareció mucha documentación oficial de su oficina en el sindicato, acusaciones contra él pesaban y caían en cascada: desfalco en 1976 en la Sección 19 del sindicato en Monterrey, contrabando en 1977, porrismo y agresiones en 1983, agresión y pandillerismo en 1984, agresión, gansterismo y vejaciones en 1985. Se le acumularon como rosario. Pero tuvo una virtud: el cobijo de Lorenzo Duarte y la familia Salinas.

Si en la Secretaría de Comunicaciones y la Presidencia de la República se hicieron de la vista gorda con lo que pasaba en Ferrocarriles, Praxedis perdió el toque para seducir a sus colaboradores: Miranda Servín se convirtió en una piedra dolorosa en el zapato de la cúpula sindical: "En diciembre de 1992 dejé de trabajar en el equipo de Praxedis. porque la mayoría de los compañeros que colaboramos con él para derrotar a los *charros* del grupo *Héroe de Nacozari* fuimos relegados y traicionados.

"Al llegar a la Secretaría Nacional impuso a personas desconocidas, para nosotros, en puestos relevantes que le correspondían a la Secretaría Nacional. Y en enero de 1993 le entregué a Víctor Flores, secretario nacional tesorero, pruebas documentales de un cuantioso fraude en el que estaba involucrado Praxedis. A Víctor yo lo había denunciado en varias ocasiones por actos de corrupción en el periodo de Peralta; sin embargo, accedió a entrevistarse conmigo y quise darle documentos que me habían hecho llegar sindicalistas inconformes con la nueva dirigencia".

Praxedis tenía grandes aspiraciones de convertirse en el hombre más poderos del sindicato ferrocarrilero, siempre bajo el ala protectora del corporativismo o del sindicalismo oficialista y estaba convencido de que, gracias al apoyo que recibía desde la Presidencia de la República, según él lo hacía ver, nadie se atrevería a tocarlo. Así, cuando Miranda le entregó pruebas del fraude en el que estaba involucrado el líder sindical, Flores no hizo nada. Se guardó los documentos. Ni siquiera se atrevió a solicitar al Comité Ejecutivo Nacional del STFRM que aplicara los estatutos para sancionar al secretario nacional y presentara una denuncia por fraude. "Flores —recuerda Miranda— le tenía pánico, no simple miedo a Praxedis. Nada que ver con el legislador federal priista Víctor Flores que el 1 de septiembre de 1996, agazapado en la llamada *zona del Bronx* en el Palacio de San Lázaro, que alberga la Cámara de Diputados, agredió a su par perredista Marco Rascón, para intentar quitarle una máscara de cerdo que este último usó para hacer mofa de la ceremonia del informe presidencial de Ernesto Zedillo. Nada que ver con aquel diputado feroz, ruidoso, de lengua vulgar, cuyos señalamientos floridos, con lenguaje de pulquero, captaron los periodistas aquel día: '¡No tienes maaadre! ¡Chinga tu madre!' En aquel tiempo de 1992 y 1993, aunque era el tesorero sindical, temblaba de miedo y palidecía cuando Praxedis estaba cerca de él".

De sus compañeros ex diputados, algunos guardan recuerdos no muy gratos que lo marcan de cuerpo entero. En una ocasión, el panista Javier Paz Zarza le comentó a una reportera: "Me dijo que no me metiera en los asuntos de los trabajadores o me partiría la madre. Dos días después, en el estacionamiento del recinto legislativo me abordaron seis tipos, con armas de fuego, pretendiendo intimidarme. Iban de parte de Flores. La situación fue denunciada ante el pleno en su oportunidad. Lo único que logró fue demostrar su debilidad; si tuviera el apoyo de los ferrocarrileros no actuaría de esa manera. Actualmente hay una corriente muy fuerte en su contra".

Y el extinto periodista Miguel Ángel Granados Chapa lo pintó de una pieza: "Antes que nadie, Flores buscó a [Vicente] Fox [Quesada], apenas presidente electo, para rendirle pleitesía de manera semejante a la que expresó a Zedillo. [...] Flores encarna las virtudes de colaboración que un gobierno de empresarios desea para los empresarios. Aunque el funcionario lo haya negado expresamente, de esa circunstancia se desprende la conjetura de que para ser designado líder del Congreso del Trabajo, Flores cuenta con el apoyo del secretario Carlos Abascal. [...] Pero, practicante del principio filosófico 'a Dios rogando y con el mazo dando', Abascal no se contenta con la conversión de los líderes priistas dúctiles como Flores y los que aprobaron su proyecto de reformas laborales, sino que está construyendo su propia interlocución, un nuevo sindicalismo que por su moderación pueda ser llamado, con un anglicismo detestable pero de uso avasallador, sindicalismo *light*".

Cuándo y cómo operó el cambio, sólo en el sindicato puede encontrarse la respuesta. La mayoría coincide en que justo el día de su ascenso como secretario nacional. Flores, valga decir, fue la víctima indefensa —quienes lo conocen lo asocian más a la cobardía— de las iras y bromas de Praxedis, un maquinista rudo, de carácter recio, atrabancado, musculoso y violento, de 1.85 metros de estatura; de rasgos negroides. Flores, el bufón, era la encarnación de los intereses y las aspiraciones más negras de dos grupos —*Héroe de Nacozari* y peraltista— que querían prevalecer y hacerse, malamente, del futuro de los obreros del ferrocarril. Según se cuenta, Praxedis, no pensaba mucho cuando se trataba de liarse a golpes. Resultado de esas bromas, enemistades o antipatías, apenas al llegar a la Secretaría Nacional, y Víctor a la Secretaría del Tesoro, Praxedis mandó instalar cámaras de video en las oficinas de Flores, sobre todo en la caja fuerte, como una provocación abierta para que no robara ni un centavo, y en varias ocasiones lo amenazó. Le advirtió que si lo sorprendía robando le daría una golpiza y lo enviaría a la cárcel.

"Como la platicaba —recuerdan algunos de los praxedistas—, la anécdota parecía divertida. Pero Praxedis mostraba su puño derecho, preguntando a sus guardaespaldas '¿Sí o no le dije?: Mira, Víctor, róbate un centavo y te parto la madre, te ando dando una madriza; me vale madre que seas un pinche enano y échame a tu papá Peralta [...] con él sí me puedo dar en la madre porque somos del mismo peso'. Y Víctor reconocería, en una plática, que había tenido altercados de esa naturaleza".

A mediados de 1993, en una entrevista con Miranda Servín y el padre de éste, en el restaurante Toks de Insurgentes y avenida San Cosme, de la Ciudad de México, Flores llegó "pálido y descompuesto porque acababa de tener un enfrentamiento con Praxedis; desesperado, molesto, manifestó que ya no lo aguantaba: 'Le voy a romper su madre'. Y nos propuso: 'Sáquenle un libro, yo lo pago [...] a ver si así me lo quito de encima'. Sin recursos para emprender un proyecto de esa naturaleza, la idea —cuenta Fernando— me pareció aceptable; además, había sido marginado luego de colaborar en la campaña electoral que lo había llevado a ocupar el máximo cargo en el sindicato ferrocarrilero, y, también, había atestiguado su proceder corrupto y desleal en contra de los obreros. Por otro lado, me atraía la idea de volver a denunciar públicamente a otro líder nacional de este sindicato, con pruebas documentales.

"A partir de ese momento, Víctor me proporcionó más documentación sobre los fraudes de Praxedis. Con estos datos y los que yo tenía comencé a elaborar la cuarta edición de *La otra cara del líder*, cuya portada sugirió Víctor Flores. Se hizo cargo de todos los gastos. De enero a junio de 1993 tuvimos varias entrevistas. Le interesaba conocer el contenido y nos aportaba dinero para la impresión. Nos apremiaba para terminar. Tenía un objetivo: 'Pinche *Urraco* —el socorrido sobrenombre de Praxedis—, va a valer madre, se lo va a llevar la chingada. Conocía la efectividad de publicar un libro de este tipo, lo había vivido como íntimo colaborador de Peralta; sabía que *La otra cara del líder* —tercera edición— le había cancelado la posibilidad de llegar al Senado. Y, además, le había ocasionado tropiezos en su intento de llegar, por segunda ocasión, a secretario nacional del Sindicato Ferrocarrilero. Flores estaba montado en un potro salvaje, quería vengarse. El 1 de julio de 1993 terminamos de imprimir la cuarta edición; en la portada resaltamos la frase que Praxedis constantemente repetía: '*Caso Lombardo es homosexual*'. Víctor insistió en que se publicara en la portada; según él, si no se incluía, el libro no serviría".

Su miedo a Praxedis lo hizo rodearse de un cuerpo personal de guardaespaldas, formado por *Halcones* o golpeadores ferrocarrileros que ofrecían un testimonio cristalino sobre la situación: un personaje de baja estatura, moreno, nervioso, delgado y muy sumiso —"hombrecillo", le llaman sus críticos—, lleno de ambiciones que habitaba en un modesto departamento de 50.65 metros cuadrados, en el condominio número 215 de la calle Guerrero, colonia del mismo nombre.

Para 1996, ya con todo el poder sindical y el apoyo del presidente Zedillo, sus adversarios le documentaron la compra de un edificio de departamentos en la colonia San Rafael, en el 165 de la calle Edison, valuado en, al menos, 5 millones de pesos. Las fastuosas residencias junto al mar propiedad de Elba Esther Gordillo Morales en San Diego, California, que se han documentado con detalle, hacen ver modesto el edificio de Víctor Flores; sin embargo, confirman el deterioro del sindicalismo y ponen en evidencia la voracidad de los líderes y su complicidad con funcionarios de gobierno de los tres niveles.

Las revelaciones sobre Víctor se multiplicaron o, como dicen en el pueblo, los trapos sucios estaban lavándose fuera de casa. Se iría tejiendo una historia personal llena de datos, anécdotas y excentricidades. *El Semanario*, una publicación que se edita en la Ciudad de México, por ejemplo, publicó: "Los departamentos —del edificio en Edison— estaban hipotecados y el dirigente ferrocarrilero saldó los adeudos al contado. En ese año, pagó en diferentes transacciones un millón 431 mil 118 pesos (folios 474776, 686358, 9441469, 9441469 del RPP). Fue la misma época en que el líder ferrocarrilero Manuel Castillo Alfaro descubrió que en el sindicato había un desfalco por 25 millones de pesos. Admite que entonces pudo constatar que Flores había sustraído en 1994 esa cantidad en varios cheques con el argumento de que serían para la campaña [presidencial] de Zedillo.

"En la Procuraduría General de la República (PGR) está archivada desde 1995 la denuncia ACO/17/DO/95 por ese hecho. No se le ha dado cauce, lo que significa que no se inició averiguación. Tampoco se le dio cauce a otras 19 demandas en contra del ciudadano Víctor Félix Flores Morales que hoy están archivadas en la PGR, de acuerdo con una fuente cercana a Averiguaciones Previas. Una de ellas fue puesta en 2001 por la Agrupación de Jubilados Ferrocarrileros por el desvío de 500 millones de pesos de las cuotas que habían aportado durante una década. En el momento de la denuncia, José Videles Camacho, representante de los afectados, exhibió documentos que indicaban que Flores percibía un salario de 17 mil pesos a la quincena como jubilado, aunque no había trabajado más de cinco años. En tanto, los otros trabajadores alcanzaban 2 mil 500 pesos al mes".

Sin proponérselo, por lo menos no a su llegada al Distrito Federal, Víctor Flores avanzó a pasos agigantados hasta convertirse en un monstruo de mil cabezas. El asesinato de Praxedis Fraustro Esquivel, la historia negra de su compadre Jorge Peralta Vargas, la crisis de representación y su condición misma de instrumento presidencial en la aplicación de la política económica neoliberal lo atraparon en las páginas del libro negro de la burocracia sindical corporativa.

"ÓRALE CABRÓN, RELINCHA, APRIETA EL PASO Y CAMINA"

Ambicioso y en campaña para exhibir a Praxedis, Víctor Flores mantuvo su promesa de apoyar a Miranda Servín. Lo apuraba para sacar, lo antes posible, la cuarta edición de *La otra cara del líder. Otro delincuente en el sindicato ferrocarrilero*: "No fue ético proceder así, pero estábamos inmersos en una contienda política y en ese momento actuábamos indignados por el papel que hacía Praxedis. Sabíamos la cantidad de dinero que estaba robando con sus colaboradores, conocíamos las propiedades que adquiría, dónde comía, dónde se hospedaba —su pequeño departamento maltrecho, en la avenida Insurgentes Norte, lo había cambiado por un penthouse en Santa María la Rivera y una lujosa suite en el Hotel Pontevedra—, sabíamos a qué edecanes les había dado estatus de amantes oficiales y les había comprado un lujoso departamento. Todo. Y como parte importante de la portada publicaríamos la ficha signaléctica de Praxedis, acusado de lesiones graves y daños en propiedad ajena en 1983.

"Los primeros cinco ejemplares se los entregamos a Víctor el 1 de julio de 1993. Fue en una reunión en el Toks. Nublado y lluvioso el día, tomándonos una taza de café, vio la portada con la ficha signaléctica, una foto de Praxedis con Salinas y el secretario Caso, y la frase que sugirió. Después de una hojeada, nos dijo: 'Ahorita se lo voy a llevar a Caso, también a Peralta'. El 3 de julio de 1993 comencé a promocionar la presentación del libro entre algunos periodistas, ferrocarrileros y políticos de diversos partidos, así como funcionarios de algunas secretarías de Estado. La venta comenzaría el 17, Día de la Nacionalización de los Ferrocarriles".

Aunque los protagonistas prefieren olvidar esa parte de la historia, la historia siguió su curso. Todavía aquel julio de 1993, "Juan José Pulido me ofreció 200 millones de pesos: 'Te lo digo derecho, Miranda, no queremos que saques ese pinche libro... te vamos a dar 200 millones y cada quien a la chingada, ¿cómo ves?' No volví a aceptar una entrevista con Pulido. El 9 de julio recibí una llamada de David Guerrero, uno de los guardaespaldas de Praxedis. Me amenazaba dejándome un recado con mi hermana: 'Dígale al escritor que no se meta con el diputado o se lo va a llevar la chingada'. [...] El 14 de julio mi padre, Fernando Miranda Martínez, recibió una llamada de un Praxedis preocupado: '¿Qué pasó Miranda?, dile a tu hijo que no saque ese pinche libro, ya me habló Caso bien encabronado, me amenazó de muerte el pinche viejo. [...] Vamos a arreglar esto, tú y yo siempre hemos sido amigos. [...] Te espero mañana, a las ocho de la mañana, en el restaurante del hotel Del Prado'. La cita no se concretó. En los días anteriores Flores nos dio una fuerte cantidad, como gratificación por el tiraje: 'Si se pone el pedo duro [sic], no nos conocemos, ¡cabrones!'"

La madrugada del 17 de julio de 1993, Praxedis fue asesinado. "Después del homicidio, Víctor nos siguió dando gratificación para terminar de pagar la impresión. En una ocasión comentó: 'Funcionó el pinche librito'. A partir de entonces mi padre y yo realizamos muchos trabajos de impresión y difusión para la mutualista Previsión Obrera, recomendados por Víctor. Durante este tiempo fueron directores de Previsión Obrera Esteban Martínez, Jorge Peralta y Antonio Castellanos Tovar. Y aunque a veces no realizábamos trabajo alguno, ninguno tuvo objeciones para darnos el pago quincenal acordado. El director de Previsión Obrera del que recibimos mejor trato fue Peralta, a pesar de haberlo denunciado desde 1986. No nos decíamos nada respecto a Praxedis, pero sabíamos bien cómo estaban las cosas".

Miranda Servín recapitula: "Repudié el asesinato de Praxedis, tanto, que en la reapertura del caso ofrecí mi testimonio ante la Procuraduría General de Justicia del Distrito Federal, dentro de la averiguación previa 7/3949/93-07; extrañamente, los funcionarios al mando de Bernardo Bátiz Vázquez, durante la Jefatura de Gobierno de Andrés Manuel López Obrador, ignoraron mi testimonio. El asesinato fue un exceso; la mafia encabezada por Caso, Peralta y Flores tenía elementos para destituir a Praxedis y proceder penalmente en su contra por saqueo al sindicato; pero alguien optó por la venganza personal".

Y Salvador Zarco, uno de los ferrocarrileros opositores más respetados lo ha dicho en algunas ocasiones: "Entonces se afirmó que Flores y Peralta tenían relación con ese hecho, aunque nadie levantó una denuncia por ello".

Veinte años después y muerto el principal protagonista, es difícil conocer el impacto real del libro de Miranda, pero todavía hay testimonios de viejos obreros, ex maquinistas y ex guardavías, quienes en aquel proceso de 1992 se volcaron a votar por Praxedis cuando conocieron la portada y el contenido de *La otra cara del líder*. Si los sumarios —*La historia de un capo sindical ferrocarrilero y del presidio al presidium*— impactaron, las imágenes hicieron más estragos. Nítida, en el centro, la ficha signaléctica en la foto que la policía le tomó a Peralta: era el convicto número 9235-61 de la Inspección General de Policía del estado de Veracruz; esa portada se amplió diez o 20 veces —un póster—, según el tamaño o la importancia de la estación de ferrocarril, para exhibir la peligrosidad del rival de Praxedis y de su cuestionado pariente Mario Vargas Saldaña.

En 1968, cuando aún le faltaban al menos dos tercios para cumplir su condena por el asesinato, con alevosía y ventaja, de su amigo, el atleta Serdán Reyes, Peralta salió de prisión gracias a su primo Vargas Saldaña, quizá el político priista más destacado en la historia moderna de Veracruz. Vargas Saldaña usó sus relaciones con el poder para hacer de lado aquel homicidio que mortificaba a la familia formada por Fausto Peralta Montero y Librada Vargas Quiroz. Liberado el primo homicida, recurrió a sus amigos en el gobierno federal para reinsertar a éste en Ferrocarriles Nacionales de México.

En resumen, la historia que se contaba entre los ferrocarrileros era la siguiente. Como pasaba con muchos veracruzanos a los 15 años de edad, en 1955 el futuro de Peralta tenía un destino. Ese año el STFRM lo aceptó en una de las categorías más bajas: mensajero de patio, aunque más tarde, por recomendación de Vargas Saldaña, fue enviado al Departamento de Oficinistas de la Terminal de Veracruz, en calidad de extra y con la categoría de mensajero. Sin mucho esfuerzo, le consiguió la plaza que —hasta 1954, cuando murió— ocupó su padre Fausto Peralta Montero. De allí ascendió a boletero. En los movimientos ferrocarrileros de 1958 y 1959, Jorge había tomado una decisión: jugar al esquirol y apuntalar al grupo *charro* de Luis Gómez Zepeda. Pero en 1961 su vida se truncó cuando en los primeros minutos de la madrugada del 19 de octubre, en el cuarto número 5 del hotel Veracruz Courts, asesinó de dos balazos por la espalda, con una Súper Colt calibre .38 al atleta Carlos Serdán Reyes.

Protagonista del crimen del año en el estado de Veracruz, un juez del fuero común decidió detenerlo sin derecho a libertad bajo fianza. Después de un largo proceso, el 16 de octubre de 1962 el juez tercero de Primera Instancia, Arturo de la Llave Uriarte, lo condenó a purgar 16 años de cárcel y a pagar 2 mil pesos de multa. Tres años menos obtuvo su cómplice Vicente Vilaboa Orduña, alias *El Marihuano*. Peralta apenas cumplió seis de su condena; fue liberado en los primeros meses de 1968, gracias a la intervención de Vargas Saldaña, quien lo integró a su cuerpo de guardaespaldas. Al siguiente año lo reacomodó en Ferrocarriles y lo encargó personalmente con el *charro* Gómez Zepeda, quien lo hizo comisionado sindical y, en 1986, lo llevó a la Secretaría Nacional del sindicato.

A su salida de la cárcel, Peralta tenía un nuevo amigo: un obrero chaparrito, moreno y feo, de 33 años de edad, de barba rala, que pasaba gran parte de su vida en los patios del ferrocarril en Veracruz como llamador y cambiador de trenes. Por casi 12 años, éste había realizado la misma labor rutinaria: con una palanca cambiar el destino de los ferrocarriles. Era también un experto bailarín o, para decirlo en palabras de los viejos jarochos, era el maestro de baile de las quinceañeras del Puerto de Veracruz. Su nombre: Víctor Félix Flores Morales, un hombre tímido, sumiso —ya luego mostraría otro rostro—, que había crecido en la colonia Centro del puerto, en el 1140 de la calle Vicente Guerrero, casi esquina con Emparan. Vivía en una casa de madera y teja —reconstruida más adelante y vigilada a través de circuito cerrado—, pero desde donde la familia entera, sus padres Faustino y Genoveva, así como sus hermanos Mercedes, Consuelo, Faustino y Ramón, alcanzaban a ver los patios ferrocarrileros.

Hay quienes aseguran que Flores entró a trabajar a Ferronales cuando tenía 15 años de edad —en 1954—, aunque viejos registros de la empresa fechan su ingreso el 10 de julio de 1960, a los 21 años. A partir del 17 de mayo de 1995 —cuando desde la Presidencia de la República se operó su llegada a la Secretaría Nacional del STFRM—, ocupó el puesto 6918 como jefe de patio, cargo con el que fue jubilado el 6 de septiembre de 1999.

A finales de marzo de 2006, cuando el periódico *El Universal* intentaba armar un perfil de Flores, sus vecinas Carmen Machorro y su hija María Inés le dijeron que cuando Flores trabajó como llamador en ferrocarriles acudía a las casas de los ferrocarrileros para informarles a qué hora se tenían que presentar a laborar. Jugaba futbol con los hijos de Carmen. "Era un prietito simpático, no guapo. [...] Siempre fue un buen muchacho, era maestro de baile para 15 años". Y Petra Gutiérrez López, una de sus alumnas quinceañeras, recordó que, durante un mes, le enseñó a bailar el *Danubio Azul* y el *Vals de las Flores*. "No me cobró nada porque era amigo de mi madrina. Enseñaba bien, pero de aquel gran Víctor ya no hay nada, luego se amafió con Jorge Peralta".

Publicado en la edición del 2 de abril de 2006, uno de los párrafos del perfil es muy esclarecedor: "El hombrecillo —como lo han descrito varías crónicas por su baja estatura—, una vez encumbrado, se iría hacia donde el barco del poder, sin importar quién fuera su capitán. Una sola anécdota daría muestras de su escaso temple como líder obrero. El 4 de julio de 2000, dos días después de que Vicente Fox había sido proclamado presidente, Flores lo interceptó en un hotel y, al estilo del Patrullero 777 que protagonizó Cantinflas, le dijo: '¡A sus órdenes, señor!', sólo le faltó decirle 'jefe'. Así se condujo".

Sólo Víctor y Jorge saben cómo trabaron amistad, pero, cuando a este último lo transfirieron a la estación de Buenavista como poderoso delegado sindical, se jaló a Víctor como *secretario*, chalán, cargamaletas, golpeador, compañero de parrandas, hombre de confianza y, lo más importante, como niñera para que se encargara del cuidado de uno de sus hijos, de 6 años de edad. Era el hombre de confianza. Viejos sindicalistas todavía recuerdan hoy cuando, en sus berrinches, muy a menudo, *el niño* Peralta, quien de vez en cuando llegaba a la oficinas sindicales acompañando a su papá, pedía a gritos a su caballo.

—¡Quiero a Víctor! —solía gritar el niño, y el mismo Jorge lo llamaba.

—¡Víctor, Víctor jijo de la chingada!, en dónde andas metido que el niño te quiere montar. —Atento, dócil y complaciente, humillado, Víctor nunca desoyó el llamado del patrón. Siempre estuvo allí. Tenía entonces 47 años de edad. Y en aquel 1986 confió su futuro a la suerte y a las amistades del influyente primo priista de Jorge Peralta.

—Hínquese, cabrón.

—Más abajo, papá, más abajo.

—Ahora sí, brinque cabrón, y que relinche el caballo.

Con el niño a la espalda, golpeándole y picándole las costillas con los talones, Víctor comenzaba sus saltos grotescos y, desde luego, a relinchar. Divertido, Jorge Peralta Vargas contemplaba la conjunción caballo-jinete.

65

Fuera el de caballo, el de cargamaletas o el de golpeador, el trato vejatorio y la humillación le dejaron enormes beneficios a Víctor, un veracruzano que nació el 6 de marzo de 1939 y cuyo futuro, de no haber aparecido Peralta, era de confinamiento en los patios del ferrocarril. De su modesto puesto de llamador de tripulación y cambiador de trenes pasó a guardacrucero de planta y, desde allí, su protector lo colocó en su primer puesto sindical: presidente de los Juegos Interobreros en Veracruz y, casi de inmediato, representante sindical de la Sección 28. Nada lo detendría; de la mano de Peralta en 1976 fue nombrado secretario general de Ajustes por Trenes de la Sección 28. En 1977, coordinador Nacional de Escalafones y, ese mismo año, auxiliar del secretario nacional, Jesús Martínez Gortari. Este líder respondía a las órdenes del cacique Gómez Zepeda y, desde luego, de Peralta, cuyo primo, Vargas Saldaña, desde 1972 se había encaramado a la cúpula del poder como uno de los hombres de confianza del también veracruzano Jesús Reyes Heroles, el pensador e ideólogo más notable de la historia del PRI.

En un abrir y cerrar de ojos, Víctor —quien a los 33 años de edad, en 1972, veía su vida languidecer como mandadero y peón de los ferrocarrileros— confió su futuro al de Jorge Peralta Vargas. Si fue premonición o golpe de suerte no importa ya, desesperado porque en los patios rieleros veracruzanos su destino quedó marcado como llamador de tripulación y guardacrucero, palabras elegantes para las de mozo-mensajero y cambiador de vías, el poder se convirtió en una obsesión. La disciplina incondicional hacia Peralta le fue útil y escaló.

Flores empezó a construir así su propio futuro. Audaz como parecía su apuesta por Peralta, la vida lo recompensó: su carrera ha sido próspera e igual pasó a la arena política en las filas del Partido Revolucionario Institucional. Según los datos que entregó a la Cámara de Diputados, a los 35 años de edad lo hicieron dirigente del sector juvenil en el puerto de Veracruz y, tres años después, en 1997, presidente del sector obrero municipal de Veracruz. Ese mismo año se integró a la LVII Legislatura federal como diputado; en 2000 la dirigencia priista lo llevó como senador suplente, aunque en 2003 de nueva cuenta obtuvo una diputación federal.

En noviembre de 2012, Flores, un fiel soldado del viejo PRI, lo hizo de nuevo: se reeligió por seis años más como líder nacional de los ferrocarrileros. Si los cumple completos, como parece, al final de su periodo tendrá 78 años de edad. Pocos han vuelto a recordar al jovencito aquél, al maestro de vals que gustaba de sentirse el Elvis Presley de Veracruz.

Capítulo III

Tribulaciones de un cacique; el largo manto de Salinas y Fidel

CONOCIDO POR SUS COLABORADORES como Juárez; *Pancho*, así, a secas, entre familiares y amigos cercanos; *Paco-Francisco*, para las operadoras que lo encumbraron; el cacique de Telmex, según sus detractores; o visionario, como se autodefinió alguna vez, Francisco Hernández Juárez representa una figura ambigua y polémica, marcada por profundas contradicciones, que sirve para reseñar, de carne y hueso, la historia del sindicalismo mexicano durante las últimas cuatro décadas.

Bajo cualquier nombre, mote o apelativo, referirse al término de "líder sindical" remite, en primera instancia, a una serie de virtudes públicas, pero escasas en el México actual: guía demócrata, dirigente carismático, hombre sensible, idealista o baluarte del sindicalismo moderno. Y, como descarado contrapunto lleno de fantasmas, nos enfrentamos también con una telaraña de vocablos de inconmensurable cercanía: populista, déspota sindical, *grillo* mediatizador, modelo del *neocharrismo* y monstruo salinista.

Toda esta gama de conceptos, tanto los positivos como los negativos, envuelven el aura de poder que desde 1976 forma gran parte de la vida de Juárez. *Pancho-Paco*-Francisco es responsable del destino laboral de 32 mil 500 trabajadores en activo —62 por ciento de la planta de Telmex, que representa ocho por ciento del total de los empleados del Grupo Carso, uno de los mayores conglomerados de México que controla gran variedad de empresas de los ramos industrial, comercial, de consumo, inmobiliario y deportivo, propiedad del magnate Carlos Slim Helú—, así como de 18 mil jubilados del Sindicato de Telefonistas de la República Mexicana (STRM).

El equipo telefonista parece cohesionado en torno a la figura híbrida de *Pancho*, pero de una de esas dimensiones paralelas también emergen imputaciones o vicios privados difíciles de ocultar: complicidad para no cubrir, desde la privatización de la empresa en 1990, miles de plazas vacantes; explotación de trabajadores sindicalizados; nepotismo; represión; negociaciones en lo oscurito para reducir el monto de las pensiones; y hasta denuncias judiciales por malversación de fondos —como aquella que se presentó durante el movimiento de marzo de 1982 ante la Procuraduría General de Justicia del Distrito Federal, contra Hernández Juárez y algunos de sus allegados, por disponer de 500 millones de pesos de las cuotas obreras.

Para nadie es secreto que su cercana relación con el entonces presidente Carlos Salinas le permitió sacar ventajas en el proceso de modernización de Teléfonos de México, conocida más por su acrónimo Telmex, y la venta posterior de la empresa a Slim, porque obtuvo garantías de que no habría despidos. Y así pasó, aunque el desencanto llegó pronto —y para quedarse— porque, hasta hoy, al menos, están vacantes 9 mil 500 plazas sindicalizadas. Tampoco hay certeza sobre las 12 mil que quedarán desocupadas en los siguientes cuatro años por igual número de telefonistas en posibilidad de solicitar su jubilación.

Cualquier etiqueta que se le ponga contiene una verdad: en 37 años al frente del sindicato, Hernández Juárez ha sido un hombre muy moldeable, siempre tranquilo con su chamarra de piel, como lucen los obreros que han conseguido un buen pasar gracias a que ha sabido adaptarse a cualquier escenario político, ideología o partido que le permita mantenerse en primer plano. Como si el tiempo se suspendiera, en la historia de ese mundo paralelo que es el sindicalismo aflora un alud de suspicacias, conjeturas, sospechas, morbo y críticas que se levantan desde el flanco mismo de los trabajadores de la empresa telefónica mexicana.

En efecto, Hernández Juárez se mantiene firme en la Secretaría

General del STRM desde hace cuatro décadas a través de antiguos métodos del sindicalismo que incluyen represión, despido, hostigamiento a opositores, suspensión de derechos, nepotismo, destitución de delegados, negativa a tramitar prestaciones contractuales y sindicales, así como pago del anticipo por antigüedad para deshacerse de los oponentes internos.

Desde sus inicios en la década de 1970, este líder sindical es el botón de muestra de un férreo control corporativo vinculado históricamente, como lo llaman sindicalistas independientes y especialistas en materia laboral, a una relación desigual y a un control inmoral del Estado. En otras palabras, es uno de los responsables de la subordinación de las organizaciones gremiales al gobierno y a los patrones reduciendo su papel al de celoso guardián de la política salarial en turno o simple espectador de funcionarios del gobierno federal que promueven el aniquilamiento de sindicatos y líderes independientes.

La historia de *Pancho, Paco*, Francisco o Juárez se remonta a abril de 1976, cuando, siendo prácticamente desconocido accidentalmente, y con un golpe de suerte, se coloca al frente del descabezado y caótico movimiento democratizador o revuelta fratricida del viejo Telmex o monopolio gubernamental telefónico, a través del llamado Movimiento Democrático 22 de Abril. Tal revuelta había iniciado un año antes en el Departamento de Centrales Mantenimiento para derrocar el grotesco e impúdico liderazgo que, desde 1970, estaba bajo resguardo del *charro* Salustio Salgado Guzmán o *Charrustio*, como lo llamaban los trabajadores.

Bajo el mando de este cacique no habían faltado las alianzas oscuras, una declarada tendencia a favorecer el endurecimiento del autoritarismo gubernamental, así como las componendas con funcionarios del gabinete del presidente Gustavo Díaz Ordaz, entre ellos el secretario del Trabajo, Salomón González Blanco —encumbrado en forma definitiva de 1958 a 1964, durante el sexenio de Adolfo López Mateos—. Pero todos esos movimientos turbios se fueron al traste cuando *Charrustio* Salgado, ateniéndose al apoyo gubernamental, se negó a ver brotes de inconformidad, a nivel de insurrección, en el Departamento de Centrales Construcción.

Impreso a mediados de 1975, el editorial del primer número de *El Guajolote*, órgano oficial del Movimiento Democrático y una de las dos decenas de publicaciones que, en ocho años, mantuvieron viva la llama de la lucha telefonista, daba las guías que pasaron por alto Salustio y el gobierno echeverrista: "Durante mucho tiempo los telefonistas hemos sido pisoteados en nuestros derechos. [...] La dirección del sindicato está en manos de líderes vendidos que pisotean y trafican con nuestros derechos. Cada revisión de convenios departamentales, cada renovación de contratos se hace a nuestras espaldas, no existen asambleas y [a] cada compañera o compañero que protesta se le rescinde su contrato". Hubo otros órganos internos de difusión, pero todos tenían una línea en común: la lucha contra Salgado, a quien atribuían una "dictadura" que se había prolongado por 11 años.

A *El Guajolote* deben sumarse *Boletín Informativo*, primer periódico en la guerra contra Salustio; *Alternativa, Tribuna del Trabajador Telefonista*; *El Callejón*; *El Hijo del Guajolote*, del Movimiento Revolucionario Telefonista; *Movimiento 8 de Marzo*, de la Coordinadora Democrática de los Telefonistas; *Gaceta Informativa, El Movimiento 23 de Abril*, de Monterrey, Nuevo León; *Lenin*, de la organización marxista-leninista de los telefonistas; *El Demócrata, Voz y Expresión de los Telefonistas Poblanos*; y *22 de Abril*, información y discusión de los telefonistas de la Sección 15, de Hermosillo, Sonora.

La lucha interna por democratización había visto luz con movimientos como el de 1958-1959 y el de 1969 en el Departamento Centrales Construcción. Sin embargo, no fue sino hasta la revuelta del Movimiento del 22 de Abril de 1976 cuando culminó la lucha iniciada un año antes. El objetivo era uno muy claro: expulsar del sindicato telefonista —que desde 1950 había visto pasar las dirigencias formales de Fernando Raúl Murrieta (1950-1952), Jorge Ayala Ramírez (1952-1959), Agustín Avecia Escobedo (1959-1961), Arturo Velasco Valerdi (1961-1962), Manuel Guzmán Reveles (1962-1966) y Antonio Sánchez Torres (1966-1970)— a Salgado Guzmán, quien respondía a intereses de funcionarios del gobierno federal y del Partido Revolucionario Institucional.

Salgado descubriría que el *charrismo* también tiene sus caminos pedregosos: el destino le jugó en contra, a pesar de la mano dura y muy pesada del apoyo que recibía del secretario del Trabajo, González Blanco, especialista en reprimir movimientos sindicales y someter, bajo cualquier recurso, a líderes independientes. Con el apoyo de las operadoras de las centrales Victoria y Madrid en el Distrito Federal —y, desde luego, un paro caótico generalizado que ese abril del 76 se expandió como fuego vivo a 40 ciudades—, aquella lucha encaramó al desconocido *Pancho*, quien aún no cumplía 23 años de edad, a la dirigencia máxima del sindicato.

Buena fortuna es un término corto para el encumbramiento de Hernández Juárez. Según crónicas de la época, los telefonistas rebeldes se inclinaban, para sustituir a Salustio, por el liderazgo de César González Aguirre, pero el día de las elecciones éste no llegó. Treinta y dos años después, Juan Guzmán G., en su columna "Panorama Laboral", que se difunde a través de la agencia noticiosa michoacana *Quadratín*, retomaría los pormenores de aquella mala suerte de González Aguirre: "Según una anécdota contada por varios telefonistas de aquella época a quien estas líneas escribe, González, el más proyectado a la Secretaría General, pues contaba con un amplio apoyo de las bases, el día de las elecciones, cansado después de varios días de lucha, se retira a dormir y no se presenta en la asamblea electoral, lo que le abrió las puertas al antirreeleccionista de Hernández Juárez".

Apoyado por la anarquía del movimiento —en el que participaban grupos de todas las corrientes y tendencias internas, incluidas las de izquierda, radicales y moderados—, así como la furia de las explotadas y ninguneadas operadoras, el destino puso a *Pancho-Paco* y sus amigos Mateo Lejarza —quien más adelante sería el ideólogo del sindicato— y Rafael Marino en el lugar indicado a la hora correcta. Ninguno tenía experiencia sindical. Los tres formaban parte del Ateneo Lázaro Cárdenas, un grupo de estudio, integrado por alumnos de la Escuela Superior de Ingeniería Mecánica y Eléctrica (ESIME) del Instituto Politécnico Nacional, tutelado por un periodista español que prestaba servicios profesionales al gobierno del presidente Luis Echeverría Álvarez.

No había razones para la suspicacia. Sólo unos cuantos, entre ellos Lejarza y Merino, conocían los acercamientos del echeverrismo —principal promotor de la represión de estudiantes en 1968, de la *Guerra Sucia* y responsable de la matanza del *Jueves de Corpus* o *El halconazo* de 1971— con el jovencito *Pancho* Hernández Juárez.

Las elecciones internas, producto de la revuelta que derrocó a Salgado Guzmán, aguantaron un recuento de votos vigilado por inspectores de una desconfiada Secretaría del Trabajo, que se interpretó como un enojo de González Blanco porque la situación se le salió de control. Amparados en los lemas "fuera *charros*", "democracia" y "no reelección", el suertudo Hernández Juárez recibió el apoyo de 13 mil 757 telefonistas; es decir, 90.8 por ciento del total de los trabajadores que votaron. La flama de la guerra había alcanzado a *Charrustio* Salgado, lo quemó. El gobierno resintió la presión de los telefonistas y lo abandonó a su suerte. Su alguna vez poderoso Comité Ejecutivo Nacional, que por diez años había controlado Telmex, apenas tuvo fuerza para convencer a mil 374 telefonistas, los más beneficiados durante esa década.

Astuto como era y con su característica intuición de depredador político, Echeverría le dio el visto bueno a la naciente dirigencia sindical juarista. Entrado el último año de su gobierno, vio y aprovechó la oportunidad de contar con un nuevo aliado con el que pretendía ampliar su esfera de influencia en la administración siguiente, que recaería en su amigo del alma y subordinado José López Portillo y Pacheco —*Jolopo*, como se le conocía—, al que esperaba manejar como muñeco de trapo.

Casi de inmediato, Echeverría tendría oportunidad de probar el amargo sabor de la ingratitud y del vocablo "ex" porque, al llegar a la Presidencia, aquel "dócil" amigo de la juventud se autonombró el último presidente de la Revolución y prácticamente lo expulsó del país, enviándolo como embajador plenipotenciario e itinerante a los rincones más alejados del planeta. Para entonces, con el consentimiento del echeverrismo —que en la cúpula obrera corporativista se interpretó como mensaje violento y claro contra el sindicalismo—, *Pancho* empezaba a encariñarse con las querencias del encargo.

Otra versión que difunden viejos telefonistas y que no necesariamente choca con la anterior establece: "Integrante del grupo echeverrista del IPN Ateneo Lázaro Cárdenas, *Pancho* fue impuesto por la Secretaría de Gobernación, desde donde se vetó a los auténticos líderes del Movimiento Democrático 22 de Abril de 1976; llegó a la dirigencia provisionalmente, en lo que se consolidaba el movimiento; es decir, hasta la realización de la Primera Convención Nacional Democrática Telefonista [en julio de 76] y ya vimos lo que le duró su convicción anti-reeleccionista".

A Hernández Juárez nadie, ni aliados ni enemigos, le regatea lo suertudo ni su éxito; menos, su agudo sentido del oportunismo y la oportunidad. Pero tampoco él puede negar ninguna de las versiones que registran la cercanía con sus tres grandes protectores: los ex presidentes Echeverría y Salinas, así como el extinto y, paradójicamente, *inmorible* e insustituible líder obrero Fidel Velázquez Sánchez, quien lo introdujo en las intrincadas redes del poder.

Hay evidencias para señalar que Enrique Restituto Ruiz García, conocido como Hernando Pacheco, intelectual español nacionalizado mexicano en 1972 e identificado también por el sobrenombre de *Juan María Alponte*, lo presentó con el maquiavélico e infame Echeverría. Y éste no podía disimular su interés por Telmex: el 16 de agosto de 1972 su gobierno adquirió 51 por ciento de las acciones de la empresa —el porcentaje restante lo reservó para la iniciativa privada—, una estatización de facto que le permitió consolidarse como un monopolio porque absorbió a pequeñas telefónicas regionales.

Investigadores como Enrique de la Garza Toledo han confirmado que la relación Echeverría-Hernández Juárez existía de alguna manera. En su libro *La democracia de los telefonistas*, editado en 2002, escribe que Hernández Juárez, muchachito creyente, al menos en palabras del "sufragio efectivo no reelección", y trabajador de escasas pretensiones, se vinculó con grupos echeverristas. Los grupos estudiantiles que participaron en el Movimiento Restaurador, confirma, tenían relación, a nivel de asesoría, con el ideólogo *Juan María Alponte*, no otro sino Enrique Restituto Ruiz García, quien los iniciaría en las perspectivas de renovación sindical que venían del Estado y que pretendían superar, incluso, lo logrado por la Confederación de Trabajadores de México (CTM)

Ya idos lo tiempos, en diciembre de 2003, en una entrevista que se publicó en *El Siglo de Torreón, Pancho* comentaría: "Durante el último año de Echeverría tuvimos una buena relación. Después entró [José] López Portillo y todo el tiempo me quiso golpear. Tuvimos que hacer hasta dos huelgas por año. Después llegó De la Madrid y la relación fue menos conflictiva. Tuvimos una relación fría y lejana, pero respetuosa. Con Salinas fue cercana e hicimos grandes cosas". El relato quedó corto. Durante la Convención Democrática de julio de 1976, *Pancho* le dijo a los telefonistas que se había reunido con Salinas, quien le había ratificado que respetaría al sindicato de telefonistas. Y, como no queriendo la cosa, ya entrado en confianza para reafirmar su poder, les dijo, el presidente de la República "le manda un saludo a los convencionistas".

La Generación Gerber

Una vez que Hernández Juárez se posicionó al frente de los telefonistas, tuvo fuerza para aplastar a los grupos de la izquierda sindical, a los remanentes del *charrismo* impuesto por Salgado Guzmán y a grupos *empresistas* como el de Rosina Salinas —quien contaba con el apoyo de la diputada Concepción Rivera, representante del Congreso del Trabajo—. Con este movimiento estratégico, el líder sindical pasó a formar parte de la amplia y compleja telaraña de maniobras que, desde el inicio del sexenio de Echeverría en 1970, operadores políticos presidenciales tejían a fin de controlar a todos los obreros del país.

Como cada presidente de la República en el México posrevolucionario, Echeverría no resistió la tentación de ejercer el poder absoluto e imponer su voluntad omnímoda —su perversidad maligna— en el sindicalismo promoviendo un reemplazo generacional en el que *Pancho* encajaba muy bien. Sobre todo, intentaba minar a la Confederación de Trabajadores de México (CTM) y, si era posible, derrocar de una vez y para siempre a su líder nacional, éste sí vitalicio, Fidel Velázquez Sánchez.

Estudiosos del movimiento obrero como Javier García Aguilar, coordinador del libro *Historia de la CTM 1936-1990*, publicado en 1997, han encontrado indicios sobre las intenciones del Presidente: venganza. Se tiene registro de un posible enfrentamiento indirecto entre Velázquez Sánchez y el general jalisciense José Guadalupe Zuno, suegro de Echeverría. La reyerta, que databa de 1972, comenzó cuando Velázquez —en un discurso durante una comida en su honor, organizada por los obreros de la fábrica La Josefina, en Tepeji del Río— declaró: "En la CTM y en el movimiento obrero se encontrará siempre un ejército dispuesto a la lucha abierta, constitucional o no, en el terreno en que el enemigo nos llame, porque nosotros ya somos mayores de edad".

Probado ya el mesianismo de Echeverría y su política maniquea, su estilo de gobierno había afectado a los trabajadores que resentían cómo la inflación aumentaba lenta e inexorablemente porque sus aumentos salariales no se sustentaban en la producción y productividad del país, sino en la maquinaria del Banco de México para imprimir billetes. Enterado del señalamiento que afectaba a su yerno, la respuesta del general fue corta y contundente: "Con [Fidel] Velázquez la clase obrera volvió a la esclavitud".

Lo que haya sido, desde su toma de posesión en diciembre de 1970, Echeverría puso en marcha una campaña abierta contra el viejo líder cetemista; es posible que —como pasaría más adelante en el sexenio de Carlos Salinas (1988-2004)— haya visto en el joven estudiante politécnico Francisco Hernández Juárez a un conveniente sustituto de Velázquez.

Ya desde su época como secretario de Gobernación (1963-1969), un sumiso y astuto Echeverría se había dado a la tarea de formar una casta divina propia con jóvenes que, confiaba, podían gobernar a México por varias generaciones. Conocida como la *Generación Gerber*, en esa camada destacaban Juan José Bremer de Martino, Ignacio Ovalle Fernández, Fausto Zapata Loredo, Francisco Vizcaíno Murray, Roberto Albores Guillén, José Nelson Murat Casab, Luis Humberto

Ducoing Gamba, Carlos Armando Biebrich, Carlos Fabre del Rivero, Francisco Javier Alejo y los no tan jovencitos Porfirio Muñoz Ledo y Sergio García Ramírez.

Aunque no pudieron concretarse todas las ambiciones desbocadas de Echeverría, la *Generación Gerber* arropó al naciente líder sindical. En el último año del sexenio, el echeverrismo se encargó de reconocer a la dirigencia y legitimar el movimiento que encabezaba *Pancho*. La pinza la cerró él mismo cuando, del 19 al 31 de julio de 1976, durante la Primera Convención Nacional Democrática (CND) del STRM —la primera después de la revuelta y la huelga del 22 de abril de aquel mismo año—, se dio una información que pasó inadvertida: después de visitar al presidente Echeverría y a otros funcionarios federales —en especial de la Secretaría del Trabajo—, *Pancho* declaró que el gobierno "tiene una actitud de respeto al movimiento y que tácitamente" lo mejor era permanecer en el Congreso del Trabajo (CT) —bien conocido como un organismo que reunía a lo más granado de la *charrería* nacional.

Los siguientes cuatro años fueron tortuosos para *Paco, Pancho*. Aun así, en un camino empedrado y cuesta arriba, porque se había ido su protector Echeverría —cuyo sexenio terminó el 30 de noviembre de 1976—, maniobró para que la III Convención Nacional Democrática del sindicato telefonista aprobara una sugerente propuesta del Departamento de Programación y Recepción de Equipo: "Por esta única vez y sin que cause precedente", el secretario general podría participar como candidato para dirigir al STRM por otros cuatro años.

Hernández Juárez tomó entonces tiempo para cortejar a algunos de sus adversarios, emprendió una campaña de persecución contra otros, manipuló para que la empresa se deshiciera, vía despido fulminante, de otros más; en fin, hizo lo imposible y consiguió poderes especiales para manejar el sindicato y sentó las bases de un esquema de permanencia indefinida en la Secretaría General, a través de un cambio de estatutos que instauraron lo que originalmente no existía y contra lo que luchaban los juaristas: la reelección. Si nada se interpone en su camino, aquella cláusula especial —"por esta única vez"— sentó precedentes porque, en abril de 2016, *Pancho-Paco*-Francisco completará su novena reelección consecutiva y 40 años como dirigente sindical. Apenas llegó a los 63 años de edad, pero, desde hace tiempo, Francisco Hernández Juárez forma parte de la gerontocracia sindical mexicana. Desde sus oficinas en la calle de Villalongín, en el Distrito Federal, ha visto pasar a seis presidentes: José López Portillo, Miguel de la Madrid, Carlos Salinas, Ernesto Zedillo, Vicente Fox y Felipe Calderón; siete si se toman en cuenta los últimos siete meses de Echeverría, y ocho, con Enrique Peña Nieto.

Si bien una reforma a los estatutos incluyó una cláusula para separar formalmente al sindicato de la CTM, y por lo tanto del PRI, *Pancho* acató la medida en lo general, pero en lo particular se fue a refugiar con Fidel Velázquez. Éste y su CTM controlaban, todavía en la década de 1970, las principales oportunidades de movilidad política para líderes sindicales. Hubo quienes intentaron hacer ver en el reconocimiento echeverrista una maniobra incisiva y audaz que, por fin, sentaría bases para liberar a la clase obrera de la CTM. No fue el caso. Más tarde habría un desencanto generalizado en el gobierno, cuando se hizo visible que *Pancho* se acogía al espléndido apadrinamiento del viejo zorro Fidel.

Ni Echeverría, ni De la Madrid, ni Salinas, ni Zedillo, cada uno en su momento, ocultaron sus deseos y tentaciones de "jubilar" —para evitar derrocar, deshacerse o relevar— al dirigente cetemista o, como despectivamente lo llamaban algunos, *el lechero de Villa Nicolás Romero* o *el lechero rompehuelgas*. Este tipo de comentarios estuvieron siempre allí, como cuchillos de palo. Nunca hicieron mella en Fidel. Sólo él conocía su poder real. Desde el sexenio de Manuel Ávila Camacho (1940-1946) se sabía intocable e imprescindible.

De Fidel puede hablarse todo, y en él encajan todas las definiciones. Desde mediados de 1970, y hasta 1988, detentó un poder omnímodo. Conocía las reglas y los secretos del sistema. Literalmente, era el todopoderoso. A todo el mundo le hacía favores y todo el mundo le debía uno. Las conspiraciones terminaron en la basura. Pero acogiendo a diversos personajes, entre los que incluso se destacan otros líderes sindicales, Echeverría y Salinas irían un poco más allá porque, literalmente y sin disimulos, intentaban exterminar a Fidel del movimiento obrero. Uno y otro fracasaron. Todos fracasaron.

La minidictadura,
"por esta única vez"

Titubeante e inseguro por el repentino e inesperado ascenso, *Pancho* poco a poco se acogió a la sombra de las frases pintorescas de Fidel —"llegamos con la fuerza de las armas, y no nos van a sacar con los votos", o "el que se mueve no sale en la foto"—. Se unió a la veneración a un hombre que concibió la gerontocracia cetemista como eterna, al grado que alguna vez llegó a creer que se le había pasado la muerte. Agachó la cabeza cuando los secretarios del Trabajo se convirtieron en modernos capataces de los obreros que redujeron el papel de los sindicatos a meros organismos de la defensa del empleo.

El acercamiento entre Velázquez y Juárez fue normal e inevitable; aquel hombre de 76 años de edad era un almanaque y un compendio de la historia sindical del país a partir de la segunda mitad de la década de 1920. Aceptó al naciente líder porque se lo impuso Echeverría o, de plano, *Pancho* le cayó bien, aunque al principio —entre 1976 y 1982— le tenía desconfianza porque no acababa de amarrar todas las piezas del rompecabezas del sindicato telefonista.

Tres meses después de asumir el inesperado cargo y cuando el torbellino de la revuelta contra el *charrismo* no se apagaba, *Pancho* tuvo una serie de traspiés que pudieron ser fatales para él y para todo su movimiento. No era que lo exhibieran sus indecisiones o algunos de los opositores de la dirigencia anterior —quienes aún controlaban secciones sindicales foráneas, como Guadalajara, Puebla y Monterrey—, sino lo errático de sus posicionamientos.

Los recelos del viejo Fidel tenían otras razones. La oposición interna, o los democráticos, como se les identificaba entre los telefonistas, a través de Línea Democrática y otros grupos que se inclinaban en forma abierta por el sindicalismo independiente, presionaban al bisoño *Paco* para romper cualquier tipo de alianza con el gobierno federal, renunciar públicamente al PRI y a la CTM; y, lo más grave, desligarse del Congreso del Trabajo, estas dos últimas organizaciones controladas por Fidel Velázquez. Ello era el equivalente a un pecado mortal. Todavía, todos los mexicanos nacían católicos y priistas.

Lo de la CTM no representaba ninguna novedad. En 1962, delegados poblanos que asistieron a la convención anual del sindicato hicieron la propuesta, que se aceptó, de separar la organización de la CTM. Para los telefonistas, el rompimiento no significaba, bajo ningún concepto, "aislarse de las luchas de los demás trabajadores, especialmente en lo que se refería a la lucha por la democracia sindical y por la reestructuración del movimiento obrero en general".

Los enjuiciamientos a Hernández Juárez y su grupo —comandado por Lejarza y Marino— llegaban casi a diario y por todos los flancos. Jesús Sosa Castro, responsable de la Comisión Sindical del Partido Comunista Mexicano (PCM) —que había logrado conjuntar una pequeña y muy aguerrida fuerza de telefonistas reagrupada en el Frente Democrático de los Telefonistas—, acusó: "El actual secretario general del STRM cree que la manera de consolidar sus triunfos debe partir de estar bien con el gobierno. [...] Considera que salvaguardar al sindicato de las acechanzas del enemigo y consolidar la organización de telefonistas en sus propósitos político-sindicales podrá lograrse en la medida en la que se establezcan alianzas con el gobierno".

Por su parte, telefonistas leales a Juárez, como Walter Vallejo, ex dirigente de la Sección 3 de Puebla, no tenían problema en señalar que *Pancho* actuaba en función de los intereses de que le acusaban: "El enemigo central de los trabajadores es la Línea Democrática, las huelgas son negativas para los trabajadores, es necesario una alianza con nuestro enemigo de clase, que es el Estado, y cambiar las estructuras sindicales por otras que permitan un mayor control sobre la base trabajadora".

Por si le hicieran falta problemas, el 19 de noviembre de 1981 los departamentos de Centrales Manutención Matriz y Centrales Automáticas Foráneas redefinieron y entraron en una novedosa etapa de lucha a través de ausentismo colectivo. La protesta se generalizó y justo la víspera de Navidad se reportó la segunda protesta, otro ausentismo colectivo. El año siguiente fue un caos entre paros pequeñitos —de 45 minutos a tres horas— y el ausentismo colectivo programado. Lo mismo se reportó en las instalaciones de San Antonio

Abad, Casa Matriz, Vallejo o Zaragoza en la Ciudad de México, que en Poza Rica, Veracruz; Oaxaca; Ciudad Guzmán, Jalisco, y Monterrey, Nuevo León.

"El permanente enfrentamiento entre las dos corrientes provocó un caos en el sindicato y en la empresa, aunque en la lucha interna iba ganando Hernández Juárez, el Congreso del Trabajo se mostraba receloso y hasta hostil a la nueva directiva. [...] Su desempeño como líder cayó paulatinamente en las viciadas prácticas del sindicalismo oficial, contra las que decía luchar en 1976: el control de los trabajadores por diferentes mecanismos, como la manipulación de los préstamos para vivienda, de las vacantes para los familiares de los trabajadores o de los préstamos personales. [...] Hernández Juárez es un dirigente que no es independiente, ni *charro*. Se le aplica un nuevo término: *neocharro*. Al paso de los 11 años que lleva al frente del sindicato se ha ido definiendo, poco a poco. [...] Siempre tuvo un objetivo, llegar a la cúspide del sindicalismo oficial y moverse en las altas esferas de la política nacional", escribió el 20 de abril de 1987 Salvador Corro.

La generalización de los problemas, sin embargo, no fue suficiente para derrotarlo en las elecciones internas de 1980. *Pancho, Paco* Francisco, quien a esas alturas era ya un superhombre para la operadoras de Telmex, encontró siempre la fórmula para caer de pie. Por ejemplo, aún no terminaba de sentarse en la silla que antes fue de Salustio Salgado Guzmán cuando tuvo la ocurrencia de proponer que se redujera de cuatro a dos años el periodo de la dirigencia sindical. Sólo él sabe quién lo hizo cambiar de opinión, pero casi de inmediato dio marcha atrás y él mismo tiró su propuesta.

Tampoco desatendió a Fidel. Ya se descubriría que en aquellos días aciagos conocidos como la crisis de marzo de 1982 —del 3 al 19, cuando incluso algunos contingentes lo desconocieron, con todo y su Comité Ejecutivo Nacional, y tomaron el edificio sindical—, *Pancho* se resguardó en las oficinas del Congreso del Trabajo, controlado, como hasta su muerte en 1997, por Fidel Velázquez.

Aquel 20 de abril de 1987 Corro precisó, en un reportaje de su autoría, que Hernández Juárez estuvo allí y "esperó que el dirigente cetemista le resolviera el problema [...]. A partir de entonces decidió caminar de la mano de Fidel. El 20 de septiembre, durante la VII convención nacional ordinaria, a la que asistió el presidente [José] López Portillo, se deshizo en halagos al dirigente cetemista. Le hicieron un homenaje y Velázquez devolvió los cumplidos".

Por si hubiera alguna duda sobre la intervención de Fidel para allanarle el camino a *Pancho*, los investigadores Roberto Borja y Fabio Barbosa encontraron que "no puede dudarse que el apoyo del Congreso del Trabajo fue fundamental en los acosos de Telmex que, por lo menos en esta etapa, concluyeron con el acuerdo del 28 de julio de 1982 bajo el largo título de *Convenio que celebran la empresa Teléfonos de México y el Sindicato de Telefonistas de la República Mexicana* [...], cuyo fin fue la garantía y corresponsabilidad del Congreso del Trabajo y la Secretaría del Trabajo".

Durante el conflicto, por solicitud del viejo Fidel, envió, protegido por un contingente de granaderos de la policía del Distrito Federal, a un grupo de golpeadores profesionales para desalojar el edificio sindical. Así, por las buenas, los disidentes y otros 500 "telefonistas" contratados por la empresa se retiraron. Era la época en la que, todavía en muchos casos, las disputas sindicales se resolvían a balazos y a madrazos. Diecinueve días después de la revuelta, Francisco Hernández Juárez retomó su liderazgo.

Allanado, pues, el camino y arropados por Fidel y el Congreso del Trabajo, *Pancho, Paco*, Francisco y su Comité Ejecutivo Nacional pudieron sentarse, con placer, a dirigir el destino de los telefonistas. Con la protección de Fidel, se hicieron de herramientas para desmantelar a la oposición interna, incluida aquella con la que habían contraído compromisos; con ello limitaron estatutariamente la participación de sus rivales.

El mensaje de aquellos que el 22 de abril de 1976 habían llegado a la Secretaría General del STRM con las banderas de la "democracia", la "no reelección" y "fuera los *charros*" se hizo escuchar muy clarito en todas las oficinas de Telmex: "Que los responsables del problema por el que acaba de pasar nuestra organización, los cuales ya están bien identificados y son precisamente los líderes de la llamada disidencia, sean sancionados enérgicamente como lo marcan nuestros estatutos, de tal manera que se les nulifique su participación representativa sindical así como política en nuestro sindicato".

Obligaron a los comités de las secciones Matriz y foráneas a reconocer, por escrito, la dirigencia de Francisco Hernández Juárez. Y, en los hechos, los *panchistas* de cada centro de trabajo se convirtieron en espías de la dirigencia sindical para nulificar a los cabecillas de la disidencia y, además, para mantener un estrecho cerco de vigilancia sobre líderes intermedios. Las medidas le han dado resultados, los complejos métodos de selección del Comité Ejecutivo Nacional, excepto el de secretario general, simulan ser incluyentes. En otras palabras, se sentaron las bases para establecer una minidictadura.

Para todo estaban preparados los telefonistas, pero 1983 los sorprendió una mañana cuando el Comité Ejecutivo Nacional, con *Pancho* a la cabeza, hizo público el rompimiento con el grupo interno identificado como Línea Proletaria, que tenía una fuerza importante en Coahuila. Después de un par de regaños que recibió directamente de Fidel, ese tema lo incomodaba. Poco se dijo que, en los peores días de marzo de 1982, fue el único grupo interno que apoyó a Hernández Juárez. Presionado por el Congreso del Trabajo y en especial por el líder minero Napoleón Gómez Sada, *Pancho* se convirtió en un Judas moderno. Cuando encontró la oportunidad, negó cualquier relación con esa facción telefonista y se refería muy poco a ella.

En una entrevista que concedió en 1987, cuando ya se encontraba bien asentado y sintiendo el apoyo pleno de Fidel, advirtió: "Cuando en 1977 o 1978 tuvieron la contratación los compañeros de Telefónica Nacional en Monclova, donde está enclavada la Sección 147 de Mineros, fuimos a verlos para tratar los problemas de la negociación. Los compañeros de los comités locales tenían relación con ellos. [...]. Ahí conocimos al compañero Francisco Uvences. Yo no sabía si era de Línea Proletaria y que estaba en la dirección sindical. El caso es que ahí se mantuvo la relación. Tuvimos seis o siete intercambios de experiencias y nos pareció muy importante la forma de organización que tenían. [...] Resulta que, por azares del destino, el compañero Uvences salió por cuerda de los mineros, que lo corrieron por andar de avanzado allá. Aquí ya no, porque está en el Comité Ejecutivo, vino y nos aportó sus experiencias".

Aquella mañana de 1983 la sorpresa fue mayor —incluso se calificó como una gran traición fraternal—, porque el rompimiento se hizo durante la revisión salarial de ese año. Y todavía fue más impactante porque *Pancho* dio personalmente la información en una Asamblea General Nacional para tratar asuntos salariales.

Apersonado ante los delegados de STRM, Hernández Juárez declaró: "Un grupo de trabajadores integrantes de la llamada Línea Proletaria últimamente ha incurrido en actitudes que no corresponden al proyecto general del sindicato". La Dirección Nacional, dijo, no apoya a esta Línea, por lo que sus acciones corren por su cuenta y riesgo. "No se están coordinando con el CEN y las acciones que han efectuado para establecer su propio proyecto para el proceso electoral están al margen de los organismos oficiales correspondientes, lo que rompe el compromiso que tienen con el sindicato y toca a los trabajadores calificar su conducta".

Para entonces, *Pancho, Paco,* Francisco y su grupo —Lejarza y Marino a la cabeza— tenían meses en campaña. Con dos años de anticipación había preparado, a través de la Planilla de los Trabajadores, la segunda reelección, también "por esta única vez", de Hernández Juárez. El albazo funcionó. Con el rompimiento también le dieron gusto a Fidel Velázquez y, sobre todo, al Congreso del Trabajo, donde algunos líderes obreros como Napoleón Gómez Sada, entonces presidente del organismo y secretario general del sindicato minero, cuestionaban y desconfiaban todavía del trabajo de Hernández Juárez.

Los juaristas tenían listo el largo y complejo mecanismo de reelección que, en los hechos, también se adelantó. Además, sin una oposición articulada, el sindicato entró, entonces sí, en una nueva etapa, porque *Pancho* y su Comité Ejecutivo Nacional tendrían a su disposición todos los recursos de los trabajadores. Acapararon todo, incluida la Comisión Nacional de Vigilancia y todas las otras comisiones nacionales. Los comicios de 1984 reflejaron el abuso muy al estilo del carro completo priista: 17 mil 295 votos para la planilla oficial, casi 70 por ciento del apoyo total de los telefonistas. El 24 de julio de 1983, los telefonistas avalaron la segunda reelección.

Salvado el obstáculo, la relación prosperó. Y así se demostró: Fidel Velázquez empleó sus extensas relaciones y apeló a sus amigos y todas sus influencias para consolidar a *Pancho* en el sindicato de telefonistas, enseñarle o educarlo en esas extrañas artes del sindicalismo mexicano y guiarlo entre las telarañas del poder verdadero de las esferas gubernamentales. En otras palabras, el recio e imperturbable líder nacional cetemista y pilar del sector obrero priista le prodigó atenciones. Lo llevó de la mano como a un hijo de 27 años —el 22 de abril de 1976 Francisco Hernández Juárez estaba a cinco meses de cumplir esa edad— que recién empieza a caminar.

Lo inolvidable...
que nunca se olvidará

Poderoso uno, ambicioso el otro, la relación Velázquez-Juárez se consolidó. De la mano de Fidel, los nuevos colegas, el gobierno y las autoridades del Trabajo recibieron al joven audaz y ambicioso *David* que había derrotado, a pesar de la mano negra, al *charro* Salustio Salgado Guzmán, a los embates de una parte del oficialismo de la empresa a través de Rosina y, por si fuera poco, había nulificado el "bipartidismo" interno y expulsado de Telmex al ala izquierdista. Si bien no era una apuesta a ciegas, *Pancho* parecía dispuesto a arriesgarlo todo para ganarlo todo.

En un abrir y cerrar de ojos, *Pancho* se encontró bajo la larga sombra protectora que proyectaba ese monstruo de colmillos tan largos como retorcidos que conocía cada palmo de las entrañas del poder. La interlocución de Fidel brindó a *Pancho* y a sus telefonistas fortaleza para aguantar, a pie firme, los ataques que salieron desde las oficinas de los presidentes José López Portillo y Miguel de la Madrid, de 1977 a 1988.

Gracias a su dominio del sistema político y al control que ejercía del movimiento obrero organizado, en 1985 Velázquez impuso su voluntad y llevó a Hernández Juárez a la Vicepresidencia del Congreso del Trabajo. Dos años más tarde, en 1987, el líder de los telefonistas llegó a la Presidencia de ese organismo, desde donde se dio el lujo, nacido más de la inexperiencia, de enfrentarse con más de un funcionario federal. Al secretario del Trabajo, por ejemplo, el durísimo Arsenio Farell Cubillas, lo llamó mentiroso.

Pancho, Paco, Francisco no era más aquel jovencito lustrador de calzado. Nadie tampoco recordaba los tiempos aquellos del "lidercito" de Telmex que aprovechaba cada fiesta sindical, y vaya si eran famosas, para bailar, valga la palabra, con todas las operadoras que con él querían bailar cuando era un héroe. Tampoco tenía rastros del panadero que pudo ser, ni del aprendiz de mecánico y del Departamento de Centrales Telefónicas Automáticas que llegó a la empresa a los 16 años de edad. Había cortado la melena estudiantil. Poco a poco la memoria colectiva olvidó aquel viejo y destartalado Volkswagen que se le conocía y que, consolidado en la dirigencia, cambió por un Corsar. Y sí, con todo y chofer.

Con Fidel cuidándole las espaldas, *Pancho* y sus telefonistas aguantaron los ataques directos del poderoso Farell, secretario del Trabajo y Previsión Social en el sexenio de Miguel de la Madrid, cuyas líneas políticas tenían una dedicatoria particular: eliminar a los sindicatos independientes, líderes incluidos, y desmantelar, de una vez y para siempre, a las organizaciones gremiales oficialistas.

Enero de 1987 vio el encumbramiento definitivo de *Pancho*. En los 11 años anteriores hizo de todo por entrar en la élite del sindicalismo y de la política nacional, incluyendo la militancia en las filas del Partido Revolucionario Institucional. No hacía falta que diera a conocer que trataba de emular a su maestro Fidel Velázquez Sánchez. En cada paso que daba él lo sabía y todo mundo lo vio antes que él. Ese año se hizo público que, entre 1976 y 1987, había hecho, al menos, tres viajes a Europa, con recursos del sindicato.

Las lecciones de Fidel fueron provechosas. Todavía hay quienes recuerdan el fastuoso arranque, en el auditorio de la CTM, con todo y acarreados, de la Octava Convención Nacional, el 19 de septiembre de 1983 —cuando madrugó a sus rivales y puso los cimientos para la segunda reelección—, inaugurada por un invitado especial: el presidente Miguel de la Madrid, un tecnócrata enemigo de los sindicatos, sin importar sus etiquetas: independientes y oficialistas.

Más recordado —en el pueblo dirían "de aquellas cosas inolvidables que nunca se olvidarán"— sería el discurso que pronunció el 1 de octubre de 1984, a propósito de su segunda reelección —si se toma en cuenta que la de 1976 que propició el derrocamiento de *Charrustio* Salgado Guzmán fue una elección limpia—: "Ésta es una magnífica oportunidad para expresar un especial agradecimiento a una organización ejemplar y a un hombre de distinguidas y trascendentes dimensiones sociales. Me refiero a la Confederación de Trabajadores de México y a su secretario general, el compañero Fidel Velázquez, que con su apoyo han fortalecido nuestras luchas. Hay intereses que se beneficiarían si nosotros nos alejamos de la CTM y del Congreso del Trabajo".

Si fue hipocresía, un acto de agradecimiento puro o una morbosa declaración, la realidad es que Hernández Juárez suplió con palabras su flojo currículum sindical. La respuesta del viejo Fidel, ya de 84 años de edad, fue automática, le pagó con creces aquellas declaraciones públicas. *Pancho, Paco,* Francisco puso en marcha una campaña incisiva por la presidencia del Congreso del Trabajo, el máximo organismo de los obreros mexicanos o, como se le llama entre los trabajadores, la casa máxima de la *charrería* mexicana. Según se desprende de las informaciones del momento, ya convertido en un líder de verdad y atendiendo siempre consejos y recomendaciones de su nuevo padrino político, también se dio a la tarea de formar un bloque con gremios pequeñitos, entre los que destacaban los sindicatos Mexicano de Electricistas (SME), así como los de pilotos, sobrecargos y tranviarios.

La cúpula del Congreso del Trabajo vio con recelo el ascenso de *Pancho* y, aún más, la formación del bloque con los electricistas, pero no pudieron hacer nada por impedirlo. Ninguno se habría atrevido a emprender una campaña contra el nuevo protegido de Fidel. Atados de manos, se sentaron a esperar. Y no tuvieron que hacerlo tanto, la inexperiencia le jugó una mala pasada al impetuoso Hernández Juárez y se llevó entre las patas a Fidel.

Sentado pues, en enero de 1987, en la silla para "regir" el destino de millones de obreros, solicitó —tomando como base una inflación anual reconocida superior al 100 por ciento— un aumento salarial de emergencia para trabajadores de las empresas paraestatales, entre ellas los telefonistas. Amenazas más, amenazas menos, el gabinete económico del presidente De la Madrid se lo prometió. *Pancho* se sentó a esperar, esperar, esperar y esperar. Y esperaría toda la vida. Al final, el gobierno lo ignoró, las negociaciones se empantanaron y el incremento nunca llegó. No llegó nada.

El 18 de febrero el gobierno federal le hizo saber que no estaba en condiciones de dar ningún incremento para los 200 mil empleados de las paraestatales. Atrapado en un callejón sin salida y descubriendo su ingenuidad, *Pancho* responsabilizó al secretario del Trabajo del incumplimiento a los trabajadores. Y lo llamó mentiroso.

El 20 de abril de 1987, Salvador Corro escribió en la revista *Proceso*: "Por lo pronto, su imagen de líder obrero diferente a los tradicionales, surgida de su actitud de hace algunos años, se ha deteriorado tanto que pone en riesgo su posición frente al sindicato".

La moda del nepotismo

Francisco Hernández Juárez es capaz de convencer a sus críticos de que ya quiere retirarse y está listo para hacerlo, que no es un cacique ni pertenece a la gerontocracia sindical mexicana. Su imagen, sin embargo, queda maltrecha por la realidad. La disidente Corriente Nacional de Telefonistas por la Democracia ha documentado cómo, bajo el liderazgo de *Pancho*, "el sindicato ha perdido 50 por ciento de su materia de trabajo, pues la empresa la ha trasladado a empleados de confianza; compañías filiales y Grupo Carso —Telcel, Cycsa, Sanborns, Imtsa, Telcorp, Comertel Argos, Teckmarketing o Contelmex—; contratistas; proveedores como Alcatel, Ericsson, Nec o Philips, y personal eventual sin contrato y sin prestaciones. Telmex, arguyen, se desarrolla y crece, mientras el sindicato se reduce".

Sin contar con que la cobertura de puestos vacantes por jubilación, muerte, renuncia, despido o cambio a empleado de confianza está en manos de la empresa, el sindicato tampoco ha sabido cómo enfrentar el contratismo o terciarización de funciones. Por eso, alertan, perdió labores de intendencia, conmutadores, automotriz, talleres de equipo telefónico, centros de capacitación, despensas, mensajería, registro de líneas, larga distancia, centrales construcción y postería, en detrimento de los trabajadores.

Y para algunos de sus más acérrimos críticos, como José Antonio Vital, de la Alianza de Trabajadores de la Salud y Empleados Públicos, Hernández Juárez fracasó en dirigir a los trabajadores organizados del país en los últimos 20 años. Igual que Fidel Velázquez no pudo avanzar a un movimiento de representación nacional y se quedó en un esquema de control hacia los trabajadores sin pensar en el país ni en los intereses de la clase laboral, constituyendo un "nuevo feudo con los vicios que combatió".

No se trata de ninguna broma ni de palabras a la ligera. La imagen de sindicalista independiente de *Pancho* se daña un poco más cuando se especifican algunos casos concretos. Ejemplos sobran y asustan, como lo pone en contexto la disidencia. Si bien los términos de la jubilación no han sufrido cambios desde la privatización, las condiciones reales en que se jubilan los trabajadores significan, hoy, la reducción de los ingresos a la mitad, porque, según la Cláusula 149 del Contrato Colectivo de Trabajo, se concede con 30 años cumplidos de servicio, pero el monto de la pensión jubilatoria contractual se calcula tomando como base al salario de nómina, eliminando, en el cálculo final, los incentivos y prestaciones que representan hasta 50 por ciento de los ingresos de un trabajador en activo.

Para la disidencia interna y sus detractores, Hernández Juárez representa el fracaso de una lucha que trataba de transformar el sindicalismo y lo reprodujo de mala manera. Hoy le ha ido muy bien teniendo una serie de prebendas millonarias, pero, en términos organizativos, la Unión Nacional de Trabajadores (UNT) —una central obrera que desplazaría al Congreso del Trabajo— está inmóvil y no representa nada más allá de los intereses de una minoría ideológicamente heterogénea, cuyo futuro sigue siendo incierto.

En abril de 2010, cuando se hablaba por enésima vez de su jubilación y, por lo tanto, retiro de la dirigencia del sindicato, se hizo realidad el problema de las jubilaciones. Ese mes se informó: "El año pasado los trabajadores aceptaron modificar las condiciones para los de nuevo ingreso. Se cambió el monto y el tiempo de la jubilación. Ahora van a trabajar hasta los 60 años de edad y 35 de servicio y la cantidad con que se jubilan será un poquito menor, digamos los que nos jubilamos ahora nos llevamos 140 por ciento del salario al que se integran las prestaciones y los que se van a jubilar se van a llevar 110 por ciento. Pero van a ganar más que como activos. Eso atenúa el problema de manera importante".

Desde 2005, el tema había dado paso al sarcasmo: "En su controvertida estrategia de cooperación sindical para la 'exitosa' privatización de Telmex, al 'visionario' Hernández Juárez se le pasó en blanco (vamos a ser ingenuos) el pequeño detalle de que algún día sus agremiados tendrían que jubilarse y que su estrategia de mantener la plantilla de puestos básica, así como 'el nivel' de los salarios, aceptando el pago por incentivos, sólo tiene valor para los trabajadores activos, quienes una vez jubilados quedan totalmente desprotegidos. [...] A pesar de los bajos montos de jubilación, ésta representa ya, políticamente, una bomba de tiempo para el STRM. Según declaró Hernández Juárez en aquella ocasión, es factible que en los próximos años '12 de cada 100 telefonistas soliciten su jubilación'. En 2001 Hernández Juárez estimó que para 2002 habría al menos mil 500 jubilados más en la nómina de Telmex y que para 2004 alcanzarían la cifra de 14 mil. Ante tal panorama, recomendó a los telefonistas, desde aquel momento, posponer su solicitud de retiro, si aún están en condiciones de laborar".

El 16 de septiembre de 2012, Teléfonos de México y el sindicato dieron otra noticia: hacían estudios para poner en marcha un programa de permanencia voluntaria para los trabajadores en edad de jubilarse. En este año el número de jubilados fue de 3 mil, y el próximo promediará una cifra similar. Héctor Slim Seade, representante de la empresa, comentó que habían platicado para establecer un punto de acuerdo en la propuesta de permanencia voluntaria. En un receso de la Convención Nacional Ordinaria Democrática número 37 de los Telefonistas, Slim destacó la importancia de darle viabilidad financiera a la empresa. La propuesta, dijo *Pancho*, es impulsar un programa de permanencia voluntaria que haga que la nómina se estabilice y no represente un gran peso financiero para Telmex. "Planteamos que los trabajadores se queden a laborar cuando menos cuatro años más de manera voluntaria al cumplir sus 31 años de servicio o 65 de edad, a cambio de un paquete de incentivos".

El martes 3 de octubre de 2007, aprobada ya una reforma que garantizaría en 2008 otra reelección de *Pancho, Paco*, Francisco, una nueva bomba estalló. Algunos jubilados que habían pertenecido al sindicato, así como la Red Nacional Telefonista, que aglutinaba a poco más de 8 mil trabajadores y tenía presencia en siete estados, entregaron a la prensa un documento que mostraba un desconocido lado oscuro e, irónicamente, humano de *Pancho*: alcanzada la cumbre y la estabilidad en la dirigencia sindical, jamás olvidó ni desamparó a su familia entera.

Nadie podría considerarlo entre esos personajes que pueden separar su vida pública de la privada. La Red y los jubilados entregaron una lista con nombres y apellidos de familiares de Hernández Juárez que laboraban en o para el STRM. En otras palabras, aunque no siempre se puede juzgar a un líder por su parentela, en 31 años había consolidado el Comité Ejecutivo Nacional del sindicato como un negocio de familia. El documento incluía hermanos, hijos, cuñados, sobrinos, yernos y nueras en distintos puestos de la organización. Entre ellos destacaban sus hermanas Ana María, como contralora en caja; Margarita, secretaria privada; y Teresa, comisionada en la Coordinación General Comercial. Para esa época, los comisionados nacionales, además de cobrar su sueldo íntegro, con todo y el bono de productividad, más los dos salarios mínimos de ayuda estatutaria, obtenían un viático que llegó a promediar 22 mil pesos mensuales, libres de polvo y paja.

Ni *Pancho* ni el sindicato desmintieron la información. El documento incluía a sus hermanos Jesús, Rafael y María Luisa. El primero, en la Comisión Obrero Patronal, encargada de las negociaciones con las empresas Telmex, CTBR (bienes raíces), Tecmarketing y Limsa.

El Teto Rafael, técnico en telecomunicaciones, asesor, responsable de la agenda del STRM, y comisionado del Comité Ejecutivo Nacional con la más alta categoría salarial. Y, finalmente, María Luisa, contralora de la Caja de Ahorro de los Telefonistas, conocida sarcásticamente entre los trabajadores como *BanJuárez*.

En la genealogía de Juárez involucrada con el sindicato fueron incluidos sus hijos Noé y Claudia Hernández Castro. Con un sueldo de 50 mil pesos mensuales, Noé en el manejo del personal del STRM, así como todas las concesiones de las máquinas de café y refrescos pertenecientes al gremio a nivel nacional; además de prestar servicios en el área de Oficialía Mayor. Por su parte, Claudia fue nombrada coordinadora del Sistema de Información Sindical, desde donde se controlan los trámites de los trabajadores, así como toda la información al interior de la organización.

El apoyo caluroso a la familia alcanzó al yerno, Salvador Ochoa García, a quien los disidentes presentaron como propietario de una empresa que surtía muebles a todos los edificios del sindicato; así como al cuñado de *Pancho*, Jonás Ramírez León, ubicado en las comisiones de Modernización, y de Higiene. Beneficiados por el mismo espíritu filantrópico, se encontraban Francisco Arellano Hernández, en la Gerencia de Foráneas de la Caja de Ahorro del Telefonista; y Reiguel Irene Terrazas Hernández, en Servicios a Clientes; ambos sobrinos del líder.

Según la Red, que nació como un frente contra la pretendida reelección de 2008, Hernández Juárez tampoco salía muy bien librado en cuanto a la transparencia, porque "en los años recientes la rendición de cuentas ha sido anual, pero no en detalle y, de acuerdo con el informe de la Comisión de Finanzas, presentado en la convención ordinaria 32, de septiembre de ese año, de agosto de 2006 a julio de 2007 el sindicato recibió por concepto de cuotas 364 millones 424 mil 823 pesos. [...] Toda la estructura del Comité Ejecutivo Nacional ha sido para los familiares, pues *Pancho* tiene la facultad especial de nombrar a sus comisionados, y no por elección, tal y como lo requiere un sindicato democrático".

Otros informes apuntan a que el STRM recibe por cuotas entre cuatro y cinco millones de pesos semanales, de los cuales 15 por ciento se destina para el fondo de resistencia, por si llegara a estallar alguna huelga; es decir, unos 750 mil pesos que, multiplicados por 52 semanas anuales, en 20 años han representado algo así como 780 millones de pesos.

En el tiempo que le han permitido sus nueve reelecciones, Juárez se ha dado espacio para crear o desaparecer figuras como la Secretaría General Adjunta y las presidencias colegiadas; así como para imponer una serie de medidas coercitivas y de persecución a movimientos democráticos de trabajadores que reclaman participación, democracia y transparencia.

Ejemplos abundan sobre cómo se levantó un nuevo feudo con todos los vicios del pasado. En junio de 1979, tres años después de encaramarse a la Secretaría General y cuando se vislumbraba el camino de la primera reelección, Hernández Juárez y su comité ejecutivo impusieron sanciones a 75 de sus compañeros "rebeldes" y expulsaron a 15 dirigentes de la Línea Democrática. El resultado: vía libre para impulsar la famosa cláusula de "por esta única vez" que permitía la reelección del secretario general del sindicato en los comicios internos. Sus detractores afirman también que el líder de los telefonistas y su estado mayor han perfeccionado mecanismos de cooptación de sindicalistas democráticos y otras prácticas clientelares para los trabajadores leales o subordinados, a través de prestaciones, derechos y beneficios.

El precio de la traición

A pesar de todo y contra todo, la mancuerna Fidel-Francisco o Francisco-Fidel se mantuvo firme hasta que *Pancho* se encontró providencialmente, a principios de 1988, con su segundo Echeverría en la figura del cuestionado y vituperado Carlos Salinas de Gortari. Uno, el líder sindical telefonista, ambicionaba más, mucho más. Al otro, más conocido como el mandatario del fraude de julio de 1988, además de legitimación, le urgían recursos para consolidar el régimen neoliberal impuesto por su antecesor, Miguel de la Madrid.

93

No importa quién buscó a quién. Como pasó con Fidel, el encuentro fue natural. Y sirvió para escribir una pequeña novela de ambición, celos y poder que permitió a Salinas llevar un proceso sin sobresaltos que culminó con la venta de Telmex, una empresa paraestatal rentable, al empresario Carlos Slim, en 1990; mientras a *Pancho* le dio la oportunidad de deshacerse —encaja bien la palabra traicionar— del viejo Fidel.

Estudiosos del movimiento obrero vislumbraban, desde principios de 1989, el fin de la hegemonía de la CTM a manos del presidente Salinas. Como pasó con el dirigente del sindicato petrolero Joaquín Hernández Galicia y los gobernadores Mario Ramón Beteta Monsalve, del Estado de México; Xicoténcatl Leyva Mortera, de Baja California, y Luis Martínez Villicaña, de Michoacán, a quienes, en los hechos, destituyó porque los consideraba responsables de su monumental fracaso electoral de 1988, a Fidel Velázquez también se le veía como parte del descalabro. Los cinco conocieron de una forma grotesca y hasta arrabalera los excesos de la mano dura salinista. Fidel tenía un doble problema: también representaba un estorbo para consolidar el neoliberalismo económico impuesto por De la Madrid.

Desde el primer día de su mandato, Salinas declaró una guerra, en varios frentes, para minar la influencia de Velázquez. La primera estrategia que usó fue mantener en la Secretaría del Trabajo a Farell Cubillas, *el verdugo de los trabajadores*, quien en 1991 se dio el lujo de propinar a Velázquez la mayor humillación de parte de un funcionario que no fuera el presidente, rechazándole una solicitud para que se reuniera la Comisión Nacional de los Salarios Mínimos. Su argumento fue que, en los hechos, la CTM y el CT no contaban con la mayoría de afiliados requerida. "Afiliamos a 5.5 millones de trabajadores; si Farell no lo cree, que venga y cuente", respondió un furioso líder cetemista.

El segundo movimiento, aunque todavía persisten varias versiones de lo que pasó, fue la madrugada del 10 de enero de 1989 —a un mes y diez días de su toma de posesión—, cuando Salinas tomó una serie de medidas radicales y envió un mensaje, al menos eso parecía, al sindicalismo mexicano: se instrumentó un aparatoso operativo policiaco-militar para arrestar, sin orden de aprehensión, a Hernández Galicia y encarcelarlo, acusado de delitos prefabricados. Ese mismo día, la sede de la CTM, frente al Monumento a la Revolución en el Distrito Federal, fue rodeada por policías y agentes federales, quienes intentaron irrumpir para "capturar" a Salvador Barragán Camacho, el otro líder petrolero, quien rogó a Fidel para que usara la fuerza cetemista en su apoyo. No tuvo respuesta.

Camaleónico como era, Fidel traicionó a *La Quina* y a Barragán. Los abandonó a su suerte y los dejó a merced de los rencores de Salinas. En los hechos, dio luz verde para que el gobierno metiera manos en la vida interna del sindicato petrolero, desmantelara el contrato colectivo y despidiera a 80 mil trabajadores. Con el posterior nombramiento de Sebastián Guzmán Cabrera se allanó el camino para el ascenso de Carlos Romero Deschamps. En abril siguiente, la Presidencia de la República le haría cuentas al líder vitalicio del Sindicato Nacional de Trabajadores de la Educación (SNTE), Carlos Jonguitud Barrios. Lo obligó a renunciar por las buenas, con todo y el Comité Ejecutivo Nacional, para imponer a la profesora Elba Esther Gordillo Morales.

Una vez dominados los sindicatos de Petróleos, Educación y Electricistas, y contando, claro, con la lealtad de Farell, Salinas tomó la decisión de seducir al líder telefonista Francisco Hernández Juárez para que abandonara la CTM, rompiera con Fidel Velázquez Sánchez y, al final, levantara otra central obrera que, con el tiempo, tendría fuerza propia para quitar el control del movimiento obrero al Congreso del Trabajo.

Fidel aguantó todo, pero Salinas no le toleraría nunca el revés en las urnas, por más que De la Madrid le hubiera pasado la banda presidencial el 1 de diciembre de 1988. Las presunciones de fraude electoral y de ilegitimidad salinista permanecen hasta hoy. Salinas ha pasado a la historia como el usurpador. Y, en su momento, se convirtió en el ex presidente más repudiado. Como quiera, pasado el rito de la imposición y conocido el tamaño de las dudas sobre su triunfo en 1988, la CTM perdió, todavía más, su interlocución con el presidente de la República y, por lo tanto, su capacidad de influir en las políticas del gobierno federal.

La medida salinista fue audaz. Lleno de ambición, *Pancho* cayó en las redes del poder. El oportunismo jamás le habría dejado rechazar un llamado presidencial. Menos, de un priista "encantador" como Salinas, quien llegó a Los Pinos y a Palacio Nacional con la espada desenvainada. Al dirigente telefonista se le puede acusar de muchas cosas, menos, así lo demuestra la historia, de torpeza. Tampoco le ha faltado suerte.

En esas condiciones y con esos "atributos", cuando el país literalmente ardía en 1988 por las sospechas de fraude electoral, en septiembre de ese año *Pancho* terminaría por legitimar a Salinas, invitándolo como testigo de honor a la XII Convención Nacional del STRM, en la que rendiría su informe anual de labores como secretario general. El líder sindical consintió, apapachó y entregó su destino político-sindical al candidato presidencial priista y se dio tiempo para decirles a los telefonistas: "El proceso que se definió el 6 de julio nos beneficia a todos. [...] Podemos comprobar lo acertado de haber planeado, desde el inicio, que lo más conveniente para los telefonistas era concertar con quien más posibilidades tenía de llegar a la primera magistratura del país".

El 19 de septiembre de 1994, Salinas regresó aquellos halagos: "No se trata de un líder sindical más, tampoco de un sindicato común y corriente; al contrario, este sindicato de telefonistas es, sin lugar a dudas, uno de los pilares de la transformación del sindicalismo mexicano, ejemplo de las luchas de la defensa de sus derechos. [Hernández Juárez] es un líder modernizador, con visión y, además, con un compromiso sindical honesto y democrático".

Valga, pues. Para el 10 de enero de 1989, mientras Salinas propinaba el primer golpe a la CTM, *Pancho* tenía ya listo el plan para romper con Fidel y el Congreso del Trabajo. Aunque se le reconocería hasta el 26 de abril de 1990, también existía la propuesta de crear —inicialmente con las asociaciones sindicales de Pilotos Aviadores (ASPA) y Sobrecargos de Aviación (ASSA), así como los sindicatos Mexicano de Electricistas (SME), Técnicos y Manuales de la Industria Cinematográfica (STIC), Telefonistas y la Alianza de Tranviarios de México— la Federación de Sindicatos de Empresas de Bienes y

Servicios (Fesebes), que luego se independizaría, dando forma a una nueva central obrera. El proyecto se concretizaría el 28 de noviembre de 1997 con la Unión Nacional de Trabajadores (UNT), dejando la preparación de nuevos líderes sindicales a cargo del Instituto Nacional de Solidaridad (Insol).

Para el 14 de abril de 1989, la Presidencia de la República tenía listo el proyecto de privatización de Teléfonos de México, que tomaría forma en septiembre —cuando Salinas se lo comunicó a los telefonistas sindicalizados en su convención anual— y se concretaría con su venta al mejor postor, en diciembre de 1990, con el apoyo incondicional del sindicato. Si Francisco Hernández Juárez respondía a Salinas y se corrompió, como en algún momento lo denunció el hoy extinto Fidel Velázquez, o si era blanco del odio de sus enemigos, es cuestión de cada quien; sin embargo, vale la pena repasar algunas informaciones jamás desmentidas.

Los encuentros Salinas-*Pancho* se hicieron tan frecuentes que se convirtieron en una rutina. Desde el inicio de su administración, el 1 de diciembre de 1988, Salinas tenía claro el papel que jugaría el sindicato de Telmex para consolidar el neoliberalismo mexicano. Le eran familiares las formas para ganarse la lealtad y hasta la sumisión de sus allegados. Mantuvo al líder telefonista pegadito a él. Éste se rindió a los hechizos y aceptó gustoso el llamado meloso presidencial. Bastaba que le dieran guías de la postura que debía adoptar. *Pancho* se había convertido en el más ferviente impulsor de la privatización de Telmex. A su manera, dejó testimonios de esa cercanía, recogidos algunos en 1995 por el periodista Rafael Rodríguez Castañeda en el libro *Operación Telmex, contacto en el poder*.

En una visita a Washington, Salinas le dijo a Enrique Iglesias, director del Banco Interamericano de Desarrollo (BID): "Éste es mi amigo Francisco Hernández Juárez, espero que puedan ayudarlo". Y lo ayudaron. Ya privatizado Telmex, los trabajadores telefonistas se quedaron con un paquete de las acciones de la empresa por unos 324 millones 953 mil 222 dólares, que se liquidaron a través de un fideicomiso de Nacional Financiera (Nafinsa) por 325 millones de dólares. Las acciones terminarían más tarde en manos de Slim porque los trabajadores sindicalizados descubrieron muy pronto que su dirigencia usaba el reparto de los beneficios como una forma de chantaje y se hizo casi imposible que los recibieran quienes no colaboraban con la empresa.

Palabras más, palabras menos que recoge Rodríguez Castañeda, Hernández Juárez fue muy elocuente y lengua suelta con algunos periodistas. Durante el último día de una gira de trabajo en la que acompañó al presidente Salinas a Washington dijo: "Necesito ir a un centro comercial a comprar unos pinches tenis porque Claudio X, González —el magnate— quiere que vaya a correr con él [...] Y para comprarle cosas a mis hijas. Además, en el avión [presidencial] me dieron este fajote de dólares —eran billetes de 100— y mejor me los gasto, no vaya a ser que me los pidan al regreso". Y se los gastó, según se pudo constatar al día siguiente allí mismo en Washington.

Cuánto le dieron en aquel avión presidencial, sólo *Pancho* —caballo de Troya sindical de aquel sexenio— lo supo, pero el señalamiento lo hizo en una plática con el periodista José Carreño Carlón, entonces director del periódico oficial *El Nacional*. Concretada la venta, el sindicato recibiría, vía un crédito especial a través del Banco Internacional, 5 por ciento de las acciones serie "A", propiedad del gobierno federal, de aquellas que había comprado, en su momento, el presidente Luis Echeverría Álvarez.

El mayor legado de *Pancho* será siempre el sindicato telefonista. Éste personifica todos sus contrastes y contradicciones. En su estudio *Sindicatos y política en México: el caso de la privatización de Telmex*, la investigadora Judith Clifton, profesora de comunicación política en la Universidad de Leeds, Reino Unido, encontró que "Hernández Juárez se convirtió poco a poco en el vocero del gobierno al adoptar fervientemente la retórica de Salinas acerca de la necesidad de reformar al Estado. [...] Como podía esperarse, resultó más difícil persuadir a las bases del STRM para que cooperaran —o al menos no se opusieran— en la privatización. [...] Se prohibió a los trabajadores tener reuniones durante las horas de trabajo; quienes se resistieron o demostraron oposición fueron despedidos".

Al menos 200 telefonistas corrieron esa suerte entre abril y octubre de 1989. "Entre ellos al menos 20 delegados sindicales y líderes locales que habían cuestionado la privatización y la estrategia de Hernández Juárez. [...] Éste estaba totalmente en contra de los desilusionados telefonistas y en varias ocasiones les advirtió que serían despedidos si no cooperaban. [...] Esta dura línea que adoptaron la administración y los dirigentes sindicales generó el enojo entre muchos trabajadores, quienes se quejaban de trabajar en condiciones parecidas a las de una requisa. [...] Sin embargo, durante este periodo, la oposición no fue muy unida, en parte por las políticas extremadamente hostiles del gobierno hacia muchos sindicatos del resto del país".

Temerosos, los telefonistas se reflejaban en dos espejos. El primero, el de la minera Cananea, en Sonora, donde 300 trabajadores fueron despedidos después de declararse en huelga en agosto de aquel 1989. De su lado, la empresa fue declarada en quiebra. Un mes más tarde, los 5 mil 400 obreros de la siderúrgica Lázaro Cárdenas-Las Truchas, en Michoacán, corrieron la misma suerte de sus compañeros sonorenses. Así, "por la buena", aceptaron la democracia limitada, muy cercana al absolutismo, que les ofreció *Pancho*, *Paco*, Francisco.

"El 31de diciembre de 1991, Salinas invitó a algunos dirigentes del STRM a Los Pinos para celebrar el año nuevo y los elogió por estar a la vanguardia de los cambios de la sociedad mexicana". En sus anotaciones, Clifton precisa: "En 1992 Salinas los comisionó para escribir un libro acerca del nuevo sindicalismo y la Reforma del Estado, el cual fue publicado en una serie de folletos ideológicos por el Fondo de Cultura Económica". Ese libro fue coescrito con la ideóloga del sindicato Xelhuantzi López.

El 29 de julio de 2012, listos todos los detalles para su novena reelección, Francisco Hernández Juárez asentó que durante los cuatro años anteriores preparó su salida del gremio, "pero no funcionó, la gente me pide que me quede y yo, francamente, estoy dispuesto a seguir trabajando para mis compañeros en estos momentos que son especialmente difíciles para la empresa y los telefonistas". Recordó en ese contexto que en agosto de 2008 —cuando anunció también por enésima ocasión que "mi partida es definitiva"—, entró en vigor una reforma estatutaria y se nombró a Jorge Castillo Magaña como secretario general adjunto, pero la transición sindical no funcionó, "Castillo se impacientó, me quiso sacar y eso a la gente no le gustó".

Los retos para el periodo que terminará en 2016, si todo transcurre en la normalidad sindical, incluyen: "En 1990 teníamos 42 mil trabajadores, actualmente hay 32 mil 500. La empresa no ha cubierto 9 mil 500 vacantes". Si es una réplica del viejo sistema corporativista mexicano parece estar fuera de discusión, pero hay una realidad inocultable: Fidel logró sostener a la CTM y al Congreso del Trabajo como las principales organizaciones del movimiento obrero; *Pancho* se ha quedado en el camino de replicar esa situación con la Fesebes, con todo y la UNT. Hoy, según las estadísticas más optimistas, sólo 10 por ciento de los trabajadores mexicanos están incorporados a una organización sindical, 62 por ciento no tiene ninguna prestación social y 46 por ciento no cuenta siquiera con un contrato laboral.

Francisco Hernández Juárez —*Pancho, Paco*, Juárez, *el visionario* Francisco— podría aparecer en un cuento de hadas, en una comedia o en un drama de Hollywood. Fue un humilde estudiante que, sin proponérselo, se encumbró a la Secretaría General del sindicato de Telmex enarbolando las banderas de la democracia, del antirreeleccionismo y de la defensa de la autonomía sindical. A su llegada, casi de inmediato, adoptó una decisión muy parecida a la de una pareja de recién casados en una alcoba matrimonial para ganarse la confianza de su maestro Fidel. Consentido, sucumbió a la compleja naturaleza del poder. Terminó eternizándose y haciéndose "popular". Se volvió inmensamente poderoso.

Capítulo IV

Ángel caído, escuela de traidores

R ECONOCIDO EN DICIEMBRE DE 1943 por el presidente "caballero" Manuel Ávila Camacho, con quien firmó un "pacto de unidad" que lo definía como único, el Sindicato Nacional de Trabajadores de la Educación (SNTE) no se ha desviado ni un poquito de la intención que lo vio nacer: responder, siempre y en todo momento, al margen de los maestros, a los intereses supremos de la Presidencia de la República. Fue un binomio perfecto. Bajo esta alianza, el gobierno federal encontró en el gremio a un incondicional, una manera segura de cooptar votos a favor del partido oficial, el PRI, cueste lo que cueste.

Como a todos los líderes gremiales a través del Pacto de Unidad que nació al inicio de su gobierno para evitarse desasosiegos en el marco de la Segunda Guerra Mundial, Ávila Camacho exigió de los maestros sumisión absoluta, ciega. Y le fue concedida. Sería éste el primer elemento que allanaría el camino al poder político y económico de los dirigentes porque, a cambio, la organización ganó el derecho de asignar a discreción las plazas de maestros e incidir en las políticas educativas, sin contar los puestos que obtuvo dentro de la Secretaría de Educación Pública y en el Congreso de la Unión. Ya después lo haría en otras áreas: el Instituto de Seguridad y Servicios Sociales de los Trabajadores del Estado (ISSSTE), la Lotería Nacional o el Sistema Nacional de Seguridad Pública.

Como lo ha señalado en algunas ocasiones el investigador Gerardo

Peláez Ramos, autor de la *Historia del SNTE* y *diez años de luchas magisteriales (1979-1989)*, no es gratuito que los cacicazgos tengan carta de naturalización en la organización. El sindicato magisterial nació con la intervención oficial, en momentos en que se buscaba aplacar a un sindicalismo en efervescencia; bajo la dirección del Partido Comunista de México, el sindicalismo magisterial alcanzó entre 1935 y 1937 los mejores momentos de su historia: logró construir el Frente Único Nacional de Trabajadores de la Enseñanza (FUNTE), la Confederación Nacional de Trabajadores de la Enseñanza (CNTE) y la Federación Mexicana de Trabajadores de la Enseñanza (FMTE).

Nunca más volvió a ser lo mismo. Empeoró. Entre el 28 de febrero y el 3 de marzo de 1949, en una decisión autoritaria, el presidente Migue Alemán Valdés —*el cachorro de la Revolución*, para sus aduladores, o *El Ratón Miguelito*, para quienes le conocieron sus mañas largas— giró instrucciones para imponer al ingeniero Jesús Robles Martínez como primer jefe máximo del SNTE. Un año antes, Alemán había tomado una decisión similar y, en uno de sus arrebatos, dio el visto bueno para que el folclórico maquinista Jesús Díaz de León tomara el control del Sindicato Nacional de Trabajadores de Ferrocarriles Nacionales de México. Por Díaz de León se impondría a los líderes corporativistas —oficialistas corruptos— el vocablo de *charro*. El movimiento había sido para expulsar a los sindicalistas de izquierda, democráticos y comunistas del gremio ferrocarrilero. Y en 1950 el mandatario haría lo mismo en el sector minero-metalúrgico, con Jesús Carrasco. Su poder no tenía límites.

Enemigo de la democracia y de los trabajadores —obreros, maestros o burócratas, la denominación era lo menos importante—, Alemán, un político de mano dura y corrupto, creó la Dirección Federal de Seguridad (DFS), un cuerpo de inteligencia policiaca que operaba desde la Secretaría de Gobernación, que usó para espiar y controlar a personajes de todos los sectores, aunque estaba obsesionado con algunos, como los líderes sindicales independientes y los periodistas. Hoy todavía es considerado uno de los presidentes más corruptos emanados de las filas del Partido Revolucionario Institucional. La Presidencia de la República era conocida como *la cueva de Alí-Babá*.

Ávila Camacho y Alemán dejaron sentadas las bases para que, desde entonces, ocho presidentes priistas —Adolfo Ruiz Cortines, Adolfo López Mateos, Gustavo Díaz Ordaz, Luis Echeverría Álvarez, José López Portillo y Pacheco, Miguel de la Madrid Hurtado, Carlos Salinas de Gortari y Ernesto Zedillo Ponce de León— tuvieran a su merced a los maestros mexicanos. Con los panistas Vicente Fox Quesada y Felipe Calderón Hinojosa la situación cambió, para peor: la dirigencia sindical se hizo parte del Estado mismo. Tres líderes se proclamaron "vitalicios"… hasta que el presidente de la República en turno los dejó.

Durante el V Congreso Nacional Ordinario que se realizó en Veracruz en 1950, Robles Martínez se encargó de mostrar el rostro real. Los maestros se habían convertido en el brazo electoral del PRI: "Nuestro sindicato, en su oportunidad", dará su apoyo decidido "al candidato que elijan las fuerzas revolucionarias. [...] Para que en lo sucesivo no tengamos que lamentar la desautorización de un movimiento de huelga semejante a la de Nayarit, es necesario que cada sección cumpla con el artículo 86 de nuestros estatutos y que los dirigentes de las secciones estudien concienzudamente el Estatuto Jurídico que, propiamente, es la Ley del Trabajo que nos rige, a fin de que no planteen problemas ilegales precipitando movimientos que, de antemano, sepamos que serán declarados ilícitos".

En otras palabras y como lo demostraría la historia, Robles limitó a su máxima expresión la movilidad de sus compañeros de la cúpula sindical en los estados, desarticuló su capacidad para exigir al gobierno desde incrementos salariales hasta mejoras en sus prestaciones. Y él mismo tomaría las riendas de una campaña para aplastar los movimientos comunista y lombardista que tenían influencia entre los maestros.

En noviembre de 1952, a unos días del término del alemanismo y como un regalo a su benefactor, Robles fue más audaz cuando, en los hechos, prohibió cualquier tipo de disidencia: para consolidar la autoridad del Comité Ejecutivo Nacional, el máximo órgano de decisión del sindicato, hubo, dijo, necesidad de "proscribir del seno del magisterio las pugnas de carácter ideológico…" La cúpula del SNTE decidió seguir una línea de franca, leal y constante colaboración con el gobierno.

A dos semanas de la toma de posesión del presidente Adolfo Ruiz Cortines —del 17 al 19 de noviembre de 1952, durante el III Congreso Nacional Ordinario del SNTE, en Durango—, Robles Martínez cedió la Secretaría General del sindicato a su amigo el *pistolero* Manuel Sánchez Vite. Reprimida violentamente la oposición, allí se quedaron los dos a manejar el destino de los maestros, que para entonces ya eran 10 mil, por lo menos a ésos se les descontaban sus cuotas respectivas. Sin decirlo, sin plasmarlo en documentos porque no hacía falta, se arrogó el nombramiento de líder vitalicio del magisterio. E informes publicados en junio de 1953 daban cuenta de la fortuna personal de Robles. El diario *ABC* publicó un artículo con una historia turbulenta y un encabezado que no dejó nada a la imaginación: "La fortuna de Robles Martínez. Miseria y voracidad en el magisterio. Lista de las propiedades adquiridas por el líder Robles Martínez a costa de los maestros".

El papel de Robles en el control de los maestros fue claro. Aquel mismo noviembre en Durango, al rendir su último informe de labores y dejar su lugar, al menos formalmente, hizo algunos señalamientos clave: "Finalmente, consideramos necesario puntualizar que todo movimiento que se produzca en nuestras filas, por parte de elementos carentes de representación, a pretexto de pugnar por demandas en favor de los maestros, pero con las finalidades ocultas de turbar la tranquilidad del país o menoscabar la autoridad del nuevo régimen, se estimará de carácter demagógico y deberá ser enérgica y radicalmente combatido por el Comité Ejecutivo Nacional, siendo éste, en consecuencia, la única autoridad autorizada para intervenir en el planteamiento y resolución de los problemas del Sindicato Nacional de Trabajadores de la Educación".

A decir verdad, después de aniquilar a los lombardistas y comunistas insertos en el gremio, Robles Martínez se sentó cómodamente a instalar su maximato. Con el apoyo de los gobiernos de Ávila Camacho, Ruiz Cortines y Adolfo López Mateos, tuvo la fuerza suficiente para manejar a los maestros durante 21 años. Después de controlar a Sánchez Vite —conocido como el *gánster sindical*—, impuso como líderes magisteriales a Enrique W. Sánchez, Alfonso Lozano Bernal, Alberto Larios Gaytán, Édgar Robledo Santiago, Félix Vallejo Martínez y Carlos Olmos Sánchez.

Así, de ser un sindicato como cualquier otro, el SNTE se transformó en un engranaje político-electoral, una escuela perfecta para forjar traidores. De esto último son ejemplo cristalino los casos de Carlos Jonguitud Barrios, Elba Esther Gordillo Morales y Juan Díaz de la Torre, quienes fueron apoyados e impuestos en y por los gobiernos priistas. Maestro rural, el ascenso de Don Carlos —como se le llamaba al interior del gremio— comenzó en la década de los años 50 cuando fue nombrado secretario particular de Manuel Sánchez Vite (1952-1955), posteriormente ostentó los cargos de secretario de Organización y de Acción Social del Comité Ejecutivo Nacional del PRI (1970-1976), director del ISSSTE (1976-1980), gobernador de San Luis Potosí (1979-1985), líder del SNTE (1972-1989) y senador por su natal San Luis Potosí (1988-1991).

No obstante, se toma a la década de los años 60 como el tiempo clave en el que Jonguitud, exhibiendo aires y formas de superioridad, inició su despegue definitivo, pues empezó a hacerle sombra a su jefe Sánchez Vite —secretario general del sindicato, comandado por Jesús Robles Martínez— a través de un movimiento magisterial que seguía todas sus órdenes al pie de la letra y que pronto se reveló como un grupo de choque para enfrentar a la disidencia magisterial. A través de esta organización, Jonguitud acaparó el poder necesario para que el sindicato le otorgara un número cada vez más creciente de plazas magisteriales, hacer nombramientos y obtener cargos políticos; siempre dentro de la institucionalidad priista y bajo las órdenes superiores del presidente de la República.

La sagacidad para forjar su trayectoria dentro del SNTE hizo que el entonces presidente Luis Echeverría Álvarez lo considerara como su candidato para quitarle el liderazgo sindical a Jesús Robles Martínez y Manuel Sánchez Vite. Echeverría no se anduvo por las ramas.

La noche del 22 de septiembre de 1972 ofreció todo su respaldo para que Jonguitud, su hombre de confianza, Eloy Benavides Salinas, y sus golpeadores tomaran en forma violenta la sede del sindicato en la Ciudad de México, desconocieran a la dirigencia formal y convocaran, de inmediato, a un Congreso Nacional Extraordinario, en el que Benavides, el títere aceptado por la Presidencia de la República, fue elegido secretario general, en sustitución del líder formal: Carlos Olmos Sánchez.

Gerardo Peláez lo reseñó en 1989 en su estudio *Historia de Vanguardia Revolucionaria, grupo dominante del SNTE*: "El 23 de septiembre de 1972, los televidentes, radioescuchas y lectores de diarios se encontraron con una noticia fuera de lo común: el edificio del SNTE había sido ocupado, la noche anterior, por representantes de la 'apertura democrática' que ajustaban cuentas con los *emisarios del pasado*, de acuerdo con el lenguaje usado en el sexenio echeverrista. De esta manera, el viejo y anquilosado dominio de Jesús Robles Martínez sobre el gigantesco sindicato magisterial fue golpeado contundentemente y destruido al poco tiempo".

El Frente Magisterial Independiente tenía su visión y Peláez la hizo pública: "El único cambio efectivo es, sin duda, el que ahora nuestro sindicato sea encabezado por Carlos Jonguitud, un lumpenproletario, un desclasado, un pistolero con título de profesor dispuesto a hacer prevalecer sus puntos de vista a como 'dé lugar', augurando para el SNTE el resurgimiento del pistolerismo, al estilo de 1956, cuando él apedreaba y lanzaba cohetes y cubetadas de aguas contra los maestros que protestábamos contra las traiciones de los dirigentes sindicales".

En síntesis, Jonguitud encabezaba una camarilla de viejos líderes *charros* que se habían hecho de poder a la sombra protectora de Manuel Sánchez Vite, el socio de Robles Martínez. Pero el grupo se le salió de control. Una semana más tarde, una llamada de la Presidencia de la República bastó para que el Tribunal Federal de Conciliación y Arbitraje reconociera al Comité Ejecutivo Nacional encabezado por los golpistas. A principios del año siguiente, 1973, Carlos Jonguitud asumió formalmente el poder y fue elegido secretario general en un congreso que se efectuó en La Paz, Baja California Sur, y en el que no tuvieron acceso la oposición ni maestros identificados como roblistas o roblesmartinistas. Sólo incondicionales.

Allí, en un hotel de La Paz, la nueva dirigencia del SNTE, ya sin roblistas, dio a conocer la Declaración de La Paz, que más tarde se adoptaría como declaración de principios del llamado Movimiento 22 de Septiembre, que en agosto de 1974 daría forma a Vanguardia Revolucionaria, el poderoso grupo operativo que se encargaría de controlar a los maestros para garantizar el liderazgo moral vitalicio de Jonguitud en el SNTE. Lo de la declaración de principios era un mero decir, porque el lema real de los jonguitudistas tenía otras connotaciones: comprar más conciencias a menor precio. Astuto como era, a Jonguitud no le costó trabajo adaptarse a la política echeverrista y mover los hilos del sindicato a favor del partido. Con esa habilidad se ganó el respaldo del sucesor de Echeverría: José López Portillo.

Una vez en el camino del poder, no tardó en convertirse en el nuevo cacique del SNTE y seguir con la línea de autoritarismo y represión que había iniciado Robles Martínez para abatir la inconformidad de la disidencia. En este ajuste de "criterios", varios fueron los docentes que perdieron la vida, ejecutados con arma de fuego. Entre ellos destacan los casos de Misael Núñez Acosta (1981), en el Estado de México; Pedro Palma (1981), en Hidalgo; Celso Wenceslao López Díaz (1987), en Chiapas. Del asesinato o desaparición de maestros democráticos o disidentes en aquella época hay registro de, por lo menos, 152, pero la represión, el hostigamiento y la persecución a través de Vanguardia Revolucionaria se extendió a los estados de Hidalgo, Oaxaca, Puebla, Guerrero, Chihuahua, Morelos, Chiapas y Michoacán.

En febrero de 1980, Vanguardia Revolucionaria hizo público lo que en verdad pensaba de los maestros que no se sometían a la dictadura de Jonguitud. Durante la presentación de su informe como secretario general saliente en Chetumal, José Luis Andrade Ibarra hizo un análisis de la disidencia: "Enanos celosos de la estatura de Jonguitud. [...] Fracasados que no tuvieron el cariño de los padres y que por eso llegan a traicionar e intrigar. [...] Seres malformados [...] ciegos de poder [que] continuarán enfrentando emboscadas. [...] Duro con ellos, que no nos detengan las consecuencias". Y el 13 de noviembre de 1981, el brazo derecho de Jonguitud, su protegida, la maestra Elba Esther Gordillo Morales, sentenció: "Los pararemos cueste lo que cueste, a costa de lo que sea". Ésa fue la forma de hacer política sindical.

Con el correr de los años, el saberse influyente en los terrenos de la educación, incluso por encima de la Secretaría de Educación Pública (SEP), y mantener el control de sus agremiados a través de su campaña de miedo, pero también de "favores", lo llevó a perderse en la confianza y, desde luego, a cometer varios errores estratégicos. En plena campaña presidencial salinista, para ejemplificar, Jonguitud no sólo se tomó el atrevimiento de regatear apoyos electorales, sino hasta puso en duda la legitimidad del presidente electo Carlos Salinas de Gortari cuando lo declararon ganador de los comicios de 1988. Dos años antes, cuando Salinas estaba a cargo de la Secretaría de Programación y Presupuesto —hoy desaparecida—, Jonguitud lo acusó de haber retenido 10 mil millones de cuotas sindicales.

Amparado en el cargo de líder vitalicio del SNTE —invento suyo para alargar su mandato—, juraba y perjuraba que nadie, excepto los maestros, lo podría destituir. Y así había controlado al magisterio a través de José Luis Andrade Ibarra, Ramón Martínez Martín, Alberto Miranda Castro, Antonio Jaimes Aguilar y Refugio Araujo. A todos los hizo "elegir" secretario general del SNTE. Pero como "origen es destino", Carlos Salinas de Gortari no tardó en saldar las cuentas pendientes con Carlos Jonguitud Barrios. En una reunión concertada en la residencia oficial de Los Pinos le exigió su renuncia para imponer como su sucesora a Elba Esther Gordillo Morales. Se sabe que la "güerita"—como la llamaba de cariño Jonguitud— fue una recomendación de Manuel Camacho Solís, quien en esos tiempos tenía el cargo de Jefe del Departamento del Distrito Federal y era el hombre más cercano a Salinas.

Al aceptar la dirigencia del sindicato en esas condiciones, Elba Esther hacía lo que Bruto a César (senador romano que creció al cuidado de Julio César; pero cuando a éste lo nombraron dictador perpetuo, Bruto empezó a planear la muerte de su protector y junto con un grupo lo asesinaron en la curia Pompeya; Shakespeare, en su obra *Julio César*, hace decir al dictador: "Tú también, Bruto, hijo mío" [*Tu quoque, Brute, fili mi*]): dio la puñalada de muerte a su mentor. Se rumora que cuando Jonguitud vio a Elba Esther, lo primero que le dijo fue "Para eso me gustabas". Del álbum de los recuerdos, Jesusa Cervantes, de la revista *Proceso*, rescató la reacción de Jonguitud cuando se enteró de quién lo había traicionado: "¡Esa puta, esa ignorante... no puede ser! ¡Traidora!"

"El arribo de Gordillo" no fue institucional, "no de acuerdo con las fuerzas políticas que se mueven alrededor del sindicato". Fue "una imposición del presidente de la República", advirtió en su momento el investigador y escritor Gerardo Peláez Ramos.

A tan sólo dos meses de que Elba Esther —conocida también como *Elba de Troya* o la *Macbeth de Polanco*— cumpliera 24 años a cargo del SNTE, autoproclamada lideresa vitalicia, las piezas del tablero se vuelven a mover, pero esta vez para destituirla. Terminaba la tarde del 26 de febrero, dos días antes de que se festejara a San Judas Tadeo, el santo de su devoción, cuando la noticia de su captura en el aeropuerto de Toluca tomó por sorpresa a todos. El motivo aparente: un presunto desvío de 2 mil 600 millones de pesos procedentes del sindicato que fueron destinados por Elba para uso personal. Al menos ésa fue la primera información que dio a conocer el procurador general de la República, el hidalguense Jesús Murillo Karam.

Sin duda alguna, ese mismo día la Maestra vio de frente a la traición y vivió una de las noches más oscuras de su vida: el maestro jalisciense Juan Díaz de la Torre, su discípulo más cercano en los últimos tres lustros, ese que siempre le había mostrado fidelidad y obediencia, al que ella había elegido como su delfín, su sucesor, la había entregado a cambio de ocupar su lugar. Con esta acción, Juan Díaz se convirtió en el nuevo Judas sindical. Como pasó con Jonguitud y Elba Esther, Díaz de la Torre fue más motivado por los placeres que ofrecía la dirigencia nacional absoluta que por la lealtad.

Las pistas de este acontecimiento llegan hasta Los Pinos, pasando por la Secretaría de Hacienda y Crédito Público (SHCP), a cargo de Luis Videgaray Caso, y la Procuraduría General de la República, aunque fue, por sus dotes de orador, el secretario de Gobernación, Miguel Ángel Osorio Chong —quien se convirtió en su más fiel colaborador cuando ella fue depuesta como coordinadora de la bancada del PRI en la Cámara de Diputados, en noviembre de 2003— el responsable de negociar el ascenso definitivo de Juan Díaz de la Torre.

Una nota publicada por el periódico *Reforma* el 1 de marzo de 2013 aclaró algunas dudas: "La elección de Díaz de la Torre fue negociada a presión, pues por primera vez en 24 años el SNTE no se había enfrentado con una decisión del gobierno federal, la destitución de su líder y, en este caso, el encarcelamiento de Gordillo. [...] Ante la falta de diálogo que prevaleció en los tres primeros meses del gobierno de Enrique Peña Nieto, la madrugada del miércoles entró una llamada al celular de Díaz de la Torre. Fuentes cercanas a la cúpula magisterial confirmaron que fue el propio secretario de Gobernación, Osorio Chong, quien estaba al teléfono".

El mensaje decía que, cuanto antes, Díaz tenía que presentarse en Gobernación para negociar. El ultimátum fue muy claro: marchar junto al gobierno federal o caminar sin la institucionalidad que reconoce al sindicato como único. A lo que se agregó la amenaza de hacer una investigación sobre las propiedades y complicidades de los líderes del sindicato con Elba Esther Gordillo.

Díaz de la Torre, un ayudante de todo y oficial de nada, como él mismo se autodefinió alguna vez, conocía las reglas del juego: durante 15 años, la profesora lo llevó de la mano por los entretelones del poder sindical y lo preparó para ser su sucesor cuando ella, por fin, tomara la decisión de retirarse. Era su sombra y operador lo mismo en cuestiones políticas, sindicales y salariales que financieras. Estaba con ella desde que, en abril de 1989, asumió la dirigencia del SNTE para sustituir a Jonguitud. Ambos se habían conocido y habían trabado amistad en Vanguardia Revolucionaria. Al lado de Elba Esther, Díaz de la Torre comenzó a conocer los entretelones del poder. Por esa época, cuando todavía el PRI gobernaba el D.F., por recomendaciones de la Maestra, lo nombraron subdelegado de participación ciudadana, y de servicios urbanos en Coyoacán, además de coordinador para la elección de consejeros ciudadanos.

En su edición del viernes 1 de marzo de 2013, *El Universal* recordó: "Tras su ascenso en el PRI, Gordillo le pide [a Díaz de la Torre] que se sume a su grupo como su secretario particular, cuando ella lideraba la Confederación Nacional de Organizaciones Populares, en 1996. Luego —por órdenes de ella— fue impuesto como secretario general de la Sección 16 del SNTE en Jalisco y, por su desempeño de 'eficiente operador' y cercanía con Gordillo, lo convocaron al Comité Ejecutivo como miembro colegiado de administración y finanzas del sindicato, y como encargado de logística de eventos de la profesora. [...] La Maestra lo fue formando y acercando a los actores políticos con los que ella se relacionaba. [...] En septiembre de 2011, Elba Esther se decidió por él, lo designó su brazo derecho, como secretario general del SNTE. El alumno estaba listo". En palabras claras, él conocía de los manejos financieros y era el responsable de la agenda de Elba Esther Gordillo Morales. Él le conocía sus secretos, los más oscuros. Acaso sólo él supo, en verdad, si la Maestra ganaba sólo 80 mil pesos al mes.

Al tomar la llamada de Osorio Chong, Díaz de la Torre sólo siguió una línea que hizo tradición la cúpula magisterial para entronizar el *charrismo* y la traición. No hubo sorpresas. Maestros agrupados en la Coordinadora Nacional de Trabajadores de la Educación (CNTE) lo han descrito como un líder muy inclinado a favorecer las viejas prácticas del nepotismo e insisten en que las prácticas corruptas al lado de la profesora Elba Esther lo transformaron de un modesto maestro de escuela primaria en sucesor de su protectora, amiga y maestra Elba Esther Gordillo. En Jalisco, su estado natal, el grupo político-magisterial de Díaz de la Torre cobró notoriedad en la década de los 80, cuando brotaron denuncias públicas por venta de plazas y cobros sexuales por algunos favores especiales.

El 4 de marzo de 2013, una nota de Leticia Robles en *Excélsior* aclaró algunos puntos sobre las acusaciones de nepotismo que le hace la CNTE: "De acuerdo con la Coordinación de Administración de la Secretaría de Educación del estado de Jalisco, Juan Díaz de la Torre, junto con su hermano Gabriel Díaz de la Torre y su hijo, Juan Óscar Alejandro Díaz Medina, forman parte de los poco más de 300 maestros que están comisionados a labores del SNTE. [...] Además, su hijo Juan Óscar comenzó su propia carrera política de la mano de su padre, quien lo convirtió en trabajador de la Sección 16 del sindicato, en Jalisco, mientras ejerció la Secretaría General, entre 2000 y 2003, posición que ocupó gracias al respaldo de Elba Esther Gordillo. [...] Y a su hijo también lo convirtió en el primer presidente del Partido Nueva Alianza (Panal) en Jalisco, en 2005; fue diputado local y hasta hace un año subdelegado de Prestaciones y secretario técnico del ISSSTE en Jalisco; el ISSSTE era conducido por el grupo afín a la Maestra, que hoy está presa. [...] El año pasado impuso a su hijo como candidato plurinominal a la Cámara de Diputados, pero los votos no le alcanzaron y su heredero no pudo convertirse en legislador federal.

"Según los relatos de los maestros de Jalisco, Díaz de la Torre mostró una gran habilidad económica con el apuntalamiento del Fideicomiso Global del SNTE 16, operado por los maestros de Jalisco, junto con un banco, desde el cual hacen préstamos a los maestros, manejan una caja de ahorros y les ayudan a abonar para una mejor pensión, entre otros servicios financieros. [...] Fue esa habilidad la que acrecentó la filia de la maestra Gordillo por él, al grado que en 2010, cuando el entonces secretario general del sindicato, Rafael Ochoa Guzmán, cae de las estimaciones y es destituido, una vez que hizo pública su intención de regresar a su escaño en el Senado de la República, la presidenta vitalicia del magisterio lo nombra [a Díaz de la Torre] encargado de esa vacante y en junio del 2011 lo convierte formalmente en el secretario general. [...] Los maestros de la CNTE aseguran que Juan Díaz de la Torre tiene un historial de corrupción y abuso en el manejo de las cuotas sindicales, igual que Elba Esther Gordillo; pero sus amigos del SNTE lo consideran un hombre honesto, que ha trabajado por el magisterio y con una trayectoria limpia".

Maestros de la CNTE también aseguran que si la maestra tuvo amores platónicos secretos con el extinto Adolfo Aguilar Zínzer, quien de 2000 a 2002 fue consejero presidencial de seguridad nacional y embajador de México ante la ONU de 2002 a 2003, donde se desempeñó como presidente del Consejo de Seguridad; el ex canciller Jorge Castañeda Gutman; el ex jefe de Gobierno del Distrito Federal Marcelo Ebrard Casaubón, y el ex secretario de Gobernación Esteban Moctezuma Barragán, sólo Díaz de la Torre lo puede saber, porque, además de su protegido, era también su confidente. Por esa confianza, ella puso en sus manos en 2010 el operativo electoral que, al año siguiente, llevaría a la gubernatura de Puebla al panista Rafael Moreno Valle Rosas.

Sobre el fideicomiso que atrajo las miradas de Elba Esther, el opositor Movimiento de Bases Magisteriales en Jalisco ha señalado: "El periodo del comité seccional que encabezó Díaz de la Torre fue gris, pero implementó el FIGLOSNTE para hacerse de recursos que pudiera manejar a su antojo sin depender de la cuotas sindicales y que actualmente es la caja chica de los secretarios seccionales en turno".

La respuesta al llamado de Osorio Chong fue un rotundo "sí, señor". Díaz de la Torre regresó con su rebaño magisterial para hacerles saber que debían elegirlo como el sucesor de su mentora, no sin antes reiterar su amistad a la Maestra en la espera de que se haga justicia. Éste fue el "beso de Judas", como se diría coloquialmente. Quién le va a creer que no fue él quien dio a conocer que ese día, 26 de febrero de 2013, ella viajaría a Guadalajara, Jalisco, para tener una reunión con diversos líderes seccionales y decidir cómo se iba actuar frente a la reforma educativa. Quién le puede creer que no había considerado ya ocupar el puesto de la Maestra.

Tras haber sido electo por unanimidad en reemplazo de su antigua jefa, amiga y confidente, conociendo el poder pleno, Juan Díaz de la Torre —el maestro de carácter fuerte, autoritario o gris, como lo ven sus detractores, pegado siempre a las faldas de la Maestra— no se atrevió a hacer ninguna proyección sobre su futuro, excepto que permanecerá en el cargo "hasta que los compañeros lo decidan. Eso yo no lo puedo determinar".

Por otra parte, la detención de Elba Esther vino a confirmar las especulaciones que se hicieron en torno a lo que haría Enrique Peña Nieto con el liderazgo de Elba Esther Gordillo una vez que asumiera el cargo como presidente de la República: ya la veían caer aunque, a decir verdad, el gabinete peñista hizo cualquier cantidad de esfuerzos para integrarla al equipo. Terca Elba Esther, pronto llegarían las señales de su caída. En primera instancia es necesario tomar en cuenta el juego de espejos y especulaciones con que se manejó la propuesta de la reforma educativa: su reunión privada antes de presentarla, la aceptación de Gordillo, el nombramiento de Emilio Chuayffet —viejo enemigo de Elba Esther— como secretario de Educación Pública y las declaraciones ambiguas de la Maestra sobre la reforma educativa. Éstos fueron indicadores claros de que, inevitablemente, el fin estaba cerca. En segundo lugar, pocos políticos de todos los partidos pasaron por alto el 15 de enero de 2013, cuando el gobernador panista de Puebla, Rafael Moreno Valle, no escatimó elogios para quien llaman su madrina política: Elba Esther Gordillo Morales.

"En el marco de su II Informe de Gobierno, se les vio juntos y sonrientes", reseñaron las crónicas de prensa. "Ella apareció al lado de Moreno usando un vestido color oro —uno de tantos de su extenso y costoso guardarropa—. Estaba feliz, dijo entonces, de estar con el gobernador, quien ahora se dice panista —pero que era priista— y quien sonaba como el candidato de la Maestra a la Presidencia de la República para 2018".

Para rematar, se tiene el mensaje de guerra que la Maestra pronunció ante más de 5 mil agremiados que el 6 de febrero se reunieron junto con el gobernador del Estado de México, Eruviel Ávila Villegas, para festejar el XXXVI aniversario de la Sección 36 del Sindicato Nacional de Trabajadores de la Educación: "Que nadie nos amenace, no podemos bajo amenazas actuar. Sabemos ser suaves, tersos, amorosos, pero también firmes, dispuestos como guerreros. Buen trato, buen trato, la lealtad obliga". La respuesta fue un estruendoso aplauso de sus seguidores que no sólo coreaban su nombre, sino también aprovecharon la ocasión para entonar las mañanitas a su Maestra quien, justo ese día, estaba cumpliendo 68 años de edad.

Ya entrada en calor, aprovechó para subir el tono y enviar un mensaje a quienes venían pronosticando su caída: "Si Elba se va, hay otros que pueden dar la pelea y el SNTE no se cae. Me voy cuando los maestros lo pidan, las amenazas no me quitan". Por último, envió un mensaje claro al presidente Peña Nieto: "Los maestros somos sus amigos". Si esto último es verdad, sólo ellos lo saben.

Por los términos en que se presentó Elba Esther al aniversario de la Sección 36 del Sindicato Nacional de Trabajadores de la Educación, es decir, como invitada de honor del gobernador mexiquense Ávila Villegas, se supuso que la relación de la Maestra con el presidente y su partido estaba en orden, pero no fue así. El mensaje de Elba Esther se entendió como un acto de soberbia e insurrección, que se sumó a otras declaraciones hechas por ella en el VI Congreso Nacional del sindicato: "Nunca he pensado ser secretaria de Educación ni sirvienta de nadie, más que del SNTE", a lo que agregó una exhortación a sus agremiados a no estar "arrodillados ante nadie" y, como colofón, envió un mensaje nada diplomático a Enrique Peña Nieto que, para esos tiempos —octubre de 2012—, ya era presidente electo: "Le decimos al que anda por Europa que tendrá en este gremio un gremio de compromiso, sin rubores, por un mejoramiento de México".

Esta vez, la estrategia de estar bien con el presidente de la República y peleada con su gabinete no dio resultado. Y es que ellos, Peña y quienes lo rodean, son un selecto grupo, los *Golden Boys*, que no actúan solos, sino en coordinación. Se puede decir que con el discurso pronunciado el 6 de febrero la Maestra compró su boleto para ingresar al penal de Santa Martha. Veinte días después, Elba Esther Gordillo Morales padecía su caída.

Aunque desde la Presidencia se insiste en que la detención es un proceso estrictamente legal en defensa del patrimonio del sindicato, y no a una cuestión política, esta declaración ha sembrado la desconfianza: ¿por qué el gobierno federal hace una defensa que corresponde al SNTE? ¿Es producto de la casualidad que el encarcelamiento de Gordillo coincida con el pronunciamiento de asuntos nacionales de importancia como la reforma energética y un eventual aumento del impuesto al valor agregado (IVA)?

Lo que sí es un hecho es que la realidad del sindicato es un eterno retorno a lo mismo: obediencia absoluta al gobierno. Es una mentira que estén "volviendo a renacer". La prueba está en que su "nuevo" líder es un aprendiz de brujo de Elba Esther. Un "guerrero" que se sirve de la institucionalidad como pretexto para conservarse. Debido a las circunstancias que rodean a la Maestra, bien se le puede comparar con un ángel caído, una mujer poderosa que se encuentra en condiciones de precariedad en comparación con la vida que llevaba cuando el poder era suyo. Tras las rejas, no sólo su enfermedad es visible, también la edad. Pero esto ya es el final, hubo tiempo de gloria.

La amiga de todos; con Dios y con el diablo

Egresada de la escuela de Carlos Jonguitud Barrios, forjada en las filas del Partido Revolucionario Institucional, Elba Esther Gordillo pasó de ser, en sus inicios, una maestra rural que para mejorar sus ingresos trabajaba por las tardes como mesera a convertirse en la *Golden Queen* que dirigiría el sindicato más grande de América Latina. Una vez en el poder, esos "tiempos de miseria" —evocados por "Don Carlos"— en los que la Maestra estiraba su salario para comprar largos vestidos y así aparecer en la foto de graduación con sus alumnos fueron cosa del pasado.

Convencida de que, en la vida, "como te ven, te tratan", dentro de la colección de bolsos de Elba Esther no hay ninguna pieza pirata ni clonada. Su nombre era de los primeros en la lista de espera de la nueva temporada de diseños de las marcas más reconocidas: Louis Vuitton, Prada, Valentino, Chanel, Hermès, St. John, Diane Von Fürstenberg y Gucci, cuyos bolsos costaron entre 35 mil y 120 mil pesos. Al igual que estos accesorios, la ropa con que se empezó a vestir era de la más alta costura. "Me gusta gustar" es una de las frases con que justificó siempre su estilo de vida.

Nunca se supo con exactitud cuánto ganaba. En 2012 la Secretaría de Educación Pública documentó que su salario era de 31 mil pesos mensuales por concepto de dos plazas, una de profesora y la otra como directora de una escuela primaria en Nezahualcóyotl, sueldo que estaba ligeramente por debajo de los 37 mil pesos mensuales que recibe Maricruz Montelongo —hija primogénita de Gordillo Morales—, quien ostenta, en un mismo plantel, dos plazas de primaria.

Devota de san Judas Tadeo —precursor de las causas difíciles—, a la Maestra le alcanzaba su sueldo no sólo para mantener el estilo y buen gusto en cuanto a su vestimenta (ropa, joyas, zapatos y bolsos), sino también para consentirse comprando propiedades, pues se sabe que es dueña de más de 70 inmuebles, entre los que se encuentran departamentos y residencias de descanso en Polanco, Lomas de Chapultepec y San Diego, California. En esta última ciudad, por ejemplo, se documentó un inmueble valuado en más de un millón 692 mil dólares. Aunque ha declarado una y otra vez que su riqueza proviene de la herencia que le dejó su abuelo Rubén Morales Trujillo, fue acusada persistentemente de enriquecimiento ilícito. Se puede mencionar el caso de la agrupación disidente Punto Crítico, que presentó ante la PGR y la Procuraduría General de Justicia del D.F. una lista de 19 propiedades a nombre de la familia Gordillo. Por fortuna para Elba Esther, la PGR mandó a "reserva" la investigación y la queja no pasó a mayores.

Experta en el arte de negociar con Dios y con el diablo, la Maestra salió bien librada de todo mal. De cuanto se le había acusado resultó ilesa: opulencia, enriquecimiento, traición y asesinato. Se le responsabilizó de la autoría intelectual en la ejecución del maestro Misael Núñez Acosta. Pero incluso ser expulsada en 2006 del partido que la encumbró, el PRI, le sentó muy bien, pues quedó libre para negociar con el mejor postor.

Aunque se diga que es "la mujer más fea de México", la realidad es que la Maestra siempre fue muy apreciada por la clase política —aunque cuando la encontraran en público evitaran tomarse la foto con ella—, ya que constituía una importante aliada en toda la operación electoral. Pocos son quienes se han atrevido a declarar públicamente su cercanía, como es el caso del ex gobernador de Coahuila, Humberto Moreira, también ex presidente del PRI, que en 2010 dijo: "Todos somos amigos de la maestra Elba Esther. Es amiga del presidente, de gobernadores, del magisterio, de muchos miembros del gabinete y hasta de Marcelo Ebrard. Ella es la dirigente de la organización sindical a la que yo también pertenezco". Más tarde, de cara a las elecciones de 2012, declaró que no le veía "ningún defecto, al contrario". Tales muestras de amistad le valieron una beca completa por parte del sindicato para que se fuera a estudiar una maestría en Historia a Barcelona. Y aunque el sindicato diga que es uno de los derechos que tiene cualquier maestro, aún quedan muchas dudas.

A propósito de tal apertura pública, Alejandro Sánchez, del periódico *Excélsior*, entrevistó a Francisco Rojas, coordinador del PRI en la Cámara de Diputados:

"—¿Usted es de los que está a favor o en contra de aliarse con la Maestra?

"—Pues mire, yo no estoy en este… eh… en este… eh… asunto de las coaliciones.

"—¿Pero es priista?

"—Soy priista… Si me preguntan mi opinión, se las diré.

"—¿Cuál es su opinión?

"—Ahorita, eh… no tengo opinión. Muchas gracias".

Por su parte, Eruviel Ávila Villegas, gobernador del Estado de México, "no supo qué contestar cuando se le preguntó si era de los que apoyaban o rechazaban el proyecto del 'nuevo' PRI:

"—Respeto a la profesora [*sic*] —contestó en voz baja el mandatario.

"Se le insistió:

"—Dice la presidenta del Panal [Partido Nueva Alianza] en el Estado de México que a usted le dieron medio millón de votos. ¿Apoya la alianza nacional con la Maestra?

"—Muchas gracias —evitó contestar Eruviel en una rueda de prensa al acudir a la Cámara de Diputados para solicitar recursos".

Al mismo presidente Enrique Peña Nieto se le vio, cuando fue gobernador del Estado de México, junto a Elba Esther en eventos sociales de la clase política. Su nombre era recurrente en la lista de invitados a las celebraciones de la familia Peña. La fiesta que se protagonizó en Palacio Nacional con motivo de la toma de posesión de Enrique como presidente no fue la excepción. A Elba Esther se le vio entrar muy contenta con su gafete de invitada a Palacio, sólo que no la sentaron cerca de los gobernadores, sino a una marcada distancia. Sin embargo, se sabe que unos días antes Elba Esther y Peña Nieto habían tenido una reunión en privado para discutir la reforma educativa.

Y aunque muchos la daban por muerta desde que fue expulsada del PRI, la verdad es que durante los 23 años en que logró mantener su liderazgo en el SNTE gozó de muy buena salud y los mejores placeres que el poder puede dar. Irónicamente, el día de su cumpleaños número 68 pudo dictar su propio epitafio: "Aquí yace una guerrera y como guerrera murió". Y el epitafio puede aplicar porque políticamente está bien muerta. Sin duda, la celebración de su natalicio es de los eventos más esperados por los cercanos de Elba Esther Gordillo, pues la Maestra no escatima recursos para agasajar a quienes la arropan. Este año no fue la excepción. "Secretarios seccionales y concejales de todo el país acudieron a la reunión privada, convocada en las instalaciones del Sindicato Nacional de Trabajadores de la Educación (SNTE), ubicadas en una zona exclusiva de Santa Fe. [...] Los festejos, que se realizaron a puerta cerrada, poco antes de las 20 horas iniciaron con el arribo de integrantes del gremio, quienes fueron trasladados en más de 20 camionetas", publicó el periódico *La Jornada* el 7 de febrero de 2013.

Su instinto le dictó estar siempre del lado de los vencedores, aunque esto implicara cambiarse de bando. Así, mientras se posicionó en el poder y afianzó lo aprendido con su "mentor", era la más fiel e incondicional priista. Cuando se percató de que el PRI se iría, inevitablemente, a un receso fuera de Los Pinos, no dudó ni un instante en saltar de la barca y aliarse con el Partido Acción Nacional (PAN). Astuta como es, no le costó trabajo adaptarse a los intereses del gobierno federal. Su estrategia: la negociación a través de favores, concesiones y privilegios. Su facilidad para "moverse" lo mismo en aguas termales que en terrenos pantanosos le aseguró por un buen tiempo su permanencia en el sindicato.

Elba Esther tenía muy claro que negociar sin rubores y sin más bandera que sus propios intereses era la clave para mantenerse a flote. Así, por la vía pacífica, pasó por pactos y alianzas que aparentemente la debilitaban. Cómo olvidar el Acuerdo Nacional para la Modernización de la Educación Básica, que firmó junto con Carlos Salinas en

1992, y cuyos objetivos principales, destinados a poner en marcha su proyecto neoliberal, consistían en "volver a crecer la educación pública; modernizar la enseñanza y los contenidos educativos; mejorar la formación de los maestros es servicio; destinar mayores recursos a la educación pública; y pasar de la 'desconcentración' a la 'descentralización' educativa, otorgando control sobre las operaciones diarias de la educación básica a los estados".

Otro ejemplo de su capacidad para adaptarse lo protagonizó con el ex presidente Vicente Fox Quesada, a quien aplaudió las iniciativas Enciclomedia, el Acuerdo Social para la Calidad de la Educación y el Programa Escuelas de Calidad. La "química" entre Fox y Elba Esther fue tan buena que ella recuerda ese sexenio como su edad dorada. Ambos coincidieron en que a la educación le hacía falta un orden moral y entonces elaboraron una *Guía de padres de familia*, junto con la creación de los Consejos Escolares de Participación Social que incluían no sólo su visto bueno, sino también el del sector empresarial.

A pesar de que sus agremiados no estaban muy convencidos, la Gordillo los comprometió a someter a concurso las plazas de docentes, directores y supervisores. Ya en la práctica, esta medida sólo fue aplicada a quienes aspiraban a cargos directivos. Lo otro, es decir, el objetivo del gobierno federal de eliminar la vieja práctica en que los maestros heredan, venden o compran su plaza, quedó sólo en papel. Ya luego Fox se encargaría de pagar la lealtad de Gordillo colocando a sus más cercanos en puestos importantes como la Subsecretaría de Educación del D.F., el ISSSTE y la Lotería Nacional.

Fox, como luego pasaría con Felipe Calderón Hinojosa, se negó a ver las evidencias de desvíos millonarios de fondos públicos. Y le dio todavía el control de más programas del gobierno federal. Se sabe que fueron 100 mil millones de pesos la cantidad que depositaron al sindicato, por ejemplo, para un solo programa.

Pasada la prueba con Fox, éste no dudó ni un instante en recomendarla ampliamente con Calderón Hinojosa, quien era el candidato del PAN a la Presidencia en las elecciones de 2006 y andaba muy abajo en las encuestas. Según cuentan Alberto Aguirre y Arturo Cano en su libro *Doña Perpetua: El poder y opulencia de Elba Esther Gordillo*, la Maestra pretendía negociar su apoyo con el entonces candidato por el PRD Andrés Manuel López Obrador. Convencida de que éste ganaría la elección de 2006, Elba imaginó el bienestar que devendría de su unión con la Coalición por el Bien de Todos: planeaba reacomodar a sus más fieles servidores sindicales como candidatos a diputados federales, procurarse concesiones y privilegios, pero, sobre todo, erigir al SNTE por encima de la disidente Coordinadora Nacional de Trabajadores de la Educación (CNTE). A cambio, proponía, no sólo financiar la campaña electoral con el dinero del sindicato, sino también el apoyo incondicional de ella y sus operadores electorales. Al no encontrar respuesta del candidato, la Maestra decidió cambiar de rumbo.

Estaba claro que, con esta decisión, no sólo ponía en riesgo su militancia en el PRI, sino que le estaba haciendo efectiva su amenaza a Roberto Madrazo Pintado —candidato presidencial priista—. Arturo Cano y Alberto Aguirre cuentan que, en un encuentro que sostuvieron en Los Pinos, Madrazo la desafió: "Te dices leal, pero eres una hipócrita. En público hablas de respaldarme y a los tuyos les dices que me vas a romper la madre". A lo que ella contestó: "Eso no es verdad. He dicho, y lo sostengo, que ya me tienes hasta la madre [y] desde ahora te lo digo: haré hasta lo imposible para que no llegues aquí. Tú no te lo mereces y los mexicanos tampoco…" La guerra estaba más que declarada. Una vez que se pudo demostrar su participación en el triunfo de Calderón, lo único que pudo argumentar a su favor fue: "Yo soy una ciudadana también y tengo derecho a elegir libremente". Sus compañeros de partido no lo vieron desde esa perspectiva y, sin más, la expulsaron.

Como en el mito del ángel caído —en el que Luzbel eligió rechazar, radical e irrevocablemente a Dios y su reino, razón por la que fue expulsado a los infiernos, sin derecho al arrepentimiento—, la Maestra también cayó de pie cuando fue expulsada del reino piista. El tiempo y los hechos se encargarían de confirmarlo. Gordillo inició el periodo presidencial de Calderón con sus intereses asegurados, como lo mostró el "regalo" que se procuró el día de su cumpleaños —6 de febrero—, en una reunión concertada en Los Pinos, donde Felipe

Calderón no sólo aceptó su reforma educativa, sino también hizo el juramento de que nada se le negaría.

Tal como explico en mi libro *Los Golden Boys*, "Calderón favoreció [a la Maestra y sus allegados], sólo en los primeros meses de su gobierno, con 41 mil millones de pesos para la rezonificación salarial, así como puestos importantes para sus allegados —a Francisco Yáñez lo pusieron a cargo de la Lotería Nacional; al yerno de Elba, Fernando González, lo hicieron subsecretario de Educación Básica, a Miguel Ángel Yunes le dieron el ISSSTE y, finalmente, Roberto Campa recibió el nombramiento de secretario técnico del gabinete de Seguridad Pública".

Al igual que sus antecesores, Felipe Calderón también firmó con Elba Esther Gordillo la Alianza por la Calidad Educativa —2010—, pues cuando estuvo en campaña no se cansó de repetir que la educación, pero de calidad, sería la puerta grande para salir de la pobreza. El programa, convenido entre el sindicato y la Secretaría de Educación Pública, incluía la aplicación de un examen de aptitud o evaluación universal. Como siempre, la Maestra hizo lo propio, aplaudió y tranquilizó a sus agremiados con el argumento de que el examen era un asunto para el papel. Y, ciertamente, decenas de miles de maestros no lo hicieron. Por ejemplo, en 2012, la secretaría evaluó a 264 mil 379 docentes y directivos de escuelas de nivel primaria, pero ese número sólo representó 52.5 por ciento de los 503 mil 170 que estaban programados en todo México. Hubo estados como Colima, Veracruz, Hidalgo, Aguascalientes y Tlaxcala donde la participación fue inferior al 5 por ciento. En otros —Chiapas, Michoacán y Oaxaca— de plano no hubo respuesta.

Elba Esther logró que un educador con formación universitaria deficiente y poca aptitud tuviera las mismas condiciones y salario que aquel que dominaba la materia y sabía enseñarla. Pero, de entre quienes sí presentaron el examen, el resultado fue sumamente escandaloso: 73.2 por ciento de los profesores evaluados reprobaron. Tal resultado, más que evidenciar a los maestros, dio muestra de lo mal que anda el sistema educativo en general, amparado en su Secretaría y sindicato. Sin embargo, la cifra quedó para la historia como simple protocolo, al igual que las propuestas que se hacen en campaña.

Y, aunque en los últimos años de su mandato Calderón se mostró preocupado por pedir transparencia en el sindicato y, en apariencia, le restó poder a la Maestra despidiendo a su gente de algunos cargos que él había cedido, no fue porque quisiera enmendar su camino de fracaso, sino porque Elba Esther —caracterizada por ser de lealtades cambiantes— no apoyó a su hermana Luisa María Calderón en su camino a la gubernatura de Michoacán en 2011, donde ganó el priista Fausto Vallejo.

Esta derrota panista fue, sin duda, la corona de fracaso que acompañará hasta su sepultura a la familia Calderón Hinojosa. Sin embargo, cuando esto sucedió y la furia del entonces presidente quiso alcanzar a Elba Esther, ésta ya había dado muchos pasos adelante negociando con personajes del Partido Revolucionario Institucional.

Una Medusa producto del sistema... priista

A principios de 2013 Enrique Peña Nieto lanzó una iniciativa de reforma educativa que gira en torno a "novedades" para mejorar el sistema de enseñanza y el magisterio: se propone, por ejemplo, evaluar constantemente a los profesores para determinar si son aptos para dar clases. La realidad parece la imagen engañosa de un espejo que refleja pasado. "Lo nuevo" son ahora los viejos modelos que se sacuden el polvo y resurgen en un tiempo diferente al que los vio nacer. Y eso lo saben ella y sus agremiados. Tantos años protagonizando la misma historia otorgaron a la Maestra una actuación impecable; fue así como, mientras en entrevistas alegaba que la reforma contenía una palabra —permanencia— que atentaba contra la dignidad y los derechos de los profesores, en varios puntos estratégicos del país se podía ver a pequeños grupos de sus sindicalizados argumentando que ésta debía ser aprobada porque elevaría la calidad educativa con escuelas de tiempo completo equipadas con la mejor tecnología y porque respetaba los derechos de los maestros.

Se tiene registro, por ejemplo, de una decena de profesores pertenecientes a la Sección 10 del SNTE, liderados por el profesor Jaime León Navarrete —fiel seguidor de Elba Esther Gordillo—, que se plantaron el 20 de enero de 2013 en el Monumento a la Revolución, ubicado en el Distrito Federal, con la intención de promover la reforma educativa: "Señores padres de familia, nosotros somos los maestros que estamos a favor de la educación de sus hijos, somos quienes luchamos junto con sus hijos en las aulas de la escuela para construir un mejor futuro, no en marchas y plantones como lo hacen 'otros' que sólo piensan en conseguir prestaciones y prestaciones".

A cambio de una firma, regalaban un libro del escritor Fernando Savater —*El valor de educar*, editado por el Instituto de Estudios Educativos y Sindicales de América (IEESA), prologado por Elba Esther Gordillo—, un folleto de mano que contenía un sí rotundo a la reforma porque "promueve la excelencia educativa, la evaluación para mejorar, escuelas de tiempo completo, programas de superación profesional, pero, sobre todo, porque dignifica la figura del maestro".

Dignidad, un tema para la discusión... Desde que el sindicato existe como SNTE, "dignidad" y "calidad" son las palabras frecuentes en el discurso educativo. Desde el sexenio de Manuel Ávila Camacho (1940-1946) se dio por sentado que, para dignificar la figura del maestro, se tenía que reconocer a su sindicato. La clave estaba en el lema "unidad" para una mejor educación. Pero ésta tenía como trasfondo, claro está, el control absoluto del gobierno federal sobre los profesores que, a partir de ese momento, se vieron comprometidos por su líder sindical a servir a los intereses del partido oficial (PRI).

Jesús Robles Martínez es el responsable de *charrificar* la organización magisterial. Luego vino Jonguitud, quien mantuvo la campaña de represión que había aplicado su antecesor para calmar a los disidentes. Hasta aquí, el discurso oficial señalaba a la educación como prioridad; en la práctica era más bien una forma de control, una manera de concentrar el poder en una sola persona: el líder sindical, cuya permanencia se debía al Estado. Carlos Salinas, de la mano de Elba Esther Gordillo, puso en marcha su proyecto neoliberal con el que pretendía modernizar la educación pública, la enseñanza, y mejorar las condiciones, tanto formativas como laborales, de los profesores en servicio. En este sentido, el periodo de Fox fue más lejos, pues creyó que el sistema educativo se debía modernizar con el apoyo de la iniciativa privada y otras organizaciones como la Unión Nacional de Padres de Familia y la Fundación Vamos México. Todo bajo el supuesto de que así garantizaba la calidad educativa.

En materia de calidad y dignidad magisterial, el gobierno de Calderón constituye un paradigma con su Alianza por la Calidad Educativa, que llegó acompañada de exámenes, pero también con mucho dinero y puestos burocráticos para la cúpula sindical. Lejos de subrayar que la reforma educativa de Peña tiene su modelo en el Acuerdo Nacional para la Modernización de la Educación Básica impulsado por Carlos Salinas, surge una pregunta obligada: ¿dignidad de quién?, ¿de los profesores comisionados o la de quienes contribuyen cada quincena con su cuota sindical?, ¿la de los docentes que en cada elección fungen como "aviadores" electorales?, ¿la de los comisionados que mantiene la Secretaría de Educación Pública como interinos en puestos directivos, pero con el mismo sueldo de su plaza?, ¿la de los maestros entreguistas que permiten que el gobierno federal disponga de su derecho a defender su patrimonio sindical?

Sin duda alguna, tanto "dignidad" como "calidad" son dos palabras protocolarias que se han vaciado de sentido y que, por su carácter subjetivo —porque estadísticamente no son cuantificables—, se usan indistintamente en discursos reiterados sobre educación que tampoco dicen nada o, al menos, no tienen el impacto de competitividad que prometen. Las cifras sobre los niveles de deserción escolar en educación básica, media superior, así como de los que ingresan al nivel superior y no terminan su carrera, no necesariamente son el reflejo de la falta de calidad, sino la suma de diversos factores sociales, políticos y económicos. Por ejemplo, la pobreza, de parte de los niños, aunada a la mala remuneración de los profesores, a quienes el sistema obliga a cubrir hasta dos o tres turnos —o de plano dedicarse a otras actividades al término de su horario normal— para tener un ingreso medianamente digno, sin contar la falta de materiales ni las malas condiciones de las escuelas en las que imparten clases.

Frente a esta "nueva" reforma, la realidad educativa se torna cada vez más dramática por los grupos de poder que la controlan: gobiernos aliados con un sindicato corrupto y profesores que han encontrado en el servilismo la mejor manera de ganarse la vida. Como bien dijo Jonguitud en una entrevista hecha por el periódico *La Jornada* en 2002: "El maestro ha aprendido que su presencia en el sindicato significa sumisión, aceptación de todo lo que venga, y que los canales sindicales dejen de trabajar en beneficio del maestro". Con toda certeza, esta lección la aprendió muy bien Elba Esther.

En cuestión de aprendizaje e inteligencia, no hay quien le gane a Gordillo; salió demasiado lista. Ni siquiera Carlos Salinas, que fue quien la impuso en el sindicato y la quería en la Secretaría de Educación, lo hubiera imaginado. Estaba "por encima" de la marca. Desde un principio entendió que la clave de las diferentes posiciones políticas es "negociar". Alguna vez un profesor cercano a ella dijo: "No hay nadie en el sindicato que no le deba nada a la Maestra, al igual que los políticos".

En esta intrincada red de "favores", Elba Esther consolidó un poder que se pudo demostrar, lo mismo en sus eventos de festejo que en momentos de duelo. Un ejemplo de esto último se pudo apreciar en el funeral de la profesora Estela Morales Ochoa, madre de Elba Esther Gordillo Morales, ocurrido en junio de 2009. En palabras del extinto Miguel Ángel Granados Chapa: "El funeral [...] sirvió para mostrar el poder, los intereses y la presencia de Elba Esther Gordillo. En el velatorio estuvieron presentes el propio presidente Felipe Calderón, aliado político de la doliente, y los secretarios de Hacienda, Agustín Carstens; de Salud, José Ángel Córdova, y de Educación, Alonso Lujambio (que además hizo publicar una esquela de condolencias al día siguiente); el rector de la UNAM, doctor José Narro Robles, la presidenta de Conaculta, Consuelo Sáizar; el director del ISSSTE, Miguel Ángel Yunes, y el de la Lotería Nacional, Benjamín González Roaro (que forman parte de la porción gordillista del gabinete presidencial ampliado); Roberto González Barrera, presidente de Grupo Maseca, que incluye a Banorte.

"El líder de la bancada tricolor que está por concluir sus tareas, Emilio Gamboa, estuvo presente en el velatorio, lo mismo que el gobernador de Sinaloa, Jesús Aguilar Padilla, que además hizo publicar la esquela consabida. Hicieron esto último los gobernadores Jorge Carlos Hurtado, de Campeche; Humberto Moreira, de Coahuila; Ismael Hernández Deras, de Durango; Miguel Ángel Osorio Chong, de Hidalgo; Enrique Peña Nieto, de México; Ney González, de Nayarit; José Natividad González Parás, de Nuevo León; Mario Marín, de Puebla; Eugenio Hernández, de Tamaulipas; Fidel Herrera Beltrán, de Veracruz".

Considerada como la política más repudiada del país, a Elba Esther la persigue un sinfín de etiquetas e insultos callejeros —corrupta, déspota, traidora, monstruo, *mapacha* electoral, ratera, asesina—, pero nada ofende a la Maestra, que supo adornarse con otras credenciales oficiales, como haber sido tres veces diputada federal y titular de la delegación Gustavo A. Madero del Distrito Federal, secretaria general del PRI, secretaria general del SNTE, líder moral vitalicia del sindicato y presidenta del Consejo General Sindical para el Fortalecimiento de la Educación Pública. Éste último le otorgaba el control del SNTE hasta 2018, pero se atravesó su destitución.

La sagacidad fue uno de los atributos que le sirvieron para convertirse en pieza clave del ajedrez político nacional, así como para hacer que los estatutos del sindicato favorecieran su permanencia. Fue de esta manera como, en 2004, logró el derecho a la reelección, con lo que extendió su periodo como líder sindical. Tres años después, en un congreso extraordinario del SNTE, la Gordillo fue designada por los suyos como líder vitalicia del SNTE "por el tiempo que sea necesario".

Todavía no concluía 2012 cuando propuso a los profesores votar "libremente" por la planilla única *Innovación* que tenía por lema "unidad y renovación", y de la que ella era la presidenta. En realidad, estaba disfrazando su reelección o renovando su dirigencia vitalicia. Le seguían Juan Díaz de la Torre como secretario general; Carlos Moreira Valdés —hermano del actual gobernador de Coahuila y de Humberto Moreira, que se propuso en el Colegiado Nacional de Seguridad y Derechos Sociales—; Francisco Arreola Urbina, ex esposo de Elba Esther, en el Comité de Vigilancia, Transparencia y Rendición de Cuentas; y René Fujiwara, nieto de Elba, en Colegiado de Formación Sindical, por mencionar algunos. En fin, nueva estructura con los mismos nombres.

El voto de los 3 mil 500 delegados provenientes de las 56 secciones del SNTE se les pidió en un lujoso evento que tuvo lugar en el hotel Barceló de la Riviera Maya, ubicado en el municipio de Solidaridad, Quintana Roo. Los invitados de la Maestra llegaron con tres días de anticipación para hospedarse en el lujoso *resort* categoría *premium*, un complejo con cinco edificios de estilo tropical, playero, caribeño, colonial y de palacio cuyos servicios ya habían sido pagados, de tal forma que los huéspedes podían hacer uso de ellos sin costo alguno. Ese día también tuvieron la oportunidad de cambiar su vieja computadora por una *laptop* Hewlett-Packard, cuyo costo fue financiado por su sindicato.

Fue así como, el 20 de octubre de 2012, Elba Esther fue electa "democráticamente" por los suyos como presidenta del Consejo General Sindical para el Fortalecimiento de la Educación Pública. El resultado de la elección fue contundente y quedará en la historia. Ningún delegado votó en contra de los cambios estatutarios. En medio de gritos de alegría, porras y canciones, Juan Díaz de la Torre se encargó de dar a conocer el veredicto final: "El SNTE, el sindicato de maestros más grande y más poderoso de América Latina, confirmó a una mujer, la maestra Elba Esther Gordillo, como su líder", exclamó. A su lado, la Maestra sonreía. Y ese mismo día le dijo a los sindicalistas que no debían admitir traidores en el SNTE ni personajes que crearan lazos de compromisos con el gobierno para que se respetara la autonomía sindical. Ya se enteraría que Judas mismo le había levantado la mano del triunfo.

Al hacer la toma de posesión de su nuevo nombramiento, Elba Esther Gordillo —la poderosa maestra que profesa creencias de santería, una religión cubana que practica el sacrificio de animales— declaró: "Asumo esta responsabilidad consciente de los tiempos. Sé que no estoy sola, que nunca lo he estado, porque, permítanme decirlo, hoy hay un espíritu cerca de mí que me enseñó a amar lo que soy y que me enseñó como madre a ser mejor. El espíritu de una maestra está en mi ser". Y aunque unos meses antes de esta elección asombró a varios con la noticia de que en octubre se iba porque se sentía cansada y deseaba "salir por la puerta de la sala, no la de la cocina", hubo quienes no le creyeron. Y razón de sobra tenían para hacerlo, debido a que Elba Esther ya estaba integrando la planilla con la que planeaba extender, por seis años más, su cacicazgo.

Pero si alguien supo cómo pagar los favores, ésa fue ella, que tuvo muy claro: "Para los leales todo, para los disidentes nada", frase con la que instauró una dirigencia de prebendas pagadas con las cuotas sindicales que son, como se diría coloquialmente, "el sombrero ajeno con que la *Golden Queen* saludaba y mantenía contenta a toda su comarca". Mas, como bien reza el dicho, no dio paso sin guarache. Quería a los maestros incondicionales a sus intereses para que, cuando se tratara de concretar un "compromiso" adquirido con la clase política, ellos estuvieran siempre unidos y dispuestos.

La Maestra demostró que, cuando se trataba de consentir a sus más allegados, no escatimaba recursos para premiar el trabajo político y de gestión que realizaban sus dirigentes sindicales durante todo el año. Como ejemplo están los cruceros que, ni trabajando tiempo extra, un profesor alcanzaría a pagar. De acuerdo con una nota del periódico *El Universal*, publicada el 13 de diciembre de 2012, tan sólo en ese año "los poco más de 50 integrantes del comité ejecutivo y comisionados en la dirigencia nacional, además de los 54 secretarios generales de cada una de las secciones de la organización en los estados, más un acompañante, están incluidos en la lista de quienes partirán [...] rumbo a Miami, en Estados Unidos".

El viaje se realizaría en medio de todos los lujos y comodidades: "albercas, jacuzzis, servicios completos de salón de belleza, áreas de masaje, aromaterapia, aplicación de mascarillas, clases de baile, espectáculos de animación, entrenamiento para buceo o asistencia a salas de juegos y en algunos casos hasta casinos". Pero lo mejor sería que todo estaría financiado con las cuotas que obtuvo la organización sindical a través de sus agremiados, quienes dejan alrededor de 6 millones de pesos por día —declaró Francisco Arriola, ex esposo de Elba Esther Gordillo, para *El Universal*.

Sólo por hacer una aproximación, se estima que este crucero tenía un costo de 558 euros o 9 mil 500 pesos por persona si se ocupaba un camarote *standard*, y hasta mil 661 euros o 27 mil pesos por una *suite*. Aunque este viaje fue cancelado de último minuto por la entonces lideresa sindical, se sabe que un año antes su recorrido fue por la isla de Puerto Rico y, en 2010, se les deleitó con el paisaje de Hawai. Definitivamente, ni pensionados hubieran estado mejor.

Y es que, por todo el trabajo que realizaban como aviadores electorales, los profesores se merecían eso y mucho más, pues su actividad fue evidente en cada elección en que la Maestra tuvo puestos sus intereses. Por ejemplo, en 2011, ella y sus "pupilos" se dedicaron a cooptar votos a favor de Eruviel Ávila Villegas en la elección para gobernador del Estado de México, en la que salió elegido. Su jornada fue todavía más intensa en 2012, pues con un metódico plan que denominaron "Ágora" lograron la milagrosa suma de 5 millones de votos a favor de Enrique Peña Nieto, con lo que se restableció un nuevo periodo presidencial priista.

No por nada, la mayoría de la sociedad mexicana la tiene en tan poco afecto, acusándola de haber secuestrado la educación para usarla de acuerdo con sus intereses. Aunque, a decir verdad, esta idea se vio seriamente arraigada en el colectivo después del documental titulado *De Panzazo*, de Carlos Loret de Mola, que la señalaba a ella y a su sindicato como los responsables del rezago educativo que enfrenta el país. En su momento, la Maestra supo defenderse argumentando que la intención del documental era la de apoyar la iniciativa privada de la educación, valiéndose de una campaña sucia y desmedida contra su persona. No tenía ninguna razón.

Hoy, la Maestra padece las consecuencias de "haber estirado la liga más de la cuenta" por haber cuestionado de manera pública la reforma educativa, pero sobre todo ante un gobierno que no admite ninguna objeción, una camada de poderosos políticos acostumbrados al halago e impunidad desmedida. En el ejercicio de mostrar una nueva careta de Elba Esther, se puede decir que ella es producto de un sistema político mexicano podrido, mafioso, al que sirvió por demasiado tiempo. A la Maestra bien se le puede comparar con Medusa, sólo que, en lugar de un abundante cabello de serpientes, tendría por cabellera una gran cantidad de políticos que se vieron congraciados con sus favores.

Ahora los llaman "los viudos" de Elba Esther. La lista es amplísima, pero bien podría empezar el rosario de nombres con el de Miguel Ángel Osorio Chong, Ernesto Cordero Arroyo, Fernando González Sánchez, Francisco Arriola Urbina, Rafael Moreno Valle, Humberto Moreira Valdés, Felipe Calderón, Eruviel Ávila Villegas, René Fujiwara Montelongo, Roberto Campa Cifrián, Luis Castro Obregón, Ernesto Zedillo Ponce de León, Silvia Luna Rodríguez, Héctor Jesús Hernández Esquivel, Mónica Arriola Gordillo, y, desde luego, Juan Díaz de la Torre. Dispuesta a hacer cualquier cosa para defender al SNTE, Gordillo identificó a dos promotores de las intentonas oficialistas para debilitar a una organización gremial que aglutina, al menos, a 1.7 millones de maestros: el secretario de Educación, Emilio Chuayffet Chemor, y el presidente de la ONG Mexicanos Primero, Claudio X. González. Y, por soberbia, nunca incluyó entre sus detractores al secretario de Hacienda Luis Videgaray Caso, desde donde el golpe salió.

Aunque la llegada de Rafael Moreno Valle en 2011 a la gubernatura de Puebla es todavía considerado su mayor triunfo electoral, hasta el día del arresto de Elba Esther su partido, el Panal, había reportado victorias en 16 estados y llevado al triunfo a los gobernadores Carlos Lozano de la Torre, Aguascalientes; José Guadalupe Osuna Millán, Baja California; Fernando Ortega Bernes, Campeche; Manuel Velasco Coello, Chiapas; César Duarte Juárez, Chihuahua; y Manuel Márquez Márquez, Guanajuato. Y fue fundamental en el triunfo de Eruviel Ávila en el Estado de México, Roberto Sandoval Castañeda en Nayarit, José Calzada Rovirosa en Querétaro, Roberto Borge Angulo en Quintana Roo, Egidio Torre Cantú en Tamaulipas y Miguel Alonso Reyes en Zacatecas. Y a ella sola le atribuyen la victoria de Gabino Cué Monteagudo, en 2010, en Oaxaca. El 28 de junio de ese año, a dos días de los cierres de campaña, Elba Esther negoció la declinación de la candidata del Panal, su vieja y querida amiga Irma Pyñeyro, a favor de Gabino. No le fue mal, tan pronto tomó posesión, el gobernador Cué la nombró secretaria general de Gobierno, cargo al que renunció en 2011.

Como en los viejos tiempos, al día siguiente del arresto de Elba Esther todos se alinearon con Peña. Los que no, guardaron un mustio y discreto silencio. Y hubo quienes, sarcásticamente, le contabilizaron sus 20 cirugías plásticas en clínicas especializadas de Estados Unidos —de las liposucciones de cuello y la mamoplastia para aumentar los pechos y levantarse los pezones, a la mentoplastia o cirugía para mejorar el mentón y armonizar el rostro—, y le recordaron una de sus declaraciones: "Nunca voy a olvidar cuando vi al maestro [Carlos] Jonguitud subiendo por las escaleras de Los Pinos derrotado, humillado, y yo ahí, lista para sustituirlo".

Capítulo V

Herencia maldita.
Los secretos de *Napoleón II*

N APOLEÓN GÓMEZ URRUTIA es, quizás, el único líder en el mundo que controla y dirige un sindicato millonario y poderoso a larga distancia a través de telegramas, llamadas telefónicas, teleconferencias, transmisiones vía Internet o, como bromean algunos de sus agremiados, señales de humo y hasta telepatía desde su autoexilio en la cosmopolita Vancouver, en la costa pacífica de Canadá. Después de fracasar como funcionario público, Gómez Urrutia alcanzó el poder y la fama a través de una forma peculiar, pero muy socorrida en la política mexicana, la vía hereditaria; fue la suya una sucesión dinástica; y el gobierno panista, empeñado en una larga e inútil persecución política, hizo de él un héroe por error.

Antes de llegar al drama personal que lo arrastró con toda la familia, obligándolo a huir y refugiarse, primero clandestinamente, en Canadá, la historia nueva de este líder a control remoto empezó a fraguarse en las primeras semanas de 2000 y tiene dos capítulos centrales. El primero, el largo litigio —con varias órdenes de captura— por el supuesto uso indebido de un fideicomiso de 55 millones de dólares que debía repartirse, equitativamente, entre un determinado grupo de trabajadores, y que incluyó acusaciones de fraude contra 10 mil mineros; y, el segundo, el del 19 de febrero de 2006, con la explosión en una mina de carbón en San Juan de Sabinas, en la región de Nueva Rosita del estado de Coahuila, propiedad del Grupo

México, un conglomerado de empresas líder del ramo, que dejó un saldo de 65 trabajadores muertos.

Ésta es una larga historia con pasajes turbios del sindicalismo mexicano: enfermo, testarudo e impredecible, a sus 86 años de edad Napoleón Gómez Sada hizo una propuesta, temeraria para los optimistas; magistral, según colaboradores cercanos; movimiento indecoroso y grotesco, cuestionaron otros. Estaba dispuesto a jugar todo su capital político con tal de imponer a su hijo Gómez Urrutia —*Napito, El Junior, El Heredero* o *Napoleón II*— como líder de la Secretaría General del Sindicato Nacional de Trabajadores Mineros, Metalúrgicos, Siderúrgicos y Similares de la República Mexicana (SNTMMSRM).

Escueto, el tema se deslizó de una forma sugerente, deslucida o grosera, según se le quiera plantear, porque, apenas iniciado enero del año 2000, en el organigrama sindical, que luego se reprodujo en la contraportada de la revista del gremio, apareció por primera vez, con una inscripción justo abajo y al lado izquierdo de la imagen de Gómez Sada y su "etiqueta" de secretario general, la fotografía a color de *Napoleón II* —*El de Sangre Azul, El Tránsfuga* o *El Minero con Suerte* lo llamarían también— con su nuevo cargo de secretario general suplente. Gracias a la nueva asignación, Gómez Urrutia adquiría el poder para entrometerse en asuntos, fuentes y contactos —empresariales, políticos y laborales— de su padre; pero, sobre todo, ganaba el derecho a negociar libremente contratos colectivos de trabajo, así como llevar personalmente las relaciones entre el sindicato que le estaban heredando, la Secretaría del Trabajo y la Junta de Conciliación y Arbitraje.

Viejos mineros y analistas de firmas consultoras especializadas, entre ellas Kroll, quienes vivieron, estudiaron o investigaron el proceso, todavía lo recuerdan: "La fotografía de *Napito,* en la contraportada de la revista, se destacaba y contrastaba por ser la única en color, como si le hubiera extraído la energía a las imágenes blanco y negro del resto de los secretarios generales del Comité Ejecutivo Nacional de Gómez Sada; representaban éstas lo viejo contra la modernidad, la sofisticación y la elegancia de Gómez Urrutia, vestido con casimir inglés u Óscar de la Renta; contrario a los 365 dirigentes sindicales —25 del Comité Nacional; 100 delegados especiales por sección;

170 secretarios seccionales, y 70 comisionados—, fue presentado como un economista talentoso, capaz de enfrentar y entender el lenguaje tecnócrata o neoporfirista que dominaba desde 1982 la política mexicana, con el ascenso de Miguel de la Madrid a la Presidencia de la República".

En todos hay una coincidencia: "Sus estudios lo avalaban: mención honorífica en la Universidad Nacional Autónoma de México (UNAM); maestría y doctorado en Oxford —una de las instituciones más antiguas de Gran Bretaña—, y un posgrado en la Universidad de Berlín, en Alemania. Por esos días también rodó como bola de fuego su paso por la dirección-gerencia o dirección general de la Casa de Moneda —de 1979 a 1992—, a mediados del sexenio del presidente José López Portillo, respetado por el sucesor de éste, De la Madrid, y que había dejado hasta el segundo año del gobierno de Carlos Salinas de Gortari; se le promocionaba, además, como presidente del consejo y director de la empresa Grupo Zeta Consultores,[2] *Napito* —quien odió desde niño ese sobrenombre— representaba el arma mágica para enfrentar a los enemigos de los mineros, externos y domésticos".

Abiertos y puestos los ases sobre la mesa, el viejo Napoleón —desconfiando de sus colaboradores cercanos, a quienes veía como buitres esperando su muerte para arrebatarle el poder que detentaba celosamente desde 1960— torpemente ocultó que aquélla era una medida de emergencia ante la maldición del desempleo político priista que había caído sobre su *junior*. Como intentando tapar el sol con un dedo, el octogenario se reservó el hecho de que, en 1992, el secretario salinista de Hacienda, Pedro Aspe Armella, despidió al elegante y estudiado *Napito* por irregularidades en la Casa de Moneda —entidad de la Secretaría de Hacienda responsable de la producción de la moneda mexicana de cuño corriente—. Si bien nunca se presentó una denuncia formal, la destitución fue humillante porque Gómez Urrutia se enteró hasta la trágica mañana aquella cuando llegó su relevo a echarlo de la Dirección General. Políticamente lo estaban desterrando de la cúpula del poder.

---

[2] La propiedad del grupo se atribuyó a Napoleón Gómez Urrutia.

Gómez Sada estaba enojado porque sintió el despido de su hijo como una traición por parte del Partido Revolucionario Institucional después de haber puesto a su servicio, por más de tres décadas, a la cúpula sindical minera. Durante este tiempo se había empeñado, y logrado con éxito, servir ciegamente al sistema presidencial, inclinándose de igual modo ante la dirigencia del partido, al grado que cuando pudo aspirar a la gubernatura de Nuevo León declinó ese honor. Según sus palabras, retomadas por algunos escritores, periodistas y ex colaboradores, como las que se leyeron el 11 de octubre de 2009 durante la conmemoración del octavo aniversario de su muerte y que se publicaron en *Carta Minera*, el órgano oficial del sindicato.

"En una ocasión me mandó llamar el presidente Gustavo Díaz Ordaz y me dijo: 'A ver Napoleón, tengo dos nombres para candidato a Presidente; quiero que me digas quién reúne los requisitos según tú y es tu candidato'. Don Napoleón mencionó uno y el Presidente dijo: 'Es una buena elección, es un buen hombre, pero es el otro que está apuntado'".

Durante las ceremonias para conmemorar cada aniversario de su muerte, sus ex colaboradores recuerdan otros pasajes: "Nos platicó que, en otra ocasión, era tiempo de designar candidato del partido para gobernador de Nuevo León, y el presidente Luis Echeverría lo mandó a traer: 'Mire, don Napoleón, en esa lista quedan dos nombres, quiero que borre uno y el que quede ése será el gobernador'. [...] Uno era el de él y el otro de Eduardo Elizondo. [...] Don Napoleón borró su nombre, declinando, como lo hacen los grandes hombres, la oportunidad de ser gobernador".

En fin, aquejado por viejas enfermedades que le impedían reintegrarse a sus labores habituales, desde finales de 1992 había trazado una estrategia para demostrar su insólita habilidad de sobrevivencia en el sistema que lo encumbró, y, de paso, vengarse de aquellos que marginaban a su vástago. Sin papeleo de por medio, le abrió a *Napito* las puertas del sindicato al nombrarlo asesor. La medida tenía dos objetivos: le evitaba humillarse ante el presidente Carlos Salinas o cualquiera de sus funcionarios que, en el gabinete o en el PRI, habían defenestrado a su hijo; y le daba tiempo para preparar cambios en la cúpula del sindicato, del cual era socio fundador. Si nunca había tenido necesidad de hacerlo, a los 78 años bien podía tomarse el tiempo necesario para pensar en su sucesión.

A esa edad, a Napoleón Gómez Sada todavía le sobraba fuerza para hacerlo. Y tenía presente que un paso en falso significaría el suicidio político, mandar al patíbulo al *junior* o, en el caso más optimista, limitar sus posibilidades de mantener el control vitalicio de los obreros minero-metalúrgicos. Presente tenía el ejemplo de dos entrañables compañeros caídos en desgracia durante los primeros meses del salinismo: el líder magisterial Carlos Jonguitud Barrios, obligado a renunciar para ceder su puesto a la profesora chiapaneca Elba Esther Gordillo Morales; así como el mítico Joaquín Hernández Galicia, *La Quina*, derrocado del sindicato petrolero y encarcelado para abrir paso al caricaturesco cacicazgo de Carlos Romero Deschamps, "el traidor", como lo llaman todavía en Petróleos Mexicanos (Pemex).

Conociendo, como conocía, las tramas e intrigas del partido desde la década de 1950 —él mismo se había encaramado de la nada, o más bien desde la dirigencia sindical, a la presidencia del Congreso del Trabajo; y desde las filas del priismo dos veces a un escaño en el Senado por el estado de Nuevo León (1964-1970 y 1976-1982), y a una diputación federal en 1988—, Gómez Sada había aprendido a desconfiar de todos. Sobre todo, se cuidaba mucho de no creer en los funcionarios salinistas después de atestiguar el milagroso ascenso del líder telefonista Francisco Hernández Juárez. El líder minero consideraba que viejos sindicalistas como él mismo —por más que los consideraran marionetas de los presidentes de la República—, podían encarar al partido y darle la vuelta.

Por algo, Gómez Sada había sobrevivido al viejo zorro Adolfo Ruiz Cortines, al represor Adolfo López Mateos, al violento Gustavo Díaz Ordaz, al malvado folclórico Luis Echeverría Álvarez, al frívolo "revolucionario" José López Portillo y al opaco tecnócrata Miguel de la Madrid Hurtado. Desde la década de los 50, gracias a su capacidad de adaptación a las necesidades mezquinas del poder, tenía la lucidez para asegurarle un buen lugar a su hijo. A decir verdad, Gómez Sada no sólo supo cómo domesticar al salinismo, sino que salió bien librado del sexenio de Ernesto Zedillo Ponce de León. Una anécdota pinta de cuerpo entero la "habilidad" del líder: apenas declarado el triunfo del panista Vicente Fox Quesada en los comicios presidenciales de julio de 2006 se apresuró a ordenar, a nombre de los mineros y los obreros de la metalurgia, la publicación de un desplegado para felicitar al mandatario electo. Si el dirigente ferrocarrilero Víctor Flores se le cuadró y lo llamó "jefe"; Gómez Sada, según cuentan sus allegados, fue claro en la relación con el foxismo: "El sindicato minero siempre ha sido institucional y, queramos o no, ahora él es el Presidente de México".

Los líderes sindicales creados e impuestos por el priismo, dóciles y serviles como debían ser, se acomodaron casi de inmediato a los modos de Fox y de sus secretarios del Trabajo —José Carlos María Abascal Carranza y Francisco Xavier Salazar Sáenz— y, juntos, encontraron las herramientas para darle cauce a las demandas laborales y mantener a raya a los trabajadores. Unos y otros se convirtieron en aliados insustituibles. Más tarde pasaría lo mismo en la administración de Felipe Calderón Hinojosa, quien los aquietó todo el sexenio a través de la mano dura, durísima dirían algunos de sus oponentes, del ex priista poblano Javier Lozano Alarcón en la Secretaría del Trabajo.

Así pues, calibrada la situación, medida la fuerza bruta del salinismo en 1992, en particular la del secretario de Hacienda, Aspe Armella —a quien se atribuyó el despido de su hijo de la Casa de Moneda—, así como las posibilidades reales que tendría éste en la lucha por la candidatura presidencial priista de 1994, el viejo ladino Gómez Sada diseñó una estrategia que, a la larga, le daría mejores dividendos a su hijo *Napito* sin atravesar cada sexenio por los sobresaltos de la quisquillosa y voluble política mexicana. Aunado a ello, el *junior* tendría la ventaja de mantener su estilo de vida en San Pedro Garza García, Nuevo León, el municipio más rico de México, donde era propietario de dos residencias en sendos fraccionamientos de lujo, y acrecentar la clientela de *Los Cocineros*, un restaurante a nombre de su hijo Ernesto Gómez Casso, el tercer miembro en la línea sucesoria de la dinastía.

El submundo de *Napoleón* I

Napoleón Gómez Sada tomó, pues, la decisión de hacer a su hijo dirigente máximo y secretario general del Sindicato de Trabajadores Mineros, Metalúrgicos, Siderúrgicos y Similares de la República Mexicana. Al hacerlo su sucesor, no sólo violaba los estatutos internos sindicales, sino que, incluso, traicionaba el prometedor futuro que había planeado para su *junior*. Testimonios sobran de cómo el orgulloso padre lo imaginaba, terminando su encargo oficial en la Casa de Moneda, en un escaño en el Senado, una diputación federal y, de allí, en la gubernatura de Nuevo León. Para eso lo había enviado a estudiar a los mejores colegios de Europa, después de graduarse en la UNAM.

Gómez Sada tenía la esperanza de que la élite regiomontana recibiera a *Napito* como a uno de ellos. Era ésta la gran tarea de su vida. En su ingenuidad, su mayor sueño fue siempre que las viejas familias aristócratas de Monterrey no vieran jamás a Gómez Urrutia como el hijo de un obrero humilde; menos aún como el heredero de un líder sindical oportunista, carente de ideología, corrupto, plegado a los intereses del presidente de la República y el partido que los respaldaba. Esperaba que la cúpula priista aprovechara la preparación de su hijo.

Con el orgullo avasallado y herido por la forma grosera en la que Aspe Armella trató al vástago y cortó de tajo su ascendente carrera política —si bien no había hecho ninguna porque los puestos ocupados se los debía a recomendaciones paternas—, Napoleón Gómez Sada recurrió a su amigo, el ex banquero Alberto Bailleres, presidente de Industrias Peñoles, para crearle una historia laboral minera a *Napito*. Dicha empresa minera tenía a su cargo operaciones integradas en la fundición y afinación de metales no ferrosos, así como la elaboración de productos químicos, plata, bismuto metálico, sulfato de sodio, oro, plomo y zinc afinados. Peñoles operaba las minas subterráneas de plata y oro más ricas del mundo, la mina subterránea de zinc más rica de México y su mayor mina de oro a cielo abierto.

El golpe seco de Aspe Armella aturdió a Gómez Sada, pero lo hizo entender que su estudiado hijo nunca sería aceptado por la "nobleza" empresarial regiomontana, ni su apellido tendría cabida en la élite priista. Para los primeros, *Napito* sería siempre el hijo de un viejo obrero mañoso, experto en controlar a trabajadores mineros y metalúrgicos sindicalizados; y, para los segundos, según pueden interpretarse las decisiones de la Secretaría del Trabajo en abril y mayo de 2000, no era más que un dirigente sindical empeñado en imponer, por las malas, a su hijo en la Secretaría General del sindicato. Como réplica a ambas posturas, de las oficinas del empresario Bailleres el viejo Gómez Sada salió con las credenciales necesarias para hacer pasar a su hijo por un trabajador minero sindicalizado. Aunque nadie jamás lo vio en servicio, *Napito* había "laborado" en el departamento de contabilidad de *La Ciénega*, una de las minas de Bailleres, como auxiliar administrativo, con un salario mensual ridículo de 15 mil pesos, aunque también hay versiones de que, por ser un favor para crearle una historia laboral, su salario real apenas era de apenas 28 pesos diarios como operador "del Departamento de Contabilidad" y que para 2000 se había incrementado hasta 96.95 pesos diarios.

Rastreados los documentos, se supo que Francisco Ballesteros, gerente de la mina, expidió una constancia para acreditar que Gómez Urrutia fue trabajador activo desde el 24 de enero de 1994 y que su nombramiento como delegado especial del Comité Ejecutivo Nacional del sindicato en Durango estaba fechado el 10 de junio de aquel mismo año.

Todo parecía bien y en orden, pero su hoja de vida mostraba algunas inconsistencias porque desde 1985 —y hasta después de aquellos meses de 1994— se le ubicaba como profesor del Tecnológico de Monterrey. En otras palabras, a menos que tuviera una plaza de *aviador*, tenía el don de la ubicuidad y se le podía localizar en dos lugares al mismo tiempo: en su empleo en el departamento de contabilidad de *La Ciénega* y en las aulas universitarias. Al final, ese detalle podía subsanarse. Sin embargo, la nueva historia laboral tenía otras "pequeñísimas" fragilidades porque archivos de la Secretaría del Trabajo mostraban que la sección minera 120, en el municipio de Santiago Papasquiaro, Durango, en la cual aparecía el registro de Gómez Urrutia —como empleado minero y delegado sindical—

y que sirvió para imponerlo como secretario general suplente del SNTMMSRM, en aquel enero de 2000, no tenía más de cinco años de haber sido formada.

De acuerdo con el artículo 50 de los estatutos del sindicato, se requiere una antigüedad de cinco años como trabajador de planta o base para aspirar a un cargo de representación sindical. Rascándole un poquito, los archivos del sindicato mostraban otra inconsistencia, pequeñísima, pero inconsistencia: la credencial que lo acreditaba como sindicalista en la Sección 120, con todos sus derechos y deberes, firmada por su padre Napoleón Gómez Sada, se dio de alta hasta marzo de 1995. "Y su hoja rosa del Instituto Mexicano del Seguro Social consigna como fecha de ingreso el 7 de julio de 1997; [de ser cierto] sus patrones le dieron de alta tres años después de su contratación", como se publicó en un amplio reportaje de la revista *Poder*, del 12 de marzo de 2010.

En cuanto a su salario, fueran 15 mil —con el beneficio de la duda porque es una práctica común que las empresas den de alta a sus empleados con un salario y les paguen otro, para evadir impuesto y reducir los pagos de la seguridad social— o 28 pesos diarios, era ridículo considerando que había cursado estudios de posgrado en prestigiosas universidades de Alemania y Gran Bretaña, y había fungido como representante del gobierno de Nuevo León en el Distrito Federal de 1996 a 1997. Sin contar con las cuantiosas ganancias que una poderosa empresa como Peñoles podía redituar a sus empleados mejor preparados. Viejos mineros aún sonríen socarronamente con aquello del salario. Si hubiera sido verdad, señalan, le habría tenido que dar vergüenza a los *Napoleones* porque, de inmediato, dejaba una serie de dudas sobre las capacidades académicas de *Napito*. La situación empeoraba si uno se detenía a pensar y descubría que en el gobierno no lo querían como funcionario público, pero tampoco los empresarios.

Cierto o falso, no importaba. *Napoleón I* se salió con la suya y regaló un mapa político del poderío sindical minero que, para esas fechas, aglutinaba a unos 83 mil obreros por todo el territorio nacional. *Napito*, el ex director-gerente de la Casa de Moneda, se había convertido en un minero "hecho y derecho". Tan lo era, que aquellos primeros meses del año 2000, cuando ya su padre sufría de varias enfermedades y se la pasaba despachando sus asuntos en habitaciones de hospitales, su nombramiento como secretario general suplente le sirvió para colocarse en el primer lugar de la lista de sucesión de Gómez Sada por encima de sindicalistas de toda la vida, como Elías Morales Hernández, presidente del Consejo de Vigilancia; Benito Ortiz Elizalde, secretario del Trabajo; Armando Martínez Molina, secretario de Contrataciones Colectivas y conocido por sus luchas mineras en el histórico pueblo de Cananea, en el norteño estado de Sonora; así como Carlos Pavón Campos, secretario de Asuntos Políticos.

Morales Hernández y Ortiz Elizalde no necesitan defensa alguna. El primero, advierten los mineros, sigue siendo "gato" del Grupo México —uno de los conglomerados líderes en la industria minera mexicana y enemigo de Gómez Urrutia—, y al segundo, ex trabajadores de las dos plantas de Altos Hornos de México, en Monclova, Coahuila, consideradas la mayor siderúrgica integrada del país, que opera de la extracción de minerales de fierro y carbón a la manufactura de acero, todavía lo recuerdan cuando, entre mayo y junio de 1989, lo corrieron a pedrada limpia durante una asamblea general extraordinaria por tratar de meter mano junto con su jefe, el *charro* Gómez Sada, en un movimiento huelguístico.

Cuando la empresa propuso reajustar —sinónimo de despedir— a 4 mil 500 obreros y modificar el Contrato Colectivo de Trabajo, los 12 mil 900 obreros de la Planta I respondieron a través de dos movimientos. Primero, destituyeron a los representantes sindicales locales, ahuyentaron a pedradas a Ortiz Elizalde debido a su clara preocupación personal por quedar bien con algunos políticos que despachaban desde la Secretaría de Energía, Minas e Industria Paraestatal, en la Ciudad de México, y que, por entonces, estaba a cargo del ingeniero Fernando Hiriart Balderrama; y decidieron acogerse al artículo 400 de la Ley Federal del Trabajo, que establecía la posibilidad de prorrogar por dos años la revisión contractual, manteniendo el salario vigente. Y en el segundo movimiento terminaron por aceptar un leonino convenio empresarial con todo y reajuste.

Por su parte, 4 mil trabajadores de la Planta 2 recurrieron al sindicato para rechazar el reajuste de 856 obreros, además de modificaciones sustanciales al Contrato Colectivo de Trabajo. Se fueron a huelga. En las siguientes semanas descubrieron la inutilidad de sus líderes. Todo fue un fracaso monumental. Se sintieron engañados por Gómez Sada y Ortiz Elizalde. Fueron obligados a firmar un convenio donde aceptaban, sin modificación, la propuesta inicial de la empresa que incluía 10 por ciento de aumento salarial, 5 por ciento de retabulación o ajuste general de salario, despido de 856 trabajadores —21.4 por ciento del total— y la modificación de cláusulas contractuales. De sus salarios caídos, aquellos que regresaron sólo recibieron 50 por ciento.

Los administradores impusieron sus reglas para eliminar algunos artículos del Contrato Colectivo, así como convenios relacionados con obras de rehabilitación, optimización y modernización. De igual modo, se tomaron la libertad para contratar servicios de terceros y suprimir por completo los departamentos de Mantenimiento de Rutina y Supervisión Residente; y parte de los de Mantenimiento Auxiliar, Trabajos Diversos y Equipo Movible. Como mero sarcasmo del fracaso del paro, uno de los allegados a Gómez Sada les recordó las máximas del viejo líder sindical: "Mídanle el agua a los camotes, compañeros. No se quieran llevar la empresa para su casa. [...] Muchas veces es mejor que te corten un dedo a perder toda la mano"[3].

Tanto Morales Hernández como Ortiz Elizalde tenían su lado oscuro bien documentado sirviendo a los intereses del cacicazgo de Gómez Sada. Ellos fueron los encargados de controlar a los obreros rebeldes, para quienes la lucha por sus derechos tuvo un costo demasiado elevado, y adoctrinar a los otros. Ellos conocían sus propias debilidades y aun así se rebelaron contra la imposición grotesca de *Napito*. Y eso les costó. Contra ellos se despertó un claro deseo de venganza. Fueron hostigados e investigados por traición al gremio y por convertirse, supuestamente, en un instrumento de las autoridades laborales emanadas del Partido Acción Nacional, así como de los

---

[3] A juzgar por los resultados, los trabajadores de la Planta I conocían mejor las entrañas del sindicato que los entusiastas, impulsivos y soñadores huelguistas.

grupos empresariales mineros Villacero y México. Según las acusaciones que se les hicieron, "los han usado para intervenir inconstitucionalmente en la vida interna de la organización" e impedir la profesionalización de la burocracia sindical. La persecución y el hostigamiento no pudieron ocultar que también existía un antagonismo muy marcado contra *Napito* en las secciones 27, 71, 147, 205, 239, 259, 261, 265, 288, 293 y 303.

Fulminante, el 18 de abril de aquel 2000 le llegó a Ortiz Elizalde la notificación para informarle, escuetamente, su baja como trabajador activo —y, en consecuencia, como sindicalista—, "por terminación de contrato por reajuste" de la empresa Altos Hornos de México (AHMSA), con sede en la Sección 147 de Monclova, Coahuila. A solicitud de don *Napo*, lo despidieron sin miramientos. Ese mismo día, Morales Hernández fue suspendido temporalmente como presidente del Consejo General de Vigilancia y Justicia y quedó sujeto a investigación. Para humillarlo, seis días después Gómez Sada ordenó publicar un desplegado en el que se puso en duda su honestidad y fue acusado de hacer tratos personales, en lo oscurito, que terminaron por afectar al sindicato.

DIRIGENTE EN ENTREDICHO

Taimado y astuto, como lo recuerdan viejos trabajadores de las minas del norte y obreros metalúrgicos que resintieron su liderazgo, Gómez Sada manejó la imagen de su hijo presentándolo como enérgico defensor de los obreros y del sindicalismo independiente. Su imposición fue respaldada a través de relaciones de amistad, fuentes y contactos políticos, empresariales, gremiales y partidistas. Al mismo tiempo, comenzó una campaña de desprestigio contra Elías Morales Hernández y Benito Ortiz Elizalde. A principios de 1999, el primero, presidente del Comité de Vigilancia del sindicato, había alzado la mano para anotarse en la lista de la sucesión. Desde entonces se filtraron persistentes rumores sobre cómo había sido cooptado por los hermanos tamaulipecos Julio César, Pablo y Sergio Villarreal Guajardo, del Grupo Villacero; mientras otros opositores supuestamente habían sido comprados por ejecutivos del Grupo México, del magnate Germán Feliciano Larrea Mota-Velasco.

El 25 de abril, desde Coahuila, la disidencia calificó la persecución como un acto de desprecio absoluto a cualquier cambio democrático; argumentaban que a Morales Hernández y Ortiz Elizalde y a las empresas se les involucraba tendenciosamente de mala fe. Para evitar que el conflicto se saliera de control, intervino personalmente el subsecretario de Gobernación, Jesús Murillo Karam. Según se sabe, el funcionario citó el miércoles 26 de abril de 2000 a los mineros en pugna.

A su oficina se presentaron los integrantes del Comité Ejecutivo del Sindicato, encabezado por Napoleón Gómez Urrutia, así como Morales Hernández y Ortiz Elizalde. Conociendo las debilidades del PRI y la necesidad que tenía del sindicato para los comicios presidenciales que se avecinaban para julio de ese año, Gómez Urrutia se permitió una pequeñísima veleidad: abandonó a media plática la reunión. *Napito* jamás imaginaría que, caprichosa como es la política, 12 años después el PRI regresaría a Los Pinos, y que el desdeñado Murillo se sentaría a despachar en la Procuraduría General de la República.

Siguiendo las enseñanzas de su padre, *Napito* ha hecho lo suyo para desprenderse de aquellos mineros que, eventualmente, podrían disputarle la secretaría general. Ése es el caso del zacatecano Carlos Pavón Campos, ex secretario de Asuntos Políticos del sindicato, su otrora brazo derecho, defensor a ultranza por mucho tiempo y operador político personal, quien en mayo de 2011 fue suspendido de derechos sindicales. Al final, Pavón fue expulsado porque "cometió faltas graves contra la asociación sindical y violó los estatutos que rigen la vida interna del sindicato". Los señalamientos no se quedaron allí. El día 14 de ese mes tildaron a Pavón de oportunista y "prostituto" político-sindical que nunca representó a los trabajadores, y que se vende al mejor postor para romper la unidad minera; y 24 horas después se publicó en la prensa que "fue destituido formalmente de su cargo a partir del 12 de mayo e inhabilitado en sus derechos sindicales por cinco años, bajo acusaciones de deslealtad y traición".

Juan Luis Zúñiga Velázquez, primer vocal del Consejo General de Vigilancia y Justicia del sindicato, declaró a un grupo de reporteros que tenían informes de que "Pavón recibió 10 millones de pesos, y otro millón más, de dos empresas mineras, por traicionar al sindicato, a Napoleón y a la base trabajadora, por lo que conforme a los estatutos fue depuesto e inhabilitado. Incluso se le investigará para ver si se presentan cargos penales". Secretario del Trabajo del gremio, Javier Zúñiga García abonó al linchamiento cuando dijo a la prensa que "por fuentes indirectas y gente cercana a Grupo México conocieron que, además de que Pavón se entrevistó con directivos del consorcio, también convocó a una reunión en Chihuahua con dirigentes de diez secciones, pero sólo una lo apoya, que es su sección: Zacatecas".

Por cinco lustros el colaborador más cercano de los *Napoleones*, Pavón fue desde 2000 el más fervoroso defensor de *Napito* en el enfrentamiento de éste con los empresarios del Grupo México y con funcionarios de los gobiernos panistas encabezados por Vicente Fox y Felipe Calderón. Incluso, fue su representante personal desde que en febrero de 2006, después de la tragedia de Pasta de Conchos, desapareció, huyó y se autoexilió en Vancouver.

Las acusaciones de 2011 que culminaron con su expulsión no intimidaron a Pavón. No sólo se lanzó abiertamente contra *Napito* sino que, conociendo las entrañas del gremio y teniendo todos los contactos, le pegó en donde duele en serio: creó su propia organización gremial minera, teniendo como sede las siderúrgicas de Monclova, Coahuila. Hoy es el secretario general del Sindicato Nacional Minero Metalúrgico Don Napoleón Gómez Sada, que cuenta al menos con 10 mil trabajadores.

Pavón Campos no habla mucho de su mentor ni de la separación, aunque, en su momento, ha señalado supuestas irregularidades de Gómez Urrutia. Sobresale la modificación discrecional de estatutos en un intento de *Napito* por imponer una dictadura sindical, su exigencia, secreta o confidencial, para que grupos empresariales del ramo le otorgaran una indemnización de 100 millones de dólares para terminar un conflicto —entre el SNTMMSRM y esos empresarios— que inició desde la década de 2000 y el retiro de las órdenes de aprehensión en su contra, como una condición para levantar una huelga en Cananea, que había estallado el 30 de julio de 2007, así como el reconocimiento, por parte de todos los patrones, como secretario general permanente, aunque jamás ha sido minero ni obrero metalúrgico. La búsqueda de confrontaciones entre los trabajadores no tiene otro fin que salvaguardar la impunidad de su líder.

El 8 de diciembre de 2009, Pavón Campos fue un poco más explícito en un comunicado de prensa: "Denunció una confabulación para asesinarlo [y] señaló a Gómez Urrutia como autor intelectual y a Juan Linares Montufar como cabeza del grupo de sicarios del Reclusorio Norte que tienen el encargo de ultimarlo. [...] Compañeros míos se han enterado de fuentes muy fidedignas que no podemos evidenciar por razones comprensibles, de que preparan el complot desde la misma celda de Linares. [...] El plan orquestado por el ex dirigente hoy plácidamente acomodado en Vancouver contempla también la desestabilización del estado de Zacatecas, particularmente, creando violencia en Sombrerete y las demás zonas mineras de esa entidad. [...] Si Napoleón desea venir a México, bienvenido. Lo esperaremos 10 mil trabajadores dispuestos a reclamarle, por las buenas o las malas, 55 millones de dólares que nos robó. [...] Están preocupados porque día a día pierden terreno en el control del sindicato [...], ya han abandonado las filas mineras [del sindicato de *Napito*] más de 24 mil compañeros que ven en Gómez Urrutia la debacle de la organización, quedándoles, cuando mucho, unos 6 mil trabajadores, quienes se encuentran a fuerza de amenazas y prebendas".

Pavón Campos, en quien aplicaría, "como anillo al dedo", el viejo dicho "para que la cuña apriete, debe ser del mismo palo", acusó a su ex jefe gremial de "utilizar el recurso de la huelga como arma de chantaje para su interés personal; de llegar a la dirigencia sin haber sido trabajador, y de impedir por todos los medios una auditoría externa a las arcas del sindicato". También ha hecho algunas precisiones sobre la huelga en una filial de Peñoles —grupo empresarial minero fundado en 1887 con operaciones integradas en la fundición y afinación de metales no ferrosos y en la elaboración de productos químicos; Peñoles es el mayor productor mundial de plata afinada.

El movimiento, dijo, se planteó como una forma de presión para que el presidente del grupo, Alberto Bailleres, negociara con el entonces presidente Felipe Calderón Hinojosa el levantamiento de las órdenes de aprehensión en su contra, como también lo había planteado al Grupo Minera México. Y confirmó también algunos de los secretos a voces de *El Heredero* cuando, en una entrevista radiofónica para una estación de Nueva Rosita, Coahuila, denunció que *Napito* le exigió a dicho grupo 100 millones de dólares por concepto de "daño moral" con el fin de levantar un paro indefinido que había estallado a principios de agosto de 2007 en Minera de Cananea. En sus declaraciones, explicó que Gómez Urrutia intentaba llevar la huelga a cada una de las empresas del Grupo Peñoles para volver inaguantable la presión.

Antes de heredar todo el poder a su vástago, Gómez Sada había tenido tiempo para reestudiar las redes de poder dentro de la política mexicana, conociéndola casi de memoria con todas las reglas, escritas y no escritas que garantizaban la continuidad del régimen y los reacomodos en cada uno de los sexenios a partir del de Adolfo Ruiz Cortines. Atestiguó el encumbramiento de cada uno de los funcionarios de poder en el sexenio salinista, cuando su hijo tuvo la desgracia de toparse con el secretario de Hacienda, Aspe Armella. También atestiguó el encumbramiento del secretario de Energía, Minas e Industria Paraestatal, Fernando Hiriart Balderrama, y del titular del Trabajo (luego de la Función Pública), Arsenio Farell Cubillas.

También conocía a detalle el ascenso, ya en el sexenio de Ernesto Zedillo, de los secretarios de Energía, Luis Téllez Kuenzler, y de Trabajo, Mariano Palacios Alcocer, así que para enero de 2000, ya enfermo, tomó el papel de padre amoroso: olvidó los porqués del violento despido de su hijo de la Casa de Moneda en 1992, así como su destierro político, y le heredó en vida un futuro prometedor, productivo e inesperado como dirigente vitalicio de casi 90 mil obreros y trabajadores agrupados en el Sindicato Nacional de Trabajadores Mineros, Metalúrgicos, Siderúrgicos y Similares de la República Mexicana.

Gómez Sada no era diferente a ninguno de los *charros* sindicales contemporáneos. En 1950, durante el marco de la sexta convención de su sindicato, vivió en pleno la domesticación minera resultado de la política delineada por la presidencia del veracruzano Miguel Alemán Valdés. Durante este periodo, el sindicalismo en general cosechó los frutos de la labor emprendida algunos años antes, durante el sexenio de Manuel Ávila Camacho. Alemán Valdés fue conocido como "el amigo de los obreros", entre sus "logros" estuvo el de mantener el control férreo de los trabajadores mineros a través del llamado ruvalcabismo —de Filiberto Ruvalcaba— y cuyo liderazgo le fue arrebatado por un movimiento "democrático" que culminó con la imposición, en 1960, de Napoleón Gómez Sada, pero que en realidad fue concebido por empresarios. Con los mismos vicios de su antecesor, Gómez Sada se tomó su tiempo para levantar un imperio que heredó a *Napito*.

Para 2000, *Napoleón I* había ordenado la expulsión de, al menos, una quincena de sus opositores y modificado los estatutos del sindicato para facilitar el ascenso de su heredero. El 13 de marzo de ese año el Comité Ejecutivo hizo oficial la decisión. El acta con la notificación correspondiente fue muy escueta y describía a Gómez Urrutia como agremiado de la sección minera 120, en *La Ciénega de Nuestra Señora*, Municipio de Santiago Papasquiaro, Durango. Sorpresivamente, justo un mes después de la asignación, la Dirección de Registro de Asociaciones rechazaría el registro a *Napito*, a través de la negación de la llamada toma de nota. Controlada por el priista Mariano Palacios Alcocer, titular de la Secretaría del Trabajo y Previsión Social, aquella dependencia "menor" había recibido instrucciones para declarar improcedente el nombramiento por herencia.

Las autoridades argumentaron y documentaron que el nombramiento en cuestión violaba el artículo 215 de los estatutos del gremio minero, los cuales marcaban como única instancia para tales designaciones a la Convención General del sindicato. "Si los mineros quieren elegir a quien ellos consideren, están en su derecho. [...] El gobierno no puede prejuzgar, juzgar ni tomar decisiones a nombre de los sindicatos", advirtió Palacios Alcocer. Gómez Sada se encontró, de la noche a la mañana, predicando en el desierto. Su capacidad para persuadir, su intenso trabajo y habilidad se estrellaron, una y otra vez, contra el muro de las desconfianzas priistas. La humillación fue mayor porque el martes 2 de mayo, en Los Pinos, el todavía presidente Ernesto

Zedillo tomó protesta a los 97 delegados de la convención ordinaria número 31 del sindicato minero. Con esa decisión, en apariencia daba su aval a la sucesión hereditaria. Pero Palacios Alcocer —quien sólo recibía órdenes del presidente de la República— se mantuvo en su macho y ratificó el desconocimiento.

Atónito como estaba por esa ambigüedad zedillista, Gómez Sada ordenó el traslado de los sumisos delegados mineros a la sede del sindicato en la calle de Doctor Vértiz del Distrito Federal, donde sesionaron en secreto. Para evitar la intromisión de los disidentes, prohibió la entrada a los integrantes de su Comité Ejecutivo Nacional. Ni para disimular hubo una convocatoria a los integrantes del Comité Electoral del sindicato.

La inesperada sorpresa gubernamental cayó como balde de agua fría, sobre todo en un desconcertado *Napito*, quien dio la impresión de querer embarcase en una guerra de declaraciones: "He sido minero, soy trabajador comisionado en el sindicato haciendo tareas de auxiliar y de asesor del Comité Ejecutivo", repetía a los reporteros que lo inquirían y tratando de convencerse a sí mismo que no había llegado a la Secretaría General por una cuestión hereditaria. Según sus declaraciones, pertenecía al gremio, con el pleno goce de todos sus derechos, desde 1995. Y sobre el nombramiento, aunque nadie le creyó, advirtió: "Ni me enteré ni estuve presente en la reunión cuando se tomaron los acuerdos". Encabezados por Morales Hernández y Ortiz Elizalde, sus detractores tenían a la mano argumentos sólidos para la impugnación: "La Sección 120 del sindicato de Durango —a la que *El Cachorro* se aferra como sindicalista activo— no tiene ni cinco años de creada; por tanto, tampoco tiene la antigüedad que exigen los estatutos para aspirar a algún cargo de representación" sindical.

La Secretaría del Trabajo dio la razón a los opositores. Los rebeldes y funcionarios de la Secretaría del Trabajo habían llegado a la misma conclusión: el 8 de septiembre de 1995 se dio a conocer que existía una nueva sección minera creada y cuyos procesos de certificación comenzaron a partir del 24 de agosto de ese año. Hasta entonces, y según los expedientes, dicha empresa se constituyó con el nombre de Minera Mexicana Peñoles, S.A., pero cambió de razón social a Minera Mexicana La Ciénega, S.A. de C.V., en la que laboraban 289 personas. En aquella época, luego de presentarse la documentación reglamentaria, la Secretaría del Trabajo resolvió aprobar la constitución de la citada sección, ya que "cumple con lo previsto por las fracciones I, IV y último párrafo del artículo 365 de la Ley Federal del Trabajo".

Si en verdad *Napito* entró a trabajar a esa empresa a partir del 24 de octubre de 2005 como auxiliar contable con un raquítico salario de 15 mil pesos mensuales, entre el 13 de marzo y el 2 de mayo de 2000 —cuando fue nombrado y ratificado en su cargo de secretario general suplente— todavía no cumplía con los requisitos estatutarios para ocupar un cargo de elección en el sindicato minero. Nada valió. Morales Hernández, Ortiz Elizalde y otros compañeros suyos fueron acusados de "traición y deslealtad" y expulsados del sindicato por órdenes de Napoleón Gómez Sada.

Acosado por la prensa, Gómez Urrutia, que en los hechos manejaba la abultada agenda de su padre desde 1993, tenía su propia argumentación sobre los despidos: "Se reacciona así ante alguien que no obedece, y la democracia se da de esa manera". Y, a los 86 años de edad, el patriarca insistía: "No estoy muerto", y se decía tranquilo porque "ya se nombró suplente mío, que es Napoleón Gómez Urrutia; por aquí anda también. [...] Me faltan casi dos años para terminar mi periodo [pero] si no regreso, Dios que los bendiga a todos". Y aún tuvo fuerza para manifestar su apoyo "hasta morir" y el de todos los mineros, al candidato presidencial priista en 2000, Francisco Labastida Ochoa. Para el 16 de junio, la intimidación había alcanzado al secretario de Contrataciones Colectivas, Armando Martínez Molina, conocido como *El Kadafi*, uno de los dirigentes de la histórica sección de Cananea, a quien le aplicaron un procedimiento de suspensión temporal luego de 37 años de servir al gremio. Gozando de cabal salud, Gómez Sada ordenó, al mismo tiempo, aplicar la cláusula de exclusión a otros cinco integrantes de la cúpula gremial.

A pesar de los sobresaltos internos, la ilegitimidad, pérdida de afiliados, secciones y posiciones en el Partido Revolucionario Institucional, la dolorosa ambigüedad del presidente Zedillo, y una aguerrida oposición que, incluso, le hizo abandonar el hospital por un tiempo, Gómez Sada mantuvo la decisión de heredar el puesto a su hijo *Napito*. La decisión ya estaba tomada.

El 13 de enero de 2000, en el centro vacacional y recreativo Ex hacienda de Xala, propiedad del sindicato ubicada en el municipio mexiquense de Axapusco, Gómez Sada festejó por adelantado su cumpleaños 86 y aprovechó para presentar, oficialmente, al heredero. Los mineros presentes —por no decir *Napoleón I y Napoleón II*, junto con decenas de acarreados— esperaban concretar así una alianza perdurable con el candidato presidencial priista Francisco Labastida Ochoa.

Como se documentó en las crónicas del momento, en medio de la barbacoa de 20 borregos, las carnitas de 20 marranos, cervezas Lager, Indio y brandy Don Pedro, *Napito* se adueñó de la situación y mostró por primera vez su recién adquirido lenguaje sindical: "¿Qué prefieren?, ¿quieren hampones al frente del sindicato, eso es lo que prefieren?, ¿gente desprestigiada que sólo viene a corromperse y a violar los contratos colectivos y a venderlos?, ¿eso es lo que prefieren los medios de comunicación, o prefieren a gente que elige *democráticamente* la autoridad máxima del sindicato?".

—¿Su llegada a la dirigencia es la más correcta? —soltó a bocajarro el periodista Javier Peralta del periódico *Reforma*.

—El lunes platicamos con mucho gusto. Hay que preguntárselo a la gente, a ver qué piensa. Aquí hay mil representantes de todas las secciones; todos los delegados de la Convención Nacional tienen autoridad máxima del sindicato, y esto que quede bien grabado, ¿porque me estás grabando, verdad?

—El asunto es: ¿se vale tomar el poder de este modo?

—Pregúntale a la gente, el lunes con mucho gusto platicamos en mi oficina.

La crónica misma de Peralta dio cuenta de la función: "Todo el escenario [está] fincado a la sombra de imaginarios traidores que no entendieron que la sucesión-sucedida era fruto de la vocación 100 por ciento democrática de los parroquianos; el príncipe, ahora rey *ad perpetuam* del Sindicato de Trabajadores y Mineros, Metalúrgicos y

Similares de la República Mexicana, dijo: 'Bueno, pues, qué quieren?' A las 13:10 en punto, llegado de una *ficticia isla de Elba*, vía helicóptero, Napoleón padre, don Napoleón, se encaramó en un Grand Marquis placas 776JGT blindado, para recorrer 20 metros hacia los jardines de la ex hacienda. [...] Valla de por medio, el sempiterno líder llegó al presídium para dar cuenta de la buena nueva donde la profecía se cumplía y un Napoleón emperador habría de dejar el poder a su hijo, Napoleón también de nombre. Transcurrida la participación del artista de radio, televisión, cine y anexas, el popular y reconocido *Pancho Pantera*, que no se cansó de alburear a los asistentes, y justo cuando cada comitiva de las secciones mineras del país colocaba, a manera de ofrenda, regalos a los pies de don Napoleón, su hijo Napoleón cuestionó al cuestionador, pero luego echó reversa. 'Hablamos cuando quieras en una entrevista, en la oficina, con muchísimo gusto. Si quieres el lunes, el martes, encantado de la vida; hacemos una entrevista de veras, no hay ningún problema, de los temas que quieras, las preguntas que quieras. No hay nada que ocultar, está todo abierto, con muchísimo gusto, de veras. [*Reforma*] es un periódico al que respetamos mucho y que refleja muy bien la opinión, pero yo creo que ha habido excesos que más vale platicarlos seriamente en mi oficina, no en un acto social como éste'".

Acosado por las acusaciones de malversación de fondos, de aquel fideicomiso de 55 millones de dólares, *Napito* Gómez Urrutia aguarda pacientemente en Vancouver, una de las diez ciudades con mejor calidad de vida en el mundo, donde lo ven como uno de los representantes del "nuevo" sindicalismo mexicano, un líder democrático e independiente que tuvo la osadía de enfrentarse al gobierno de su país.

Capítulo VI

Encantador de serpientes

L A DERROTA del candidato presidencial priista, Francisco Labastida Ochoa, en los comicios presidenciales de julio de 2000 y el ascenso del panismo de la mano del guanajuatense Vicente Fox Quesada resultaron aliados providenciales de *Napoleón I*, aunque éste no alcanzó a ver el resultado final porque el 11 de octubre de 2001, a los 87 años de edad, y después de cumplir 41 años como líder nacional, murió en la Ciudad de México.

Las esquelas le hicieron los honores correspondientes. Después de ocupar la dirigencia local del sindicato en Torreón, Coahuila, y algunos otros cargos como delegado del Comité Ejecutivo General, en 1960 —con el visto bueno del presidente Adolfo López Mateos, quien ya controlaba con mano dura los sindicatos petrolero, magisterial y ferrocarrilero, y había encarcelado a dirigentes sindicales independientes— fue elegido líder nacional. Gómez Sada ocupó el cargo de secretario general hasta su muerte. Presidió en cuatro ocasiones el Congreso del Trabajo. Fue Senador por Nuevo León de 1964 a 1970 y de 1976 a 1982.

Año tras año, los mineros lo recuerdan en su semblanza oficial: delegado a la XI Convención General Ordinaria, por la Sección 64, de la minera Peñoles en Monterrey, que se celebró en mayo de 1960. Después del golpe para derrocar a Filiberto Ruvalcaba —que encarnaba un sindicalismo de obediencia al gobierno— y al ruvalcabismo, para muy pocos fue una sorpresa que las secciones 14, 67, 20, 123,

9, 62, 97, 11, 30, 167, 5, 2 y 162, lo postularan como candidato a la Secretaría General del Sindicato Industrial de Trabajadores Mineros, Metalúrgicos y Similares de la República Mexicana, para el periodo 1960-1966. El 28 de mayo de aquel año ganó con 54 mil 539 votos.

Fue un personaje. El periodista Abel Barajas escribió: "Si un calificativo cabe para Napoleón Gómez Sada es el de sobreviviente. Nació en 1914, en el municipio de Cadereyta, Nuevo León, el mismo año en que Venustiano Carranza asumió la Presidencia que abandonó el dictador Victoriano Huerta. Ingresó al Partido Nacional Revolucionario en 1934, que después se llamaría de la Revolución Mexicana y más tarde Partido Revolucionario Institucional. Y el sindicalista seguía ahí. Su carrera en el sindicato de mineros data de 1935, cuando ocupó la titularidad de la Secretaría General de la Sección 64, con sede en Torreón.

"El gremio también cambió de denominación: se llamaba Sindicato Industrial de Trabajadores Mineros y en 1974 se convirtió en Sindicato Nacional de Trabajadores Mineros, Metalúrgicos, Siderúrgicos y Similares de la República Mexicana. [...] Desde el desarrollo estabilizador y el periodo de sustitución de importaciones de la década de los 60, hasta los programas de regulación económica neoliberales, Gómez Sada siempre ha sido fiel a la ideología del sexenio en turno. Del presidente Adolfo López Mateos a Ernesto Zedillo, desde que las minas pasaron de manos extranjeras a nacionales, y desde que las empresas mineras eran paraestatales hasta su total privatización en el actual sexenio. [...] Ha sabido lo que son los elogios presidenciales cada seis años y el único museo de minería en el país, inaugurado el 18 de marzo del año pasado en Fresnillo, Zacatecas, lleva su nombre. Napoleón Gómez Sada también se llama una avenida de este poblado zacatecano y una asociación de jubilados mineros en Nuevo León. [...] Una de las últimas incursiones de Gómez Sada en la política nacional sucedió el año pasado, cuando apareció en la lista de los 353 integrantes del Consejo Político Nacional del PRI, que el 17 de mayo decidió las reglas del proceso interno para la elección de su candidato presidencial".

Con algunas maniobras cuidadosamente planeadas antes de morir —como aquel inesperado reconocimiento a Fox, tras su elección como presidente de México, interpretado más como un gesto de docilidad, servilismo y entrega ciega al régimen panista—, Gómez Sada logró que el nuevo secretario del Trabajo, el dirigente patronal José Carlos María Abascal Carranza, hiciera aquello a lo que se negó su antecesor priista Palacios Alcocer: el reconocimiento y aceptación oficial, o la famosa toma de nota. Cuando nadie lo esperaba y casi perdían la esperanza, el 3 de diciembre de 2001, a ocho días de cumplirse el segundo mes del fallecimiento de don Napoleón, Gómez Urrutia se convirtió, oficialmente, en heredero del reino.

El reconocimiento también pagó con creces los tragos amargos del último trimestre de 1990 y el primero de 1991, cuando fallaron las gestiones personales "secretas" de Gómez Sada para hacer de su *junior* candidato del PRI a gobernador de Nuevo León. Aunque puso todo su empeño, la cúpula priista —léase Carlos Salinas de Gortari— inclinó el socorrido dedazo por la postulación del ex alcalde regiomontano Sócrates Cuauhtémoc Rizzo García. No sólo fracaso, al año siguiente atestiguó la debacle de su hijo como funcionario de gobierno y, por consiguiente, su marginación de la cúpula del priismo neoliberal encarnado por los salinistas.

Napito obtuvo el poder absoluto sobre más de 80 mil mineros y obreros de la metalurgia. Aprovechando las ventajas de un sector industrial multimillonario, el nuevo líder empezó a crearse una fachada que lo hacía aparecer más monumental que su padre. Como si nadie conociera su pasado ni sus acciones, le armaron una pinta de líder democrático y muchos de los individuos cercanos a él emprendieron la tarea de reescribir la historia de *Napoleón II, Napito, El Heredero, El Junior de las Manos de Seda* o *El de Sangre Azul*. Pero, aunque sus allegados le adjudicaron una personalidad encantadora, los sindicalizados no dejaron de considerarlo simplemente como un vago marrullero, afortunado y feliz.

Una actitud populista —porque incluso en las fiestas de los obreros no sólo se hacía acompañar por su esposa Oralia Casso Valdés de Gómez, sino que sus hijos Alejandro, Ernesto y Napoleón Gómez Casso estaban entrenados para saludar de mano, con el nombre respectivo, a cada trabajador, según las enseñanzas de Napoleón el viejo— y un discurso muy bien estudiado le permitieron ir progresando tranquilamente a la sombra del recuerdo de su padre.

Sus palabras, desde luego con el apoyo de Abascal Carranza desde la Secretaría del Trabajo, tenían el efecto práctico de legitimar su presencia en el sindicato, aunque sólo las mentes más retorcidas del sector laboral llegaron a pensar que entre estos dos había nacido una incipiente amistad. De su lado, confiesan algunos viejos sindicalistas, *Napito* llegó a estar convencido que tenía al gobierno panista "bien agarrado por los huevos". Sobre todo después de su fallido triunfo, de *Napito* claro está, el 14 de febrero de 2006, como vicepresidente electo del Congreso del Trabajo. Al sudcaliforniano Isaías González Cuevas, de la Confederación Revolucionaria de Obreros y Campesinos (CROC), tampoco lo dejaron asumir la presidencia del organismo.

Los extraños acuerdos con Abascal Carranza, su trato exquisito "de gente fina", visión de negocios, contactos, dominio sobre el mapa minero en todo el territorio mexicano, un activismo mayor en minas y empresas de sus enemigos —donde apretaba más por mejores salarios y prestaciones— y, como lo consignaron dos ex ejecutivos de una empresa consultora a quienes se les comisionó para investigarlo, una "labia" capaz de convencer hasta el más incrédulo de que él era el salvador le dieron herramientas para contener las presiones sindicales internas.

Ni Morales ni Ortiz Elizalde estaban preparados para eso. "A *Napito* —advierten los ex ejecutivos de Kroll— debe entendérsele por su preparación; no era un dirigente sindical como el resto, por más que algunos de sus comportamientos siguieran el camino cínico, por ejemplo, del ferrocarrilero Víctor Flores, de la caída en desgracia Elba Esther Gordillo Morales, del petrolero Carlos Romero Deschamps o del burócrata Joel Ayala Almeida. Él tiene el don de la palabra educada, del caro buen vestir, puede sentarse a la mesa para discutir sobre grandes inversiones con empresarios extranjeros y convencerlos de las oportunidades que brinda la minería mexicana.

"Puede uno encontrarle cualquier cantidad de defectos, mostrar sus carencias políticas, documentar sus abusos y enumerar sus excesos o los de su familia, incluidos su esposa y extinto padre, pero Napoleón es un tipo refinado, elegante, que había hecho 20 años de carrera financiera, de servicios e industrial, además de su desarrollo en la administración pública federal y sus afiliaciones al Colegio Nacional de Economistas, la Academia Mexicana de Finanzas Públicas y la Wadham College Society —reconocida por su tendencia progresista-liberal, y entre cuyos integrantes destacan Rowan Williams, ex arzobispo de Canterbury, primado de la Iglesia de Inglaterra y líder espiritual de la Comunión Anglicana; y la escritora y novelista bangladesí Monica Ali, autora de *Brick Lane, Alentejo Blue, In The Kitchen y Untold Story*—; con posgrados en universidades de Alemania y Reino Unido, a su llegada al sindicato minero rompió el estereotipo de los líderes mexicanos, y eso no lo puede decir cualquiera de los dirigentes sindicales.

"Encumbrado, utilizó experiencia y conocimientos para internacionalizar el sindicato, los canadienses mordieron el anzuelo, se fortaleció su relación, que se haría muy estrecha con el paso del tiempo; y no sólo lo aprovecharon, sino que lo protegieron, recibieron y, al margen del tipo de visa, en 2006 lo exiliaron con los brazos abiertos a través de la protección de los grandes sindicatos mineros, así como la International Metalworkers Federation (IMF) y la United Steelworkers, que representa a 850 mil trabajadores en Estados Unidos y Canadá. Y, poco a poco, los canadienses han ganado terreno en México, con pocas inversiones, pero grandes ganancias. Esa situación no es obra de la casualidad. *Napito* sabe cómo hacer amigos. Tiene muchas habilidades, pero sobresale una: habla de lo que le interesa y quiere saber la persona que tiene enfrente; puede sobrevivir en un mercado de ideas porque es talentoso para los negocios y encantar a una serpiente".

Antes de que salieran a la superficie sus conflictos con algunos empresarios, había cuestiones que Gómez Urrutia no podía ocultar y que se reflejaban en el empobrecimiento de los mineros y su trabajo. En 2004 llegó a una serie de acuerdos con ejecutivos del Grupo México —su enemigo declarado—, avalados por la Secretaría del Trabajo, con los que consolidó convenios con empresarios terceros o subrogación de servicios, y que extendería a la mayoría de las secciones sindicales. El significado real: subcontratar trabajadores con otras empresas que se encargaban, por ejemplo, de las medidas de conservación y mantenimiento dentro de las instalaciones de la mina Pasta de Conchos, en Nueva Rosita, Coahuila. La transacción era apetitosa: de las aportaciones que hacían las empresas contratistas por cada trabajador designado a realizar labores en las plantas mineras y metalúrgicas, 40 por ciento se quedaba en las secciones locales y el restante se entregaba al Comité Ejecutivo Nacional. Sólo en 2005, el sindicato acumuló 350 millones de pesos como compensación por permitir las labores de las empresas contratistas.

Ciertamente, hubo fricciones en la relación Abascal Carranza-Gómez Urrutia. Se notaba la desconfianza mutua, reflejada en los intentos de Napoleón por crearse la imagen de líder independiente. Como advierten las reseñas cronológicas del sindicato: "Del año 2001 al 2005 fue creciendo la presencia en diversos foros y tema; en las revisiones contractuales y salariales se distinguió por lograr aumentos por encima de los topes y promedios nacionales; por oponerse a la reforma laboral de Fox, de 2002 a 2004, y a la reforma fiscal de 2003 y 2005; así como a los aumentos al salario mínimo de esos años; por presentar alternativas de cambio en la directiva del Congreso del Trabajo, distintas a las oficiales, surgidas y controladas desde la Secretaría del Trabajo y Previsión Social (STPS) y en otros aspectos más".

Napito movía sus piezas, pero, desde el primer día de su reconocimiento oficial y durante los siguientes tres años, sus relaciones con Abascal Carranza y el foxismo parecieron una luna de miel. Ninguno cuestionaba ni se preguntaba sobre los costos políticos futuros. La confianza alcanzó niveles insospechados. *El heredero* los había encantado; de otra forma no puede explicarse por qué el 3 de marzo de 2005 —después de un acuerdo pactado en octubre de 2004— Abascal Carranza autorizó transferir a las cuentas bancarias del sindicato 55 millones de dólares depositados muy a fuerza por el Grupo México para repartirlos, proporcional y equitativamente, entre los, aproximadamente, 6 mil 500 obreros afectados en el proceso de privatización de las empresas estatales Mexicana de Cobre en Nacozari, en 1988, y Compañía Minera Cananea, en Cananea, en 1990, el centro minero más importante del país, y uno de los yacimientos cupríferos más grandes del mundo, quebrado a propósito, según las evidencias, por el salinismo.

Como escribió en noviembre de 2006 el periodista Alberto Barranco, lo dramático del asunto no es que Abascal Carranza haya concedido la toma de nota, sino que haya avalado el traspaso de los recursos con la simple promesa de Gómez Urrutia de repartirlo con equidad y justicia.

De forma imprevista, el primero de junio de 2005 la Presidencia de la República confirmó la renuncia de Abascal Carranza para ser nombrado, de inmediato, titular de la Secretaría de Gobernación. Ese mismo día se encendieron las alarmas en el campamento de Napoleón Gómez Urrutia al conocer el nombre del nuevo secretario del Trabajo. Se trataba de Francisco Xavier Salazar Sáenz, un viejo político panista relacionado en forma muy estrecha, desde la década de 1970, con la cúpula de la organización secreta de extrema derecha conocida como El Yunque y, en su momento, activista del Movimiento Universitario de Renovadora Orientación (MURO), otro grupo radical derechista. Pero lo que más causó inquietud en la cúpula del sindicato minero fue que Salazar Sáenz era uno de los funcionarios foxistas cercanos a los magnates del sector minero enemigos de *Napito*.

Entre esos barones de la minería mexicana destacaba Germán Larrea Mota Velasco, quien, después de un largo proceso y algunas huelgas, fue obligado a depositar los 55 millones de dólares del fideicomiso especial para las indemnizaciones mencionadas líneas arriba. Muy cercanos al magnate se encontraban Alberto Bailleres González, presidente de Grupo Bal, en cuyo conglomerado figura Industrias Peñoles; los hermanos Julio César, Pablo y Sergio Villarreal, del Grupo Villacero; y Alonso Ancira Elizondo, del Grupo Acerero del Norte, empresas todas que resintieron negativamente el vertiginoso e inesperado ascenso de *Napito* a la dirigencia sindical en el lugar de Napoleón Gómez Sada.

Una vez que estuvo a cargo de la Secretaría del Trabajo, Salazar Sáenz mantuvo, en apariencia, la misma política hacia los sindicatos que su antecesor: hacerse de la vista gorda, permitiendo la explotación de los obreros y el saqueo de los gremios. Sin embargo, su nombramiento no podía separarse de la consolidación de Felipe Calderón Hinojosa como precandidato panista a la Presidencia de la República; hecho que presagiaba muchas y malas noticias.[4]

El 20 de enero de 2006, siete meses después de los cambios en la Secretaría del Trabajo, se materializaron los miedos del sindicato. Elías Morales Hernández, Miguel Castilleja Mendiola y José Martín Perales presentaron, ante la Unidad de Investigación Especializada en Delitos Fiscales y Financieros de la Procuraduría General de la Republica (PGR), una acusación por defraudación y probable lavado de dinero, irregularmente saqueado del fideicomiso F/9645-2, y del cual se desconocía el destino final. En el escándalo se veían involucrados *Napoleón II* y 27 personas, así como el banco Scotiabank Inverlat. Según la denuncia y las posteriores indagaciones de la PGR, *Napito* había resultado un "uña larga" y estaba apropiándose del fideicomiso de los 55 millones de dólares destinados a los mineros de la Sección 65.

Ni con mucho fue lo peor de todo. Sobre si estaba presente o no la mano negra de los empresarios en esos movimientos, a fines de abril de 2007 el fallecido periodista Miguel Ángel Granado Chapa escribió en su columna "Plaza Pública": "Larrea Mota-Velasco, con la fuerza que le da ser uno de los empresarios más ricos de México, con actividad minera en Estados Unidos y Perú, así como exploraciones en Australia, Irlanda, Chile y Canadá, ha emprendido una batalla mediática contra Gómez Urrutia. Por un lado, aunque no reconozca haberlo hecho, patrocina la difusión de un anónimo mensaje de televisión, ofensivo tanto como oneroso, contra el dirigente minero, al que se pide que regrese (se halla en Canadá, prófugo de la justicia), pero que regrese lo que se llevó. Hizo publicar, por otro lado, un

---

[4]Para el panismo, la simulación se había convertido en un hábito difícil de ocultar desde que, el 1 de diciembre de 2000, el tan pregonado cambio democrático quedó en mero simulacro. Esta predisposición al engaño, la farsa, la corrupción a todos los niveles y el nepotismo, sirviéndose, desde luego, de la nómina del gobierno federal, quedó más que demostrada en los siguientes 12 años. Los panistas nunca aprenderían a gobernar y serían pésimos administradores.

desplegado en el que desmiente afirmaciones de Gómez Urrutia y a su vez lo denuesta. Y, por último, está sancochando información que el año pasado deslizó la Procuraduría General de la República que, incapaz de montar una acusación sólida contra el líder minero, como parte del embate en su contra, eligió el camino de la difamación por la vía de filtrar informes sobre presuntos movimientos financieros y patrimoniales del dirigente".

LAS EXTRAÑAS CUENTAS DE ORALIA CASSO

Dado el primer golpe, con demasiada información a la prensa sobre las supuestas actividades irregulares de *Napito* y su círculo cercano de colaboradores —incluidos su esposa Oralia Casso Valdés y dos hijos de la pareja—, Salazar Sáenz logró mantener alejados a los reporteros de la Secretaría del Trabajo que tenía sus planes propios. Debido a lo que sucedió en las siguientes semanas, puede compararse la desgracia de Gómez Urrutia con los derrocamientos de Carlos Jonguitud Barrios y Joaquín Hernández Galicia a cargo de Salinas de Gortari en 1989; así como el de la profesora Elba Esther Gordillo Morales por Enrique Peña Nieto en febrero de 2013.

Mientras los periodistas daban puntual seguimiento a las acusaciones por fraude y lavado de dinero, que por cierto este supuesto delito nunca existió, la Secretaría del Trabajo alistaba un segundo golpe. El 14 de febrero, el líder ferrocarrilero Víctor Flores aceptó, una vez más, jugar el papel de esquirol y prorrogar —ilegalmente— su mandato como presidente del Congreso del Trabajo. Todo mundo sabía que la orden había salido de su "jefe", Vicente Fox Quesada, vía Salazar Sáenz. La autorización incluía el visto bueno de algunos magnates mineros, así como de operadores de la campaña presidencial calderonista. Flores y sus seguidores, quienes habían apostado por el panismo, también esperaban la victoria electoral de Calderón.

En su estudio, *Congreso del Trabajo: reelección y conflicto*, el doctor Max Ortega, profesor-investigador de la Universidad Autónoma Metropolitana (UAM), explica cómo el triunfo panista ratificó el empoderamiento de los distintos *charros* sindicales que controlaban el destino nacional: "El principal argumento esgrimido por Flores a favor de su reelección o 'prolongación de mandato' fue de carácter político. Según dijo a sus aliados, los altos mandos de la Secretaría del Trabajo le habían pedido que, 'a toda costa' y 'cueste lo que cueste', se mantuviera en el cargo hasta que concluyeran los comicios presidenciales. [...] De un total de 25 organizaciones con registro vigente y con derecho a votar, 11 votaron por Flores, para un año más, mientras que otras 14 votaron por Isaías González Cuevas, líder de la CROC, para la presidencia, y Napoleón Gómez Urrutia, del sindicato minero, e Ignacio Paleta, de la CROM, como primero y segundo vicepresidentes".

El viernes 17 de febrero, Salazar Sáenz tomó nota de la ampliación de mandato de Víctor Flores. *Napito* se había convertido en el dolor de cabeza del panismo —la Presidencia de la República y el cuartel del calderonismo—, así como en una ambición de carácter político porque, al menos así lo pensaban funcionarios del foxismo, su captura arrojaría buenos dividendos en los comicios que se realizarían en julio de 2006.

Literalmente, el Congreso del Trabajo era un muerto insepulto, como declaró López Mayrén. Y en sus conclusiones, Max Ortega hace un señalamiento concreto: "Se abrió la vertiente de una crisis de la relación del CT con el gobierno de Fox, dado que al avalar la Secretaría del Trabajo 'la ilegalidad' mediante la toma de nota [A Flores] quebró la autonomía del sindicalismo corporativo y proyectó al mismo tiempo su acción ominosa, amenazante, sobre el conjunto del sindicalismo mexicano".

Visto en retrospectiva, la guerra político-judicial de los panistas contra *Napoleón II* ha sido una de las más atractivas en el México moderno. Si se vale la expresión, puede decirse que los gobiernos de Fox y Calderón estaban inmersos en una partida de póker, con *Napito* a la espalda, bebiendo una copa de champaña, riendo y viéndoles todas las cartas; y este último resultó un excelente jugador. De poco les sirvió a los panistas jugar primero de la mano de Salazar Sáenz y luego de la de Javier Lozano Alarcón, porque estaban jugando contra un fantasma. Nadie recordaba con precisión cuál era la última, o más reciente, referencia, pública, de Napoleón González Urrutia.

En esta contienda, las autoridades —la Procuraduría General de la República, así como las secretarías de Hacienda, y del Trabajo— le hicieron "manita de puerco" a Gómez Urrutia cuando filtraron informaciones para desprestigiar a su esposa Oralia Casso. De acuerdo con las investigaciones oficiales, le habían detectado, al menos, 19 cuentas bancarias, en México y el extranjero, en las que recibía fondos presuntamente relacionados con el sindicato. Y, en algunos casos, eran usadas exclusivamente para hacer transferencias a otras cuentas. Había de todos los calibres. En una de las transacciones detectadas, desde una cuenta con número 37498026-140, en el ING Bank de Ginebra, se transfirieron 50 mil dólares el 9 de julio de 2005 a otra en el Royal Bank of Scotland, con sede en la Isla de Jersey. Horas después, los mismos fondos habían pasado a otra cuenta en el Commonwealth Bank de las Bahamas. Pero había también de sucursales del Citibank en Ginebra y en Madrid; así como dos sucursales del Lloyds Bank, de Londres, a nombre de Oralia Casso, que canalizaron fondos a cuentas en las Bahamas, Islas Caimán, Isla de Jersey y la Isla de Man.

Sin embargo, Oralia Casso, al igual que su esposo, se había desvanecido sin rastros desde noviembre de 2005. Entre marzo y abril de 2006, el Servicio de Administración Tributaria no pudo localizarla ni siquiera en su domicilio ubicado en la ciudad de Monterrey para que respondiera a cuestionamientos sobre su ejercicio fiscal 2004. Le pedían que comprobara sus ingresos y el respectivo pago del impuesto sobre la renta (ISR). Para entonces, investigadores de la PGR y Hacienda, con apoyo de la Comisión Nacional Bancaria y de Valores (CNBV), habían detectado 40 cuentas propiedad de Gómez Urrutia y su esposa, y le seguían la pista a depósitos por 6 millones 595 mil 370 dólares en siete países —2 millones 620 mil 174.71 dólares a nombre de Gómez Urrutia y el resto al de Oralia Casso—. Las investigaciones involucraban también a los hijos del dirigente, así como a su chofer, Juan José Ruvalcaba. Según un edicto publicado en el *Diario Oficial de la Federación* durante la segunda quincena de abril de 2006, las autoridades también indagaban a Juan Linares Montúfar y José

Ángel Rocha Pérez, cercanos colaboradores de *Napito* e integrantes del sindicato minero.

La esposa de Gómez Urrutia no estaba dada de alta en el Registro Federal de Contribuyentes, por lo que fue requerida en su domicilio de Calzada Del Valle, en San Pedro Garza García, Nuevo León. La notificación señalaba que la información y documentación debía ser presentada de manera completa, correcta y oportuna en un plazo de 15 días. Debía dar cuenta de sus declaraciones anuales, copias contables de las actividades económicas que desempeñaba, monto de ingresos y de retenciones de impuestos, si había prestado servicios a empresas o alguna asociación civil, o si era socia, accionista o miembro de algún consejo.

Lentas o de plano incapaces en muchos casos, las autoridades panistas se aplicaron en éste y, según informaron —aunque, conspirativos y revanchistas como eran, en la campaña de desprestigio todo lo filtraban como parte de la rumorología del tema—, se le rastrearon adquisiciones de muebles antiguos en la tienda Allan Knight and Associates, en Dallas, empresa especializada en mobiliario de colección, donde pagó 500 mil pesos a través del JP Morgan Chase Bank. También había registros de compras a la Talebi Rug Gallery, en la misma ciudad, por efecto de accesorios, artículos de baño y cocinas, con un monto superior a 333 mil pesos.

Por la forma en la que filtraron la información, siempre se abrió paso a la especulación. Hubo un linchamiento mediático bien dirigido por las autoridades panistas. El caso se litigó en los medios. Según la PGR, las cuentas de Oralia Casso, que rondaban los 4 millones de dólares, se distribuían de la siguiente manera: en los bancos HSBC y Solbank Londres, el saldo era de 199 mil 905.31 dólares; en el Solbank y Banco de España había 390 mil 770.92 dólares; en Suiza, los depósitos en el Fortis Bank ascendían a 7 mil 859.33 dólares; en México, en los bancos Scotiabank Inverlat y RBC —por Royal Bank of Canada— sumaban un millón 63 mil 690 dólares; en Bahamas, las cuentas del Ansbacher tenían 768 mil 751 dólares; mientras en Jersey, en el banco Hambros, RBC y Fortis Bank, contemplaban en total un millón 545 mil 219 dólares.

El juego fue despiadado. Las indagatorias federales incluyeron los nombres de Tadeo Casso Valdés, cuñado de *Napito*, así como los de sus hijos, Ernesto y Alejandro Gómez Casso. La lista estaba llena de otros nombres, amigos o ex socios de *Napito*, como Humberto Felipe de Jesús Torres Kuri, concuño de *Napito*; Santiago Garza, ex socio en una casa de campo en el estado de Morelos; Rodolfo *Rudy* Montalvo, empresario radicado en McAllen, Texas; así como Eduardo Maiz Monfort; Javier Maiz Martínez; Marcelo y Armando Familiar de la Garza; Manuel Familiar Haro; Jorge Claudio Leiden Garay; Gerardo Kalifa Matta; Bernardo Ortiz Garza y Guillermo Sepúlveda.

Los gobiernos panistas no querían a nadie del viejo sindicato minero. La indagación incluía los nombres de un puñado de integrantes del Comité Ejecutivo Nacional: Juan Luis Zúñiga Velásquez, Héctor Félix Estrella, José Ángel Rocha Pérez, Carlos Pavón Campos, Constantino Romero González, Baltasar Zárate García, Juan Linares Montufar, Juan Pablo Patiño Rocha y Héctor Félix Estrella, además de 12 empresas, varias joyerías de la Ciudad de México y, por supuesto, ejecutivos del canadiense Scotiabank-Inverlat, a quienes acusaban de violar las disposiciones del contrato firmado el 14 de octubre de 1988.

Visto el tamaño del caso, ni la mejor de las voluntades podía salvar a *Napito*. A principios de abril de 2007 la PGR y Hacienda filtraron informes sobre millonarios movimientos financieros con apoyo del tesorero del sindicato, Héctor Félix Estrella, en 17 bancos de México, Estados Unidos, Suiza y Turquía. Igualmente, algunos testimonios lo convertían en uno de los líderes sindicales más vulnerables de México —y eso ya es mucho decir en un país donde la ostentación de los dirigentes se palpa a diario en costosas joyas, relojes exclusivos valuados en decenas de miles de dólares, carísimos gustos culinarios, automóviles último modelo o fastuosas residencias.

En abril de ese año aparecieron las declaraciones ante el Ministerio Público Federal de Gregorio Pérez Romo, quien, de la noche a la mañana como suele suceder en tales casos, pasó de humilde trabajador de limpieza en la sede del sindicato en Doctor Vértiz a empleado de confianza del Comité Ejecutivo Nacional bajo las órdenes de *Napito* y Félix Estrella. En su nuevo cargo, llevaba a cabo grandes operaciones bancarias o transacciones simples de, por ejemplo, Alejandro Gómez Casso. En su exposición de los hechos contó cómo, cuándo y de quién supuestamente recibió órdenes de esconderse el 14 de marzo de 2006, porque la PGR investigaba a sus líderes.

Los testimonios fueron dados a conocer en la desaparecida revista *Milenio*: "Como todos los días, estaba el 14 de marzo de 2006 entre las nueve y media y diez de la mañana en las oficinas del sindicato, cuando el tesorero lo llamó y le manifestó su preocupación porque se sabía que estaba siendo investigado por la PGR, y que como los dos realizaban todos los movimientos bancarios tanto del sindicato como de Napoleón Gómez Urrutia y de su familia, así como de otros miembros sindicales, le ordenaba, a través de la contadora general Verónica Castro, que tomara unas cajas de cartón para archivo y unas llaves, y que fuera a esconder esas cajas a la casa de Bolívar 797. [...] En las cajas selladas estaba la información de egresos e ingresos del sindicato, pólizas de cheques expedidos, soporte contable y documentación de los movimientos financieros que se realizaban. Por eso había que esconderlas. Igual que los cerebros de las computadoras conocidas como CPU donde está la información y archivo de los controles relativos al fideicomiso formado en Scotiabank Inverlat para beneficio de los trabajadores.

"Pérez Romo entró a trabajar en el sindicato minero en 1986 en las oficinas de Doctor Vértiz 668, para realizar labores de limpieza. En 1993 se convierte en mensajero y ayudante de oficina; en 2000, al mismo tiempo que llega la nueva dirigencia del sindicato, encabezado por Napoleón Gómez Urrutia, su posición toma importancia y se convierte en operador financiero de sus jefes, nada más y nada menos que del propio Gómez Urrutia y de Félix Estrella. Estima que en total operó en su propia cuenta bancaria 12 millones de pesos. [...] Le dijeron que se escondiera junto con las cajas y que le avisarían cuándo podría salir, qué debería decir y cuándo se podría presentar con un abogado a declarar ante la PGR. [...] Aceptó haber recibido varios cheques certificados a su nombre para realizar por lo menos 17 operaciones bancarias por instrucciones de Gómez Urrutia y Félix Estrella, provenientes de la cuenta 453375811 a nombre del sindicato, por 6 millones 164 mil pesos, entre marzo y noviembre de 2005. Se le ordenó pagar las tarjetas de crédito American Express de Alejandro y Ernesto Gómez Casso y depositar fondos a favor de Consultoría Internacional Casa de Cambio; los sobrantes en efectivo los entregaba a Lizbeth Lira Guillén —secretaria de *Napito*— o Félix Estrella".

Los peores temores de la cúpula del Sindicato Nacional de Trabajadores Mineros, Metalúrgicos, Siderúrgicos y Similares de la República Mexicana se empezaron a materializar el 20 de enero de 2006 con la demanda que presentaron Elías Morales Hernández, Miguel Castilleja Mendiola y José Martín Perales y la persecución, con todo y linchamiento e incapacidades de los fiscales investigadores de la PGR por presentar un caso creíble, pero ni con mucho fue lo último ni lo peor que se viviría dentro del gremio y en la familia Gómez Casso. El exilio en Canadá y los más de 200 emplazamientos a huelga que *Napito* promovió desde que heredó la Secretaría General del gremio ý hasta 2010 son meramente anecdóticos, pero lo mejor estaba por venir.

Guerra contra un fantasma o héroe por una explosión

Sabiendo que el sindicato conocía sus cartas y adivinaba sus intenciones, el viernes 17 de febrero de 2006, en el más absoluto de los sigilos el gobierno federal foxista cerró el círculo para tender la última trampa a *Napito*. El plan consistía en fincarle nuevas acusaciones, detenerlo y entregar el sindicato —con sus 80 mil trabajadores, redondeados a 200 o 300 mil según la reunión, empresario, reportero o académico que preguntara— a Elías Morales Hernández. Algunos funcionarios federales ingenuos, revanchistas o, de plano, que querían quedar bien con Felipe Calderón Hinojosa y su equipo de campaña presidencial, que se encaminaban a suplir al foxismo a partir del 1 de diciembre de ese año, así como con los barones del sector industrial minero, estaban convencidos de que el lunes 20 de febrero tendrían a *Napito* tras las rejas y, valga la alusión, con todo y uniforme a rayas.

Testigos de aquellos días e investigadores de la consultora Kroll que rastreaban todo sobre *Napito* aún recuerdan: "El viernes 17 y el sábado 18 hubo una actividad febril en las instalaciones sindicales de Doctor Vértiz 668, en la colonia Narvarte; el servicio de inteligencia de Napoleón sabía que le arrebatarían el liderazgo y tenía las manos atadas. Estaba bien enterado que le habían retirado la toma de nota y se la habían entregado a Elías Morales Hernández. No sólo el foxismo estaba contra él, sino que a la campaña de linchamiento se habían unido personajes cercanos al candidato panista que buscaba la Presidencia, Calderón Hinojosa. Sería una guerra sicológica de tres días. La noticia de la destitución de *Napito* se entregaría a los periodistas no el viernes ni el sábado, sino en el transcurso del domingo 19 de febrero. La primicia, pues, se publicaría el lunes y daría tema para el resto de la semana".

Tal como era su costumbre, Fox había delegado el trabajo sucio a otros, haciendo numerosos cálculos con rigurosa precisión. Un ex funcionario de la Secretaría del Trabajo recuerda que, al margen de las investigaciones en la PGR, a partir del domingo 19 de febrero estaban sobre la mesa todos los elementos para linchar públicamente a Gómez Urrutia. Con el desencanto generalizado entre los electores por las pillerías del foxismo y la incapacidad panista para gobernar; con el candidato presidencial de izquierda, Andrés Manuel López Obrador, arriba en las encuestas; así como la polarización social de origen partidista, la detención y encarcelamiento de *Napito* serían un platillo apetitoso para la prensa. El tema habría de litigarse en los medios.

Todo estaba listo para el linchamiento. Un antiguo integrante del grupo de *Napito* recordó que las autoridades habían filtrado a la mayoría de los medios partes sustanciales de la demanda y otras informaciones delicadas que mostraban las inmoralidades, por decir lo menos, de Napoleón Gómez Urrutia. De entrada, aparecieron los lujos y el peculiar confort de un líder de primer mundo, muy alejado de la austeridad con la que afrontaba la vida la gran mayoría de mineros y obreros de la metalurgia. Exhibieron sus viajes por Nueva York, Las Vegas, Buenos Aires, Israel y Yakarta (Indonesia). A ello se sumaba su gusto por los restaurantes exclusivos como el Au Pied de Cochon del

Hotel Presidente Intercontinental en Polanco; su inclinación por la compra de obras de arte,[5] como aquélla del maestro coahuilense, Julio Galán, por la que pagó 50 mil dólares en 2003; su estilo para manejar camionetas Hummer o el Mercedes-Benz de su esposa Oralia; y también su amplia residencia en Lomas de Chapultepec, adquirida por 1.3 millones de dólares.

Cómo una estocada final, en 2009 el hombre de confianza de Gómez Urrutia, el otrora secretario de Asuntos Políticos del sindicato, Carlos Pavón Campos, ya como líder de la fracción disidente Frente de Renovación Nacional del Sindicato Minero, que se transformaría en el Sindicato Nacional Minero Metalúrgico Don Napoleón Gómez Sada, revelaría: "En 1992, le compró una casa a su hijo Ernesto, está registrado y tenemos la información, costó un millón 300 mil dólares y lo pagaron de la siguiente manera: dieron 100 mil dólares en efectivo para amarrar el trato, pagaron 700 mil con un cheque del sindicato firmado por Napoleón y Héctor Félix, y, posteriormente, dieron otro cheque de 500 mil dólares, tenemos el nombre de la persona que les vendió, tenemos los números de cheques, tenemos los números de cuenta". Posteriormente, se sabría que la residencia de la avenida Sierra Madre número 220 en la colonia Lomas de Chapultepec —cateada, asegurada dentro de la averiguación PGR/SIEDO/UEIORPIFAM/028/2006, y devuelta—, estaba valuada en cuatro millones de dólares.

El 23 de julio de ese año, Pavón Campos fue aún más explícito con la prensa del Distrito Federal: "La semana pasada tuvimos acceso a una información de cómo también se desviaron recursos del fondo de 55 millones de dólares del sindicato a cuentas de sus hijos en Es-

---

[5] Según los datos que se filtraron y las declaraciones de Elías Morales, en el periodo de febrero a agosto de 2006, Gómez Urrutia adquirió obras de arte por más de 3 millones de pesos en galerías de Suiza, Turquía y Estados Unidos. Y pagó un millón de pesos —87 mil 750 dólares— por la compra de dos obras al prestigiado curador de arte Guillermo Sepúlveda, propietario de Galería Arte Actual Mexicano, e hizo adquisiciones en la Muestra de Arte Contemporáneo, que se llevó a cabo en la Ciudad de México del 20 al 24 de abril del año pasado. Adquirió, se dijo, una obra de arte contemporáneo de la Galerie Judin AG, de Suiza, por 278 mil pesos, y compras que se exhibían de la galería de arte Happy Lion LCC, de Los Ángeles, California, por 463 mil 840 pesos.

tados Unidos, así como para el pago de tarjetas de crédito, está muy completo". Un poco antes, el día 16, el presidente de la Cooperativa Veta de Plata, Juan Carlos Pérez Mendiola, denunció que *Napito* se había hecho en Canadá de la cadena de restaurantes de comida árabe y cafeterías Nuba. El negocio, dijo, lo dirige Ernesto Gómez Casso, quien cuenta con estudios de posgrado de chef en la Cornell University, y por la pareja de éste, Claudia Fernández. Las adquisiciones se ubicaron en West Hasting Street 207 y Seymour Street 1206, en Vancouver. "La empresa de Gómez Urrutia está registrada en el acta del Ministerio de Finanzas de British Columbia número V6E3V7 y las oficinas de Nuba Restaurante Group Inc. se ubican en la Suite 800 West Georgia Street 1090, también en Vancouver".

Trabajando a marchas forzadas, "de enero a mayo de 2006 peritos de la PGR le encontraron a *Napito* movimientos inusuales por 314 millones de pesos en 130 operaciones financieras, supuestamente sospechosas, que se habían efectuado en tres meses de 2005, en su mayoría transferencias de recursos desde las cuentas del sindicato y su tesorero, Héctor Félix Estrella, que tuvieron como destino Estados Unidos, Colombia, Suiza, Inglaterra, Francia y Turquía", publicó *El Universal* en su edición del 15 de mayo. "La PGR también investiga a dos funcionarios de Scotiabank Inverlat que presuntamente participaron en una acción concertada para que gente del sindicato se apoderara del dinero. Jorge Gómez Moreno y Felipe Alberto López López son acusados de permitir modificaciones ilegales al contrato del fideicomiso, que era irrevocable, y aceptar que el 22 de febrero de 2005 se cancelara y se entregaran los recursos a Gómez Urrutia. [...] Según reportes de la Unidad de Inteligencia Financiera de la Secretaría de Hacienda, desde noviembre pasado se detectaron operaciones 'inusuales' del tesorero del sindicato, que entre el 31 de agosto y el 1 de diciembre de 2005, desde su cuenta CV2057393 de la Consultoría Internacional Casa de Cambio, hizo un total de 110 operaciones en dólares, que incluyeron transferencias, así como compra de divisas. [...] De ellas, 27 transferencias fueron para la esposa e hijos de Gómez Urrutia, por 4 millones 20 mil 395 pesos. Estos recursos se destinaron al pago de las tarjetas American Express de Alejandro;

se depositaron también en una cuenta a nombre de su hermano en el Wells Fargo Bank, de San Francisco, California, y 461 mil 320 pesos se depositaron a nombre de Oralia Casso en el Chase Bank de Houston, Texas".

Fue un trabajo frenético. Los comicios presidenciales de julio de 2006 estaban cada vez más cerca. Así, las filtraciones eran al por mayor. En resumen, se desmenuzaron 20 transferencias por 302 millones 296 mil 497 pesos relacionadas con *Napito*.

Por su parte, los investigadores de Kroll llegaron en febrero de 2006 hasta la mansión de la familia Urrutia Casso, construida entre finales de los 80 y principios de los 90, dentro de un predio de 28 mil metros cuadrados en Metixtla, barrio de Santo Domingo en Tepoztlán, valuada en unos 4 millones de dólares, pero conocida como "la propiedad de los 5 millones". Era, en ese momento, la más grande de la zona. Le llamaban también la mansión *napoleónica* de la fachada horrenda, concreto pintado de café y techos de teja. A pesar de la gran barda, recuerdan en abril de 2013 para *Los amos de la mafia sindical*, se podía admirar una residencia con todas las comodidades: canchas deportivas, alberca, jacuzzi para diez personas, una gigantesca cochera y esplendorosos jardines. El presidente Lázaro Cárdenas emitió en 1937 un decreto para declarar a la región como "Parque Nacional El Tepozteco"; en 1988 fue declarada Corredor Biológico Ajusco Chichinahuatzin, y en 2000, su riqueza quedó protegida por el Programa de Ordenamiento Ecológico Territorial. El 17 de junio de 1994 la Secretaría de Desarrollo Urbano y Obras Públicas y el Ayuntamiento de Tepoztlán determinaron demoler la mansión de Gómez Urrutia, quien la construyó dentro del parque nacional, pero en 2006 nadie sabía por qué seguía en pie.

En la edición del 10 de marzo de 2006, David Aponte publicó una amplia crónica en *El Universal*: "La mansión pareciera ser la herencia de aquellos años de la opulencia inexplicable, de la riqueza inusitada que construía faraónicas casonas para miembros de la clase política nacida y alimentada por el viejo régimen; el vestigio de las residencias construidas en colinas del Ajusco y Cuajimalpa o casas de descanso en la playa. Es la versión sindical del Partenón que el desaparecido ex jefe policiaco, Arturo Durazo Moreno, levantó en el cerro que domina la pequeña bahía de Zihuatanejo, Guerrero. [...] La parte frontal de la propiedad está tapizada por enredaderas. La construcción y la alberca están rodeadas de palmeras y abetos escrupulosamente recortados. Desde el aire pueden observarse los detalles de la mansión construida sobre dos niveles, casi pegada al cerro. De frente tiene amplios ventanales que miran hacia el valle de Tepoztlán y sus ocho barrios". Y Aponte aclaró en parte por qué se dio marcha atrás a la demolición: "Un incidente la salvó: estalló un conflicto social por el proyecto para la construcción de un campo de golf en la zona, que prácticamente llevó al olvido, enterró el asunto de propiedad de la *Casa del Cerro*, cuyos terreros fueron comprados por Gómez Urrutia al comunero Ramiro Rodríguez Castañeda".

El exceso de confianza del gobierno foxista contrastaba con sus incapacidades. Fox, Martita, *foxilandia* y el foxismo eran comidilla de todos los días. Las torpezas y ambiciones desmedidas de Salazar Sáenz habían permitido que el procedimiento, burdo e ilegal, para derrocar al líder minero e imponer a Morales Hernández se filtrara a toda la cúpula sindical desde el mismo viernes 17. Si fue o no un desliz premeditado, sería cuestión de analizar los resultados, pero los *napistas* sabían todo, y quizás hasta mucho más. Era un juego de espías contra espías. Y, lo mejor para ellos, ya esperaban el golpe de timón.

La soberbia panista era notoria. Nadie se había preocupado por disimular siquiera la relación de Salazar Sáenz con los barones de la minería mexicana, enemigos declarados de Napoleón Gómez Urrutia. Los *napistas*, por ejemplo, de alguna manera se habían enterado, y así lo difundían, que la arremetida se había planeado en diciembre de 2005. Y como centro de lo que llamaron una conspiración ubicaban una de las residencias del empresario Julio Villarreal Guajardo, del Grupo Villacero. Como nunca, se evidenciaron los lazos del Grupo Industrial Minera México con la Presidencia de la República y, en concreto, con la Fundación Vamos México de la primera dama Marta Sahagún de Fox, *Martita*.

La prisa de las autoridades por encarcelar a Gómez Urrutia los orilló a cometer yerro tras yerro. Si bien es cierto que los agentes e investigadores federales tenían en la mano información bancaria y fiduciaria privilegiada, también lo es que nunca supieron qué hacer con ella. Para justificar la investigación por lavado de dinero, por ejemplo, sólo presentaron una prueba. El equipo de abogados de *Napito* no tuvo problemas para desacreditar toda clase de acusaciones, como la de la supuesta procedencia ilícita de los recursos. La magistrada Herlinda Velasco Villavicencio le concedió la razón. Por su parte, la Suprema Corte de Justicia la Nación tampoco pasó muchos trabajos para, literalmente, tirar de la dirigencia sindical a Elías Morales Hernández y obligar al gobierno a que se la regresara a *Napito*.

Bueno o malo, justificado o injustificado, todo lo que pasó antes y lo que pasó después se murió la madrugada del domingo 19 de febrero de 2006 con una explosión en la mina 8, Unidad Pasta de Conchos, de San Juan de Sabinas, Coahuila. En el percance murieron 65 humildes mineros. Ni el gobierno federal, encabezado por Vicente Fox Quesada, ni los propietarios de la mina supieron cómo reaccionar o, simplemente, decidieron, con una soberbia infinita, desdeñar, no a los deudos de las víctimas —63 viudas inicialmente, al menos 300 familiares directos y 165 huérfanos—, ni a un pueblo empobrecido, sino a un país entero que reclamaba explicaciones y pedía respuestas inmediatas. Hubo un pasmo institucional peligroso, o un silencio descarado.

La situación de los mineros de Pasta de Conchos no había cambiado mucho desde el porfiriato, con salarios que oscilaban entre mil 500 y 3 mil pesos mensuales, además de la subcontratación para algunas labores, un mecanismo aceptado por los dirigentes gremiales, pero al margen de las leyes laborales. El lunes 27, en un gran desplegado de prensa en el Distrito Federal, Gómez Urrutia y su esposa Oralia, ya seguros y cómodos en Vancouver, se unieron "a la gran pena, dolor e impotencia que embarga a las esposas, hijos, padres y demás familiares de los trabajadores mineros, sindicalizados y contratistas que lamentablemente perdieron la vida en la explosión de la mina 8, Unidad Pasta de Conchos, de San Juan de Sabinas, Coahuila. Elevamos nuestras oraciones para que, en estos momentos de inmenso dolor, su fe espiritual en el Señor les ayude a sacar fuerzas para seguir adelante. Descansen en paz".

Con las autoridades pisándole los talones, el accidente le dio a *Napito* los medios para posicionarse en la conciencia de los comunicadores y los hacedores opinión, cuando calificó a esa explosión como un "homicidio industrial". Gómez Urrutia también se dio el lujo de ponerle nombre y apellido al responsable de ese homicidio: el magnate Germán Feliciano Larrea Mota-Velasco, accionista mayor del Grupo México. Más adelante, consolidó el control de la agenda cuando sus contactos se encargaron de difundir ampliamente reportes de la Comisión Nacional de Derechos Humanos (CNDH) que mostraban que la Secretaría del Trabajo, con Francisco Xavier Salazar Sáenz a la cabeza, tenía un "conocimiento claro", antes del accidente, de las condiciones de la mina que provocarían la explosión.

Aquel 19 de febrero de 2006 ningún reportero recordó que, en los hechos, a través de la toma de nota, Salazar Sáenz había derrocado a Napoleón Gómez Urrutia e impuesto a Elías Morales Hernández en la Secretaría General del Sindicato Nacional de Trabajadores Mineros, Metalúrgicos, Siderúrgicos y Similares de la República Mexicana. Todos, y eso incluye el país entero, buscaron a los responsables de la explosión de Pasta de Conchos.

Indirectamente, *Napito* recibió apoyo de casi todo el mundo. El estudio *De Pasta de Conchos al 1 de mayo, la coyuntura de una movilización obrera*, de Abel Pérez Ruiz, sicólogo de la UAM-Iztapalapa, y Sergio Sánchez Díaz, profesor-investigador del Centro de Investigaciones y Estudios Superiores de Antropología Social (CIESAS) de México, encontró que "el accidente ha permitido evidenciar las serias limitaciones del aparato gubernamental en mostrarse como una entidad capaz de negociar y resolver con atingencia las consecuencias de este suceso coyuntural. Frente a la catástrofe de la mina, la respuesta fue la parálisis, la negligencia y la búsqueda fácil de un chivo expiatorio en la persona de Napoleón Gómez Urrutia".

Trepado en la nube más alta de *foxilandia*, controlado por Martita y ya más con ganas de irse a su rancho, Fox, sus funcionarios y amigos empresarios mineros jamás entendieron la envergadura del problema de Pasta de Conchos. Como se plasmó en el documento concluyente del foro *El conflicto minero de Cananea a Pasta de Conchos*: "El grueso de los accidentes tiene su origen en las violaciones a las normas de seguridad industrial y a los contratos colectivos de trabajo. En todos los casos, estos 'accidentes' deben ser catalogados como crímenes industriales. Los responsables tienen nombre y rostro, abarcan tanto a los dueños de las empresas como a los funcionarios de la Secretaría del Trabajo y Previsión Social (STPS). Germán Larrea, del Grupo Minero México, y Javier Lozano, titular de la STPS, son los principales rostros de la impunidad".

Cuestionado y mal recibido durante su breve aparición por Nueva Rosita, la zona del accidente en Coahuila, aquel 19 de febrero, porque los mineros y los obreros de la metalurgia viven en plena esclavitud, *Napito* tomó sus providencias y desapareció de México con todo y familia. Desde Vancouver, Gómez Urrutia contrató a excelentes abogados, puso en marcha una campaña de defensa y, desde marzo de 2006 es, en los hechos, un perseguido del gobierno mexicano y goza de la protección de los sindicatos mineros de Canadá y Estados Unidos. Al margen de su muy dudoso pasado, aprovechó todos los atajos para convertirse en héroe por una explosión, la de Pasta de Conchos, que exhibió el nivel de los empresarios mineros y mostró el rostro cínico del foxismo.

Si los panistas lo querían o no preso, una breve declaración del gobernador de Coahuila, Humberto Moreira, el domingo 18 de febrero de 2007, un año después de la tragedia de Pasta de Conchos, aclara la situación. Según dijo, el entonces presidente Vicente Fox Quesada le pidió encarcelar a Napoleón Gómez Urrutia. Como un acto de contrición, reconoció que si lo hubiera denunciado (a Fox) en su momento, muchas de las tensiones políticas, incluidas algunas muertes, posteriores por el conflicto minero, se habrían ahorrado. Según Moreira, Fox le pidió encarcelar a gente inocente para encubrir a funcionarios de la Secretaría del Trabajo en torno a la tragedia de Pasta de Conchos: "En mi cara, en Los Pinos, me pidió que hiciera cosas que no tienen moral, inventar delitos para otras personas. Yo no me voy a callar, se equivocaron de gobernador. […] Estábamos en la oficina de Fox, si quieres se lo digo enfrente del ex presidente. […] Le digo eso y le digo también las llamadas que le hice en tono suplicante para que acudiera a mi estado, y él me dijo que tenía que ir a Chihuahua, y efectivamente, mientras estábamos en la tragedia, él estaba acampando en la sierra de Chihuahua".

Socarrones, los reporteros le recordaron las versiones en el sentido de que Gómez Urrutia fue uno de los contribuyentes a su campaña por la gubernatura de Coahuila, el mayor estado minero.

Epílogo

1.- 6 de marzo de 2006. De 61 años de edad, Napoleón Gómez Urrutia afirma que se refugió en Vancouver, por consejo de sus abogados. "Me recomendaron venirme acá. Canadá es un país más liberal en términos migratorios y mucho más respetuoso de los derechos humanos. [...] Hay [en México] acusaciones falsas, muchas mentiras. [...] Esto es como una cortina de humo para desviar la atención de problemas graves. [...] Lo he dicho, y repito: soy un perseguido político, víctima de una embestida de un gobierno de derecha que pretende imponer un sindicalismo blanco. [...] Están actuando con una visión miope para favorecer a empresarios mezquinos que están llevando al gobierno a un caos social y político de consecuencias impredecibles. El gobierno [panista] y esa clase de empresarios están sembrando odio, y odio habrán de cosechar". Canadá prohíbe la repatriación o extradición de perseguidos políticos. El tratado de 1990 firmado por los gobiernos mexicano y canadiense contiene un lenguaje similar.

2.- 13 de julio de 2006. Siete mil mineros han entablado demandas laborales y penales en contra de Napoleón Gómez Urrutia, en un intento para recuperar y esclarecer el uso de los 55 millones de dólares que integran un fideicomiso del sindicato, según señalamientos del secretario del Trabajo, Francisco Xavier Salazar, ante diputados federales de la Comisión Especial de Seguimiento a la Problemática Minera. Gómez Urrutia, insiste, retiró la totalidad de los fondos del fideicomiso y lo transfirió a diversas cuentas, quedando como único titular. "La industria minera ha enfrentado dificultades adicionales derivadas del comportamiento de un ex dirigente sindical, quien, utilizando la representación que ostentaba, llevó las relaciones con las empresas al plano de la tensión extrema, de forma tal que en un plazo de cinco años estallaron 38 huelgas y hubo 114 paros, frecuencia nunca antes vista en una rama industrial".

3.- 24 de marzo de 2007.- El oposicionista Partido Nueva Democracia o New Democratic Party (NDP) de Canadá confirmó que, por motivos humanitarios, Napoleón Gómez Urrutia solicitó oficialmente su residencia en ese país, donde se encuentra desde que abandonó México, hacía varios meses.

4.- 11 de abril.- El secretario del Trabajo, Javier Lozano, admitió que la toma de nota que desconoció Napoleón Gómez Urrutia y avaló a Elías Morales Hernández como líder minero, en febrero de 2006, fue apresurada. Por su lado, el Cuarto Tribunal Colegiado en Materia del Trabajo invalidó la toma de nota que la Secretaría del Trabajo le otorgó a Elías Morales Hernández y ordenó la restitución inmediata de *Napito*. Peritajes de la Procuraduría General de la República determinaron que eran falsas las firmas de los documentos que avaló Salazar Sáenz para entregar la toma de nota a Morales Hernández.

5.- 4 de septiembre de 2007. La firma suiza Horwath Berney Audit encontró que los 55 millones de dólares del fondo minero están plenamente justificados por *Napito* y sus colaboradores: 22 millones 492 mil 990 congelados por el gobierno mexicano; 21 millones 832 mil 81 se pagaron a trabajadores que cumplían los criterios del sindicato; 3 millones 983 mil corresponden a honorarios de los abogados por las actuaciones judiciales; 1 millón se reembolsó al sindicato por gastos incurridos durante 15 años de lucha para conseguir el dinero adeudado por Grupo México; 1 millón 756 mil corresponde a la renovación de varios edificios del sindicato; 5 millones corresponden a dos inversiones inmobiliarias en Monterrey; 924 mil corresponden a comunicados en los medios de información para contrarrestar la información del gobierno.

6.- 5 de septiembre de 2007. A través de algunos recursos oscuros o no muy claros, el Sindicato Nacional de Trabajadores Mineros, Metalúrgicos y Similares de la República Mexicana perdió la titularidad del Contrato Colectivo de Trabajo con el Grupo México, que se le entregó al Sindicato Nacional de Trabajadores de la Exploración, Explotación y Beneficio de Minas de la República Mexicana (SNTEEBMRM), del *charro* Rupertino García Reyes, uno de los dirigentes de la llamada Alianza Sindical Mexicana, que impulsó el gobierno de Vicente Fox.

7.- 28 de octubre de 2012. Aunque en el tercer trimestre de 2012 frenó el acelerado crecimiento del sector minero, entre enero y septiembre de 2012 las dos principales empresas mineras que cotizan en la Bolsa Mexicana de Valores (BMV), Grupo México y Peñoles, obtuvieron, en conjunto, utilidades netas por 28 mil 984 millones de pesos. En un ejercicio comparativo, Susana González, reportera de *La Jornada*, encontró que esa cantidad representaba 45 por ciento del presupuesto anual de Oportunidades e igual porcentaje del Seguro Popular, los dos principales programas sociales del gobierno de Felipe Calderón, a los cuales fueron asignados 63 mil 873 y 64 mil 402 millones de pesos, respectivamente.

8.- 27 de enero de 2013. La cooperativa minera Veta de Plata acusa a Napoleón Gómez Urrutia de manipular los estatutos de la organización para crear la figura de presidente vitalicio, además de contar con derecho de veto y de voto para cualquier asunto con el que esté en desacuerdo; y establecer residencia en cualquier parte del país o del extranjero si siente amenazada su integridad física o su vida.

9.- Febrero de 2013. Con todo el poder en manos del equipo del presidente Enrique Peña Nieto, la Junta Federal de Conciliación y Arbitraje hizo público un laudo o resolución, dictada el 26 de octubre de 2012. Ordenó al sindicato minero de Napoleón Gómez Urrutia repartir 54 millones 84 mil 470 dólares a miles de trabajadores que laboraron para Minera Cananea. Luego de siete años de litigio, la junta resolvió favorablemente las demandas presentadas por varios grupos de trabajadores, que alegaron que el sindicato nunca les entregó los recursos que habían sido depositados para su beneficio por el consorcio Grupo México en un fideicomiso, los cuales quedaron bajo control del gremio a partir de marzo de 2005, con la autorización del extinto secretario del Trabajo, Carlos Abascal Carranza.

El laudo o sentencia de la Junta Especial Número Diez de la Junta Federal de Conciliación y Arbitraje no deja dudas: "Se condena al Sindicato Nacional de Trabajadores Mineros, Metalúrgicos y Similares de la República Mexicana a hacer efectivo en favor de los actores el derecho a beneficiarse de la distribución proporcional y equitativa de la cantidad de 54 millones 84 mil 470 dólares, que el extinto fideicomiso 10964526 entregó al sindicato el 3 de marzo de 2005, pagadera en moneda de curso legal".

10.- Viernes 15 de marzo, un tribunal federal ordenó por cuarta ocasión la captura de *Napito* y su tesorero Héctor Félix Estrella, por la presunta disposición ilegal de 55 millones de dólares del fideicomiso en cuestión. El magistrado Enrique Escobar Ángeles, del Sexto Tribunal Unitario Penal del D.F., consideró que la acusación que presentó la PGR contra Napoleón y su colaborador reúne indicios suficientes para librar un mandato de captura. La decisión, sin embargo, tampoco es definitiva.

SIETE AÑOS DESPUÉS de la explosión de la mina de carbón en Pasta de Conchos no hay culpables, Fox descansa en su rancho de Guanajuato; *Napito* mantiene su autoexilio de Vancouver, el Hollywood de Canadá; Calderón se halla cómodamente en Estados Unidos; los barones mineros hacen dinero, a manos llenas; el gobierno no ha ratificado los convenios de la Organización Internacional del Trabajo relativos a la inspección en el trabajo y la seguridad y salud en la minería; y los obreros de las minas siguen igual, en el olvido, en la miseria.

Capítulo VII

El *lobito jodido* de la CTM

Joaquín Gamboa Pascoe no nació pa' pobre ni encaja en las definiciones de diccionario; su gusto por los casimires finos, camisas de diseñador, zapatos de pieles exóticas, restaurantes caros, autos de lujo —Mercedes-Benz o BMW—, así como su residencia en El Pedregal de San Ángel o sus aficiones a la cacería y el golf ofrecen elementos para afirmar que este senador priista y secretario general de la Confederación de Trabajadores de México (CTM) cumplió su palabra cuando en una ocasión, a finales de la década de 1980, le espetó a una reportera: "¿Qué, porque los trabajadores están jodidos yo también debo estarlo? A mí nunca me verán descalzo ni de guaraches".

Aquella sentencia muestra a un dirigente obrero, que jamás fue obrero, falto del carisma de su maestro Fidel Velázquez Sánchez; lejano de aquella lengua larga y afilada de su predecesor Leonardo Rodríguez Alcaine, que tan morbosamente atraía a los periodistas, y carente del rico e infame pasado de su fallecido protector Jesús Yurén Aguilar; Gamboa Pascoe es un "político" seco y hermético, cuya vida guarda cualquier cantidad de secretos; sobre él corren las más turbadoras historias desde que en las décadas de 1970 y 1980 llegaba a sus oficinas del Senado de la República a bordo de lujosas limosinas Cadillac y Lincoln de importación.

Viejos cetemistas, quienes lo conocen, y crónicas periodísticas que han retratado su vida laboral, desde que en la década de 1940 lo acogió Yurén Aguilar como su ayudante, asesor y chofer en la Federación de Trabajadores del Distrito Federal (FTDF), coinciden: es un político ambicioso, desconfiado, colérico y muy descuidado, alguien a quien sí le ha salido para comer y para comer bien. Y vaya si lo es… en dos ocasiones ha sido involucrado en sendos cargamentos de contrabando —fayuca, se le dice llanamente—. El primero, procedente de India en 1980 y, el segundo, de Estados Unidos en 1982, ambos durante el sexenio de José López Portillo, quien gobernó del 1 de diciembre de 1976 al 30 de noviembre de 1982.

En su momento, él mismo se ha encargado de negar todas las acusaciones —éstas incluyen la de sacadólares— y atribuirlas a maquinaciones de sus enemigos e intrigas colaterales. Por ejemplo, el 24 de febrero de 2009, en una rueda de prensa, las atribuyó a la publicidad negra, a una campaña de desprestigio. "Lo que pasa es que hay mucha publicidad negra: los líderes que se hinchan de dinero, que los líderes… que su mamá de los líderes… ¡ya estaría bien que le hablen a la mamá de otros, no a la nuestra todo el tiempo!"

Pero, como escribieron en junio de 1982 los periodistas Óscar Hinojosa, Francisco Ortiz Pinchetti y Manuel Robles, "el líder senatorial —para esa época era presidente del Senado de la República— no necesitaba ser desprestigiado: sus propios actos a lo largo de su carrera sindical y política lo han desprestigiado. […] Su fama de millonario no es producto de una herencia, sino de una corta carrera como defensor de los derechos obreros y como representante popular".

Si bien el éxito no se le ha dado en maceta, la fortuna le ha sabido sonreír al diputado y senador— en dos ocasiones—. Y aquí, en el Senado, le fue mejor porque no era un simple legislador, sino el presidente de la Gran Comisión. Aunque por otro lado, carga con el estigma de ser un doble perdedor. En 1973, cuando el PRI ganaba todo, no pudo ser diputado por tercera ocasión porque lo derrotó limpiamente el panista Javier Blanco Sánchez. Apadrinado por Fidel Velázquez, la cúpula priista perdonó a Gamboa y, en 1976, llegó al Senado, también con la bendición de López Portillo.

En 1988 se sintió el elegido —en realidad las listas fueron aprobadas por el presidente Miguel de la Madrid y palomeadas por el equipo priista que disputaría la elección presidencial, encabezado por

Carlos Salinas de Gortari— y se presentó de nueva cuenta como candidato. Su terquedad le costó. Los obreros salieron a votar por el Frente Democrático Nacional (FDN) y "su escaño" fue ocupado por Porfirio Muñoz Ledo.

Abogado por la Universidad Nacional Autónoma de México (UNAM), compañero de generación del extinto presidente López Portillo, de la "famosa" generación de 1939, y cercano al ex presidente Luis Echeverría Álvarez, Gamboa Pascoe, pues, carga con la fama de ser hombre de mucho glamour, *Figurín* y *Dandy* lo llegaron a llamar.

Desde sus inicios se insertó muy bien en una burguesía burocrática sindical, cuya escandalosa prosperidad no proviene del comercio ni de la industria, menos del trabajo artesanal, sino del ejercicio del poder corporativo y la carrera política. Hay quienes insisten que se ha sometido a algunas cirugías plásticas como su ex par, la hoy presa Elba Esther Gordillo Morales, pero a nadie le ha interesado investigar si es verdad porque eso es lo menos importante de su vida política y laboral, tan *rica*, que a su ascenso por el consabido dedazo como secretario general de la FTDF, a la muerte de Yurén, asumió poderes dictatoriales. Y entre sus acciones execrables se recuerda todavía la represión para aniquilar el movimiento democrático de trabajadores de la Comisión Federal de Electricidad (CFE). Y en 1996, la Asociación Mexicana de Ejecutivos en Relaciones Industriales (AMERI) lo acusó de hacer negocios con los créditos del Infonavit. "A los grandes sindicatos les interesa continuar participando en la Asamblea General [del Infonavit], porque por esa vía algunos líderes, como el de la Federación de Trabajadores del D.F., Joaquín Gamboa Pascoe, han hecho importantes negocios".

EL "VERDADERO" ROSTRO DE JOAQUÍN

La vida de Gamboa está llena de misterios; en ocasiones produce la sensación de vacío y de contradicción. Dicen que es el más acaudalado de los líderes sindicales mexicanos, pero conserva la réplica y el concepto desde el que se define a cada uno de ellos. Así, cuando se piensa en el término *líder sindical*, lejos de asociarlo con la persona que vela por los derechos e intereses de los trabajadores a quienes representa, inevitablemente llegan a la memoria imágenes: las más socorridas, si bien desprestigiadas, diputado, senador, poder; y adjetivos cuyo significado dice lo contrario a la definición tradicional: cacique, *charro*, manipulador, vividor del sistema, golpeador millonario, ostentoso y explotador.

El resultado: millones de trabajadores que viven en la pobreza, otros medianamente y muchos más se conforman con sobrevivir. Este ejemplo concreto lo protagonizan la CTM[6] y Gamboa, considerado el "líder" más conservador, tradicional y representativo del *charrismo* trasnochado mexicano de una política muy borrosa que lo encumbró para codearse con la élite política y empresarial, y asegurarse un patrimonio lleno de lujo y comodidad.

Sarcástico, en agosto de 2005 Guillermo Sheridan —autor de *El dedo de oro*, una novela sobre el movimiento obrero que publicó en 1996— escribió sobre él: "Pasmosamente millonario gracias a su cotidiano tesón y a su paciencia laboral, el patrón Gamboa Pascoe enseña al obrero que todo es posible. Que puede trasladarse de su mansión en el Pedregal a la sudorosa usina en un Lincoln negro. Que su traje Gucci puede albear entre los chorros de hierro fundido, las vetas de carbón y el feroz géiser de petróleo. Que si la gota laboriosa humedece su sien, puede secarla con un pañuelo Escada. Que si la mancha de grasa ofende su zapato Chanel, puede ir a comprar otro a Dallas. Que cuando llegue la merecida hora de tragar, sacará de su

---

[6]Hipotéticamente la CTM tiene como principal objetivo defender los derechos laborales de los trabajadores, garantizando una buena relación obrero-patrón. Su poder se concentra en el número de sindicatos incorporados a ella y que lo tienen como un abogado o defensor frente a cualquier abuso, ya sea con el sector empresarial e incluso con el Estado. Se puede pensar que juntos conforman una gran familia sindical. En la práctica o vida real esta confederación funciona como un instrumento de poder corporativo que centra sus objetivos en las prioridades del sistema gubernamental. No debe olvidarse que la Confederación de Trabajadores de México surgió en 1936 con la intención de organizar a los trabajadores bajo la tutela del Partido de la Revolución Mexicana (PRM) que después, en 1946, se convirtió en el PRI.

lonchera Louis Vuitton su langostita con su champañita. Que cuando se canse del trajín, puede volar a Alaska a matar ositos polares. ¡Que como el nuevo chef puede usar chiffon; que como el del nuevo boss, su overol será Hugo Boss!

"¡Qué estímulo ejemplar para 6 millones de pujantes cuanto infelices obreros famélicos que la ruta hacia el paraíso de la clase obrera sea señalada por la prótesis enjoyada de su líder/patrón! ¡Algo le dice al obrero, en la ruda batalla de la producción, que no sólo cuida de él, sino que es viviente prueba de que el trabajo rinde fruto insospechado!"

Como si su riqueza no se notara, cuando habla sobre la crisis económica y malas condiciones laborales se asume en el mismo barco de los trabajadores —"a nosotros qué nos van a venir a contar de los problemas económicos de México, si somos de los que más los han sufrido"—, cuando es bien sabido que a don Joaquín —como muchos lo llaman— le gusta distinguirse de entre sus representados con objetos de mucho valor como el "humilde" reloj en oro amarillo que usó la mañana del miércoles 19 de febrero de 2009 para su toma de posesión como presidente del Congreso del Trabajo (CT).

Era una joya de producción limitada, con movimiento cronógrafo, valuada en 70 mil dólares. Aquel día, el flamante líder salió a bordo de su auto más modesto, un Chrysler 300 modelo 2008 gris plata con asientos de piel, calefacción y sistema de sonido de siete bocinas, cuyo costo oscilaba en 320 mil pesos. Imágenes y crónicas como la del periódico *Reforma* guardan ese precioso historial.

Entre iguales, sus pares no se quedaron atrás: presidente de la Federación de Trabajadores al Servicio del Estado (FSTSE), Joel Ayala Almeida subió a su Lincoln Navigator 2007 de, al menos, 680 mil pesos, con aire acondicionado automático, asientos de piel y ganchos para abrigos al color de las vestiduras, y el líder ferrocarrilero Víctor Flores Morales —ex presidente del Congreso del Trabajo— se alejó en una Ford Expedition Max, de medio millón de pesos; también, asientos de piel con calefacción, aire acondicionado y un sistema DVD en la parte trasera.

Nadie duda que Gamboa Pascoe conozca la pobreza: la reconoce en los rostros de los obreros cetemistas que acuden a sus congresos, conferencias cumbre; la descubre en sus ropas, en la manera en que llegan —apretujados en un camión—; la entiende como una circunstancia que, para su fortuna, marca la diferencia entre él y ellos, los obreros, los *jodidos*.

De allí su filosofía: ser líder de los trabajadores no implica estar igual de *jodido*, ni tampoco vestir de guaraches. Por eso a nadie sorprende la declaración que le hizo a Felipe Calderón Hinojosa, en la residencia oficial de Los Pinos, cuando fue por la toma de nota que reconocía su reelección como líder de la CTM: "Aunque nos quede la tripa a medio comer, estamos primero por México que por otros intereses", que se traduce como: "Aunque los trabajadores estén con la tripa a medio comer, estoy primero por los intereses del Estado que por los suyos".

Calderón ya lo sabía —las promesas para mejorar las condiciones laborales forman parte de un discurso viejo y trillado, palabras, ríos de palabras—, y se notó la primera vez que visitó la sede de la confederación para prodigar la propuesta de su gobierno panista de cómo mejorar la precaria situación de los trabajadores: "A mayor productividad y competitividad de la economía, tiene que haber más ingreso también". La pregunta de algunos cetemistas fue espontánea. El ¿cuándo? ¿cuándo? ¿cuándo? se escuchó como un eco ignorado por Felipe, quien siguió, inmutable, leyéndoles su discurso.

Ese día —24 de febrero de 2007— era una prueba de fuego para el líder cetemista. Necesitaba demostrar que tenía el control de sus agremiados, y qué mejor que con una calurosa bienvenida al presidente Calderón. Gamboa intentaba evitar, a toda costa, que se repitiera el mal recibimiento que habían dado, algunos años atrás, a Vicente Fox Quesada. No aguantaría otro bochorno.

La orden fue clara: "Todos preparados para recibirlo como se merece"; es decir, con aplausos y las frases eufóricas, "Calderón, amigo, la CTM está contigo", "Calderón, amigo, Nuevo León está contigo", "Con este presidente, Joaquín está presente", "Compañero, te lo digo, Calderón es nuestro amigo", "Con CTM, hasta el fin, Calderón y don Joaquín", "La CTM se siente, está con el presidente". Era la porra oficial cetemista con los acarreados de Nuevo León. Cada uno había recibido 500 pesos —aunque los hubo de 3 mil y un poquito más—, además de los gastos para hotel y alimentación.

Por segunda vez, el auditorio Fernando Amilpa Rivera —sede de la Confederación de Trabajadores de México, ubicado en el centro del Distrito Federal— sirvió de escenario para recibir a un presidente panista. Para tal evento, se citó a más de 2 mil delegados quienes, eufóricos, esperaron la llegada de Calderón al ritmo de la banda El Recodo, Merenglass y la cadencia de tres sensuales bailarinas. Como buen político, Gamboa Pascoe hizo lo propio: "No es alarde, pero la CTM fue la primera que, acorde con esta línea, reconoció plenamente el triunfo del presidente Felipe Calderón". Montado en su nube de ensueño, Felipe regresó el halago y dijo sentirse muy contento con el reconocimiento a las instituciones de la República, a pesar del origen priista de la CTM.

Gamboa aprendió hace mucho a ser un sindicalista adaptable, aprendió el valor de la ambivalencia. Tiempo después, el 24 de febrero de 2013, la historia de la visita de Calderón se repetiría en el auditorio Fernando Amilpa Rivera con el mismo protocolo, la misma euforia, las mismas porras, pero con diferente invitado: el mexiquense Enrique Peña Nieto. Se le recibió con singular alegría no sólo porque se unía al festejo del aniversario número 77 de la confederación, sino porque el PRI estaba de regreso en Los Pinos.

En medio de las aclamaciones "Enrique, papucho, Nuevo León te quiere mucho" y "Peña, amigo, Nuevo León está contigo", se distingue la voz del líder cetemista. Montado en aires de buen orador —que ha decir verdad nunca se le dará o la voz ya lo traiciona por la edad— le da al priista mexiquense "De la Peña" la bienvenida a su casa con su familia cetemista y, ya encarrilado, se preocupa por aclarar que la CTM "una organización limpia y políticamente fiel al PRI, lo obedecerá durante todo su sexenio". Presume de que a pesar de que muchos "corazoncitos" latieron por llegar a la Presidencia de la República, los 4 millones de afiliados a la CTM sólo escucharon el de Peña y lo ratificaron en las urnas de las elecciones de julio de 2012. Sólo Gamboa es capaz de creer eso.

Al igual que su antecesor, Enrique hace lo propio, recurre a la retórica para enaltecer a Joaquín: "Vengo aquí, también, a hacer un público reconocimiento a esta gran confederación que lidera un hombre con capacidad, con talento, con sensibilidad política, que ha sabido armonizar los esfuerzos de todas las partes de esta gran central obrera, y que han tomado por pronunciamiento su adhesión al Pacto por México". Y atribuye a los cetemistas el fortalecimiento de la estabilidad económica.

"¡Oro, oro, oro, Joaquín es un tesoro!", gritan los trabajadores a su líder, como para que escuche, clarito y bien, la comitiva que acompaña al presidente "De la Peña", encabezada por el secretario del Trabajo y Previsión Social, Alfonso Navarrete Prida. Y a los costados, las crónicas lo reflejan, "sentados decenas de líderes sindicales de antaño. La mayoría de ellos mayores de 70 años, quienes son arropados por tres fotografías enormes de sus tres últimos dirigentes: Fidel Velázquez, Leonardo Rodríguez Alcaine y Gamboa Pascoe. [...] Este último califica a Peña como un priista que llegó al poder por su 'juventud de hombre experimentado', así que espera que esa vitalidad lo lleve a dar resultados. El presidente de la República se sonroja y en el salón surgen los aplausos y los ¡Papucho!"

En ese duelo de elogios, tanto Gamboa como Peña omitieron explicar a los más de 2 mil delegados que el Pacto por México tiene, entre otras cosas, como trasfondo una reforma laboral que favorece la contratación de trabajadores a través de terceros —*outsourcing*—, que nada hace por combatir la corrupción, el "coyotaje", los bajos sueldos, la problemática que enfrentan los empleos que subsisten sin un salario base y que, por lo tanto, no cuentan con seguro social ni con prestaciones de ley; una reforma cuya prioridad es proteger a los dueños de gasolineras, grandes restaurantes e importantes cadenas de supermercados. En otras palabras, una reforma que favorece los intereses del patrón.[7]

[7] De acuerdo con la Confederación Sindical Internacional del Trabajo (CSI), considerada como el mayor movimiento sindical en el mundo cuya sede está en Bruselas, Bélgica, la reforma constituye un retroceso para México y una violación a los convenios de la Organización Internacional del Trabajo (OIT), pues carece de consulta a los trabajadores, aumenta la inestabilidad en las relaciones laborales y no atiende las demandas por una mejora de los derechos de los trabajadores mexicanos. Consultado en http://www.reforma.com/ el 18 de abril de 2013.

Y es en esto último donde se respaldan las ganancias de muchos líderes obreros. Hace tiempo dejó de ser un secreto que la fuente de algunas riquezas se encuentra en los contratos de protección. De acuerdo con señalamientos que ha hecho en su momento el doctor en Derecho Laboral, José Bouzas Ortiz, del Instituto de Investigaciones Económicas de la UNAM, "de los 100 mil contratos de protección que están registrados ante la Junta Local de Conciliación y Arbitraje en el Distrito Federal, unos 40 mil llevan la firma del dirigente de la CTM y cada uno de ellos ampara a unos 30 trabajadores. Estamos hablando de 1.2 millones de obreros a los que Joaquín Gamboa Pascoe no puede ver a la cara ya que vive de ellos, de haber vendido ante las empresas sus derechos laborales".

En la lista de los negocios que se le achacan al líder de la CTM también destaca la concesión de créditos y contratos para la construcción de más de 50 mil casas de interés social, que no es poco y, menos si se toma en cuenta que fueron construidas en terrenos de su propiedad. Las mismas que él presume como un beneficio para los trabajadores, "un conducto de justicia social, de que vivan en sus propias casas, de que no vivan en mazmorras de un tamaño que resultara risible".

El comienzo; "despotismo feudal"

Apenas egresó de la UNAM, Gamboa Pascoe se dedicó a litigar. La vida y sus relaciones lo llevaron hasta Jesús Yurén Aguilar —un histórico de la CTM—, quien lo hizo asesor de la Federación de Trabajadores del Distrito Federal —la delegación capitalina de la CTM y la más importante de esa central obrera en todo el país— y siempre será un misterio el porqué, en 1958, Fidel Velázquez llevó a Gamboa como compañero de fórmula para buscar la diputación federal por un distrito de la Ciudad de México.

Fidel tenía capacidad para embelesar a mucha gente, pero cualquier cosa quedaba pequeña cuando se hacía público que la CTM, la mayor organización obrera, tenía empresas valoradas en miles de millones de pesos, manejadas por líderes sindicales; desde luego, controlados por él, que necesitaban asesores en todos los niveles. Y Gamboa Pascoe, un hombre muy habilidoso y lleno de ambiciones, encajaba bien en todos los proyectos y el futuro cetemista.

Sobre cuál era el nivel de recursos de la CTM o su poderío económico, además de la titularidad de los contratos colectivos de trabajo que controlaba, es casi imposible saberlo por las leyes que amparan la secrecía sindical, pero en 1984 —cuando ya el presidente Miguel de la Madrid tenía dos años afianzando el neoliberalismo y había decaído el poder de Fidel Velázquez— se develaron algunos secretos que mostraban a líderes obreros enquistados como patrones en el sector empresarial.

La primera semana de marzo de 1984 se dio a conocer en una rueda de prensa que "con sus 63 mil millones de pesos de activos fijos —que lo colocan en el segundo lugar de las instituciones fiduciarias en el país— el Banco Obrero se convertirá en el brazo financiero del movimiento obrero para adquirir empresas. En los próximos meses, de acuerdo con Fidel Velázquez, se invertirán los primeros 6 mil millones de pesos para la adquisición de importantes negociaciones".

Era de dominio público que el Banco Obrero lo controlaba Fidel Velázquez, quien en 1981, desde la dirección general de esa institución —con el apoyo de De la Madrid, entonces precandidato presidencial priista— se lanzó a la conquista de la gubernatura del Estado de México, a través de su ahijado Alfredo Hilario del Mazo González. Velázquez se impuso, a pesar de la reticencia del gobernador Jorge Jiménez Cantú y del profesor Carlos Hank González, cabeza del fantasmal Grupo Atlacomulco.

Gustavo Romero Kolbeck, director general del banco, dijo aquel marzo de 1984 que la CTM se enfocaría en la adquisición de empresas estatales que, paulatinamente, se pondrían a la venta. Ése fue un indicio porque tres semanas más tarde, el 24 de marzo se dio a conocer en la revista *Proceso* que la CTM echaría mano de "todos sus recursos para fortalecerse. Su actividad ya no se limita a los asuntos gremiales y políticos. Está decidida a tener una participación más activa en la economía y para ello reorganiza sus empresas, que con todo y que están dispersas, representan un capital superior a 200 mil millones de pesos. [...] Pero se ha encontrado con varios problemas. El principal, que la mayoría de las empresas obreras ha sido manejada, hasta ahora, como negocios privados de los propios líderes. De ahí que los obreros no sepan cuántas son, qué producen o cuánto valen. [...] En la mayoría de los casos, los líderes sindicales, sobre todo los más poderosos, tienen cuidados de no informar sobre las empresas que manejan sus organizaciones. Cuando lo hacen, no dan detalles de su producción ni de sus utilidades".

Fidel era un hombre casi arcaico —tanto que a lo largo de su vida llenó 18 tomos con los cartones que le dedicaron los caricaturistas mexicanos, de todos los periódicos—, pero se había convertido en una leyenda viviente desde que se apoderó de la confederación en la década de 1940, se deshizo de todos sus rivales, incluido Vicente Lombardo Toledano y negociaba directamente con los presidentes de la República.

La disciplina, la discreción y la lealtad al viejo líder cetemista lo recompensaron casi de inmediato. Tres años más tarde Joaquín Gamboa Pascoe llegó al Congreso de la Unión con una diputación cetemista. Lo mismo sucedió en 1967, aunque hasta entonces sus mayores ingresos provenían de las asesorías sindicales y sus negocios por fuera. Esos asuntos personales se multiplicaron con la creación del Instituto del Fondo Nacional de Vivienda para los Trabajadores (Infonavit) en 1971, que en su primera etapa permitía a los dirigentes laborales anchos márgenes de utilidad en la concesión de créditos de vivienda y contratos de construcción.

Con la protección absoluta e incondicional de Yurén y de Velázquez, amistades como las de López Portillo y Echeverría, y su bien desarrollado sentido del oportunismo político, su carrera despegó. El 6 de diciembre de 1998, en el suplemento *Masiosare* del periódico *La Jornada*, Jesusa Cervantes advirtió que tras la modificación de la Ley del Infonavit en 1980 "Gamboa Pascoe tuvo manga ancha para hacer negocios en forma legal, pues como líder obrero tenía la facultad de formular proyectos, hacer presupuestos, comprar terrenos, contratar constructores y conseguir licencias.

"Así, Gamboa —quien desde entonces era el presidente del Consejo Consultivo— favoreció al grupo constructor Araña, encabezado por Jesús Yurén Guerrero, hijo de su antecesor en la Federación de Trabajadores del Distrito Federal. El Grupo Araña estaba conformado por seis empresas que llegaron a construir, entre 1974 y 1988, 60 mil casas. Después de ese año Gamboa Pascoe los hizo a un lado y optó por la constructora Capra de Yamil Karam".

Cuando fue cuestionado sobre los malos manejos que se hacían con los contratos del Infonavit, Gamboa sólo acertó a decir: "Lo que se dio entre las sábanas ya no es asunto mío, aquí en el Infonavit lo que hicimos fue verificar que todo fuera legal, y así fue".

A Joaquín se le puede criticar su falta de arraigo entre la clase obrera —él nunca lo fue—, de ser enemigo de los derechos laborales o de entreguista, pero nunca de improvisado. Muy por el contrario, su habilidad para convertir lo ilegal en *legal* tiene como respaldo —teórico— ser abogado de profesión. También ha sabido rodearse de la gente adecuada que le ha enseñado la práctica. Por ejemplo, cuando aún estaba estudiando su carrera se hizo amigo de Francisco Márquez, dirigente del sindicato textil, con quien aprendió el mecanismo que hacía funcionar a los sindicatos.

Su especialidad en negocios le valió para ser considerado por Jesús Yurén Aguilar —uno de *los cinco lobitos*[8]— como asesor jurídico permanente de la Federación de Trabajadores del Distrito Federal cuya dirigencia alternaba con Fidel Velázquez, como lo hacían también en un escaño senatorial de la Ciudad de México. Con este encargo de

---

[8]Grupo conformado por Fidel Velázquez, Alfonso Sánchez, Jesús Yurén, Fernando Amilpa y Rafael Quintero, dirigentes de la Confederación Regional de Obreros Mexicanos (CROM), quienes se convirtieron en leyenda tras enfrentarse al cacique Luis N. Morones y renunciar a esta poderosa confederación. Se cuenta que en una asamblea éstos se levantaron de sus asientos para mostrar su deserción y mientras algunos pedían que se quedaran, Morones alzó la voz para decir: "¡Déjenlos que se vayan, compañeros!, ¡sólo es la *pelusa* que se va! ¡son cinco miserables lombrices, que al marcharse dejarán crecer con mayor libertad el frondoso árbol de la gloriosa CROM!" Pero alguien de la concurrencia contestó: "¡No, compañero Morones! ¡No son cinco lombrices, por el contrario, son *cinco lobitos* que al crecer le comerán a usted el mandado". Y así se hizo: fundaron la CTM. Consultado en ctmorganizacion.org.mx/CincoLobitos.htm el 19 de abril de 2013.

asesor permanente, no tardó en ganarse la amistad y confianza plenas de Velázquez Sánchez, quien vio en él a un hombre con muchas posibilidades. Y en 1972 lo impulsó como representante de la CTM en el consejo de administración del Infonavit, donde labró una historia de corrupción que nunca se pudo quitar.

Crónicas y reportajes sobre su encumbramiento en la CTM, advierten que, sin el menor prejuicio, no sólo se dedicó a negociar con los créditos y contratos de construcción, sino que también aprovechó para colocar a sus hijos en puestos clave. Por ejemplo, a Joaquín Gamboa Enríquez lo integró a la Comisión Consultiva Regional del Distrito Federal, que se encargaba de buscar los terrenos para la construcción; y a Héctor lo hizo gerente de Fiscalización y Cobranza.

Bajo la protección de Velázquez —que bien puede considerarse como la estrella de buena suerte que nunca lo abandonó— probó las penurias del poder, pero también las mieles. A la muerte de Yurén Aguilar, en agosto de 1973, y un mes después, en septiembre y supuestamente por deseos expresos de Yurén, Fidel Velázquez lo impuso como dirigente de la FTDF —"¡Pascue!, para nosotros los trabajadores es Pascue"—, a pesar de la amenaza de una docena de líderes que prometieron irse si llegaba Gamboa. Nada lo hizo desistir.

Fue así como hizo a un lado a los tres cetemistas que esperaban en la línea de sucesión: Leopoldo Cerón, Antonio Mayén y Leopoldo López. Ya era un hecho, Fidel también había puesto sus esperanzas en quien, por mucho tiempo, había cargado los portafolios de Yurén. Cerón, Mayen y López formaron un grupo fuerte al que se sumaron Carlos L. Díaz —adjunto de Yurén y el que seguía en la línea sucesoria—, Luis Díaz Vázquez, Catarino Rivas, Pedro Rosas y dos compañeros más identificados como los hermanos Galván.

Fidel tenía sus razones personales: "Debe ser Joaquín, yo con la Federación muevo a la CTM". Y sí, desde 1941, él controlaba la organización. Aquel año instauró su *maximato* con el apoyo y autorización del presidente Manuel Ávila Camacho, que luego afianzaría por instrucciones del sucesor de éste, el veracruzano Miguel Alemán Valdés.

Derivado del conflicto por la imposición de Gamboa Pascoe como sustituto de Yurén Aguilar, los rebeldes tenían elementos en común e hicieron lo impensable o, en definitiva, se lanzaron al vacío porque consignaron a Fidel Velázquez ante la Comisión de Honor y Justicia de la CTM por "abuso de autoridad sindical, porque ha permitido que subsista la imposición de líderes, como un mentís a la democracia sindical [...] los hechos convierten al señor Velázquez en delincuente del orden sindical y lo imposibilitan legal y moralmente a seguir medrando en las filas del movimiento obrero".

Cuando finalmente se asentaron los ánimos, aquellos disidentes ya estaban fuera de la Federación de Trabajadores del Distrito Federal y Gamboa Pascoe, a quien los cetemistas de la Ciudad de México consideraban el *bufón de Yurén*, despachaba con la tranquilidad de ser el protegido de Fidel, en su feudo de la FTDF. Y lo de bufón no era simple retórica ni un chisme de vecindad. Los dirigentes de la organización lo recuerdan como el cuentista que entretenía a Yurén y a su hijo, Jesús Yurén Guerrero. Y por eso, le formó una sección especial, la 23, con trabajadores fallecidos. En otras palabras, una sección fantasma porque no tenía ninguna relación con los obreros, fuera de lo profesional, como abogado.

Nueve años más tarde, en marzo de 1982, cuando la FTDF caía en un barranco sin fondo y perdía por docenas la titularidad de contratos colectivos de trabajo, Leopoldo López —uno de aquellos rebeldes que se enfrentaron al monstruo de Fidel y abandonaron las filas cetemistas capitalinas— abrió la vieja herida. En una entrevista con los periodistas Guillermo Correa y Salvador Corro habló sobre la personalidad de Joaquín Gamboa Pascoe: "Déspota, negativo, soberbio, la divina envuelta en huevo y siempre con la mejor suerte del mundo. [...] Cuando era estudiante de Leyes se le metió a Yurén desde el sindicato textil. Pronto y por muerte de un compañero, se hizo de contratos sindicales con empresas importantes, como Televisa, la Rambler —ya desaparecida— y Chrysler". Y esta última empresa es fundamental porque se convirtió en el refugio de la familia de Fidel Velázquez Sánchez, a través de Hugo Díaz Velázquez —secretario general de ese sindicato automotriz por más de dos décadas— y luego el hijo de éste, Hugo Díaz Covarrubias.

Por si hiciera falta, aquella imposición que le costó a la CTM defeña la deserción inmediata de al menos 180 mil trabajadores y la consolidación de su rival Confederación de Trabajadores y Campesinos (CTC), que tenía las mismas mañas —grupos de choque y un mejor sistema de infiltración— mostró que el músculo de Fidel Velázquez estaba intacto, al menos en lo interno. Nada hacía pensar que algún día éste despacharía más en áreas de terapia intensiva de costosos hospitales privados o el Militar —porque para ellos no funcionan el IMSS, el ISSSTE y, mucho menos, algunos públicos gratuitos como el Hospital General y el Rubén Leñero— que en sus oficinas de Vallarta y Plaza de la República, allí, frente al Monumento a la Revolución. Mucho menos podían imaginarse que, un día, sobre su lengua recaería la maldición de Casandra —nadie creería jamás en sus pronósticos ni lo escucharía; cómo si a él mismo lo hubiera escupido el dios Apolo.

Haciendo acopio de su piel de camaleón, Fidel vivió, sobrevivió y sirvió a diez presidentes de la República emanados del PRI. Fue, como lo llamaban, el poder tras las gafas. Casi siempre encontró las formas, a través de grupos de golpeadores organizados en torno a la CTM, de conseguir votos para el PRI, hasta el día de su muerte el 21 de junio de 1997, a los 97 años de edad, en la Ciudad de México.

Hasta la fecha, no hay quien pueda explicar tan profunda lealtad de Fidel Velázquez por quienes adoptaba como sus protegidos, sin duda una forma de ser que lo caracterizó o una manera de mostrar que había escogido a los alumnos perfectos. No sólo fue el caso de Gamboa: el líder de los telefonistas Francisco Hernández Juárez, el refresquero Armando Neyra Chávez y el electricista Leonardo Rodríguez Alcaine, así como el sobrino Hugo Díaz Velázquez y el hijo de éste, Hugo Díaz, dueños del sindicato de la Chrysler, forman parte de ese grupo selecto. Todos ellos probaron parte de esa forma de ser. Como elegido, Gamboa terminó de pulir su imagen exhibicionista de político millonario, prepotente e intolerante, pero no pudo quitarse su particular forma dicharachera de hablar, razón por la que fue catalogado como el *Jilguerillo* de Fidel.

Velázquez dio nueva cuenta de la protección a Gamboa cuando el presidente José López Portillo removió en 1976 a *El Negro* Carlos

Sansores Pérez de la Presidencia de la Gran Comisión del Senado —una defenestración por su pasado echeverrista—, para enviarlo a cualquier lado. Lo habría querido regresar a Campeche, aunque terminaron ocupándolo en la Dirección General del Instituto de Seguridad y Servicios Sociales para Trabajadores del Estado (ISSSTE). Por recomendación de Fidel, aquel año Gamboa Pascoe fue enviado a ocupar el lugar de Sansores en la XLVII Legislatura.

Una vez que llegó a su nuevo puesto, Gamboa empezó a fomentarse un exquisito estilo de vida, que incluía el trato distanciado con la prensa, la ostentosidad en la forma de vestir y hasta hábitos muy particulares de alimentación —le gustaba tener comidas en sus oficinas del Senado, pero no de cualquier restaurante sino de *L'Heritage*—. No obstante, Velázquez ni siquiera imaginaba que había puesto a su pupilo en un lugar desde el que protagonizaría el segundo de sus escándalos, comúnmente llamado "La fayuca de los hornos de microondas".

Eso fue lo mínimo o, como dicen en el pueblo, lo demás fue lo de menos porque en junio de 1982, empleados del Senado —en la vieja casona de Xicoténcatl, ubicada en pleno centro de la Ciudad de México— hicieron pública una serie de irregularidades administrativas y laborales bajo la presidencia de Gamboa Pascoe. A salvo la reserva de sus nombres, desmenuzaron a la revista *Proceso* cómo éste —el dirigente obrero, que debía proteger sus derechos— se convirtió "en un patrón abusivo que llega a los extremos de violar las leyes laborales. Hinojosa, Pinchetti y Robles escribieron: "reiteradamente impugnado como político, desprestigiado como líder sindical, acusado de 'sacadólares' e involucrado en el escándalo del frustrado intento de introducir contrabando en el aeropuerto, Gamboa Pascoe es señalado, además de todo eso, como déspota explotador de los trabajadores del Senado.

"[...] Ha sometido a la mayoría de los trabajadores y empleados de la Cámara de Senadores a condiciones laborales leoninas, no sin pasar por encima de conquistas laborales históricas y coyunturales del movimiento obrero, algunas de las cuales ya nadie considera indebidas o desproporcionadas. [...] El hombre que ha manejado al

Senado con despotismo de señor feudal, que lo mismo ha lastimado a sus propios colegas que a modestos empleados y secretarias, no se ha dignado en autorizar el ajuste salarial del 10, 20 y 30 por ciento recomendado por la Secretaría del Trabajo y defendido con ardor por la propia Confederación de Trabajadores de México".

Los trabajadores fueron como una enciclopedia abierta que mostró a los reporteros del semanario detalles sobre cómo operaba Gamboa desde su llegada a la Presidencia de la Gran Comisión senatorial. Las secretarias carecían de beneficios mínimos como seguridad social y compensaciones. Nada. Y había trabajadores que ganaban un salario inferior al mínimo legal de 10 mil 920 pesos mensuales. Ése también era el caso de las secretarias, quienes percibían ingresos por 6 mil pesos. Gamboa, a quien le gustaba ser más identificado como presidente de una rama del Poder Legislativo —que tenía bajo control a 63 senadores del PRI y uno de oposición, Jorge Cruickshank García, del Partido Popular Socialista (PPS)—, se convirtió en un patrón abusivo y explotador.

"Pero no sólo con el personal administrativo ha sido arbitrario y despótico, el líder obrero. También con sus iguales, los senadores de la República. A algunos de ellos, por ejemplo, les ha negado, sistemáticamente la asignación de una secretaria. A pesar de que existen plazas en el escalafón de la Cámara Alta y que nadie sabe quién cobra. Según los informes, los senadores José Luis Escobar, Salomón González Blanco, Gustavo Baz Prada y Eliseo Jiménez Ruiz figuran entre quienes se han enfrentado a la negativa de Gamboa Pascoe de asignarles secretaria".

Lo de los senadores no fue queja menor. Y al margen de que ellos tuvieran ingresos suficientes para afrontar el pago de una secretaria particular, mostraba todo el poderío de Gamboa Pascoe. Ya después, a partir del sexenio de Miguel de la Madrid serían testigos mudos de que su poder real es muy limitado. Fueron obligados a ver desde muy lejos, bien apoltronados en sus oficinas burocráticas, el desmantelamiento de las conquistas sociales de los trabajadores. Indefensos o cómplices leales al gobierno, atestiguarían también la dramática pérdida del poder adquisitivo de los salarios.

Los escándalos, la caída
y la resurrección

Si bien muy pocos lo percibieron, Fidel Velázquez Sánchez se anotó una carambola de tres bandas—valga la expresión que se usa en el juego del billar— con la imposición de Joaquín Gamboa en la Secretaría General del Sindicato de Trabajadores del Distrito Federal. No se trataba de respetar la voluntad de su fallecido amigo Yurén Aguilar porque seguramente no le importaba, sino de sus planes propios en relación con el futuro de la CTM como un gran conglomerado de sindicatos o la mayor confederación gremial de México, y de su liderazgo.

Los empleados administrativos del Senado suministraron información para armar gran parte de la historia sórdida del presidente del Senado. Dieron suficiente, pero tela de donde cortar sobraba. De entrada y sin una base, además de la sección fantasma que le creó Yurén, Gamboa era un títere más en las manos de Fidel. Y se notó de inmediato porque de la Federación de Trabajadores del Distrito Federal salieron innumerables grupos de golpeadores para reprimir e intimidar sistemáticamente a trabajadores del movimiento democrático que encabezaba Rafael Galván en la Comisión Federal de Electricidad (CFE).

La campaña de los golpeadores de la CTM defeña de Gamboa Pascoe culminó en julio de 1976, cuando el mismo Fidel Velázquez diseñó un plan violento para reprimir y expulsar del sindicato a Galván y los galavanistas. Los "matones" de Gamboa abrieron paso para que nadie le diputara la titularidad del contrato colectivo de trabajo de la CFE al pistolero Leonardo *La Güera* Rodríguez Alcaine, el otro dirigente de la época protegido de Fidel Velázquez Sánchez. Como perros de presa, los golpeadores de la FTDF sirvieron para borrar cualquier indicio de insurgencia sindical entre los electricistas.

Durante los siguientes diez años, golpeadores de la FTDF también sirvieron para liquidar otros movimientos de sindicalismo democrático o independiente, aplastar huelgas, mientras la CTM negociaba con los patrones. Tal fue el caso de la embotelladora Pascual, los choferes del autotransporte público de pasajeros —explotados por los permisionarios y luego por el sindicato—, la empresa Effort, S. A., Ideal o Frenos Hidráulicos, así como Acermex y Carabela.

Como granadas, los escándalos de Gamboa Pascoe estallaban por día, valga la exageración. Algunos fueron ridículos, como los de contrabando —uno de India y otro de Estados Unidos que le atribuyeron como presidente del Senado—. Aunque se encargó de negarlos con la mayor vehemencia —"no es cierto, nada de lo que se expresa respecto a mí"— y atribuirlos a conspiraciones políticas de sus enemigos, una papa caliente le quemó las manos. Por el segundo, por muchos años se le conoció como el "legislador microondas" o el "diputado —si bien era senador— de la fayuca".

Las acciones humillantes para Gamboa empezaron tan pronto como en 1980. Y la historia se relata de la siguiente manera: aquel año, el gobierno de Indira Gandhi otorgó al entonces presidente José López Portillo un reconocimiento.Ególatra como era, aceptó y viajó a India para recibir tamaña distinción. Entre la numerosa comitiva que viajaba con él se encontraba el líder del Senado, Joaquín Gamboa Pascoe. La primera parte fue todo bien, pero, al regreso, el Estado Mayor Presidencial fue obligado a pedir prestado, a la Secretaría de la Defensa Nacional, un avión tipo *Hércules* porque las compras de los acompañantes de López Portillo sobrepasaban cualquier límite.

Como se esperaba, el *Hércules* llegó a tiempo para enviar al Aeropuerto Internacional de la Ciudad de México algunos "recuerdos" y otros "regalitos" para la familia que la influyente comitiva adquirió. Según algunos relatos, enloquecieron "con tanta belleza en marfil, oro, sedas y sándalo". El cargamento salió del hangar de la terminal aérea sin el menor pago de impuestos aduanales. Y gran parte era propiedad del presidente del Senado de la República, Joaquín Gamboa Pascoe. Con el poder de López Portillo en pleno, nadie se atrevió a cuestionar al poderoso legislador y dirigente obrero.

La "ceguera" no duró tanto. La última semana de mayo de 1982, Gamboa Pascoe pasó una de sus mayores vergüenzas cuando fue obligado a salir al paso para desmentir, tajantemente, como dijeron en su momento, que era uno de los legisladores que, al regreso de una visita oficial a Estados Unidos para una reunión interparlamentaria —la delegación mexicana estaba integrada por diez senadores y 16 diputados, acompañados por la esposa respectiva—, traían consigo un cargamento de *fayuca*, detectado por agentes de Aduanas en el Aeropuerto Internacional de la Ciudad de México. Ocultas en el equipaje había diez voluminosas cajas con joyas, televisores, videocaseteras y hornos microondas. Pero sarcásticamente se habló más de estos últimos porque esos aparatos no eran comunes en México. También había televisores, caseteras, pianolas y un refrigerador.

Algunos periodistas todavía recuerdan que el escándalo se publicó en las primeras planas de los diarios. "La ocasión lo ameritaba —comentan—, se trataba nada más y nada menos que del protegido del mítico Fidel Velázquez, un hombre con mucha influencia y poder político". Fiel a su protector, la riqueza acumulada de Joaquín Gamboa siguió creciendo en la sombra; es decir, alejado de la vida pública —fotos, entrevistas—. Su mejor pretexto para esconderse fue la derrota sufrida en las urnas en la elección de 1988 y muchos desencuentros con los reporteros que le cuestionaban si era correcto que el líder de los trabajadores anduviera con tantos lujos.

Arrogantes en el tono, sus declaraciones difícilmente podían escapar: "¡Qué le pasa! —contestó a una reportera—. ¿Qué, porque ellos están jodidos yo también debo estarlo?" Algunos años después, el propio Armando Neyra Chávez, secretario general del sindicato refresquero de la CTM, se encargaría de exponer la filosofía con la que los líderes sindicales justifican sus ostentosidades, pues "los generales Emiliano Zapata y Francisco Villa andaban en los mejores caballos y sus colaboradores los andaban alabando. El líder necesita estar acorde con sus representados. Recuerden: un líder pobre es un pobre dirigente", parafraseando a Carlos Hank González.

Mientras la declaración se tomó con amargo humor, la frase de Gamboa se entendió como una tremenda cachetada para muchos de sus representados, quienes empezaron a cuestionar su liderazgo. Otros más, aunque parezca risible, optaron por justificarlo argumentando que él aparenta ser rudo y cortante en público porque es muy inseguro, pero en privado "es un pan de Dios".

Con tantos escándalos, acusaciones y dos derrotas electorales a cuestas, se llegó a creer que el liderazgo obrero de Gamboa Pascoe sería de corta duración. Esa creencia terminó por afianzarse tras la muerte de Fidel Velázquez, que aparentemente, lo dejaba en la orfandad. Pero la orfandad le sentó bien. Leonardo Rodríguez Alcaine, el sucesor de Fidel, lo protegió, lo cuidó y le dio acomodo en su Comité Ejecutivo Nacional. Si Rodríguez Alcaine estuvo lejos de llenar los zapatos de Fidel, ésa es otra cuestión, pero su reinado tuvo una duración de ocho años en los que enfrentó críticas por sus controvertidas declaraciones y su riqueza desmedida.

Por otro lado, no sólo tuvo que lidiar con los conflictos y demandas de los cetemistas, resintió los brotes de inconformidad dentro del sindicato de electricistas —del que también era secretario general—, producto de la intención de abrir el sector eléctrico a la iniciativa privada. Incluso, por estos embates, empezaron a surgir los nombres de algunos candidatos para sucederlo: Joaquín Gamboa Pascoe, secretario general de la Federación de Trabajadores del Distrito Federal, el senador Gilberto Muñoz Mosqueda, José Ramírez Gamero —también senador—, y Juan Carlos Velasco, líder del Sindicato de Transportistas.

La buena relación que cultivó con Rodríguez Alcaine, inscribió a Gamboa en el primer lugar en la lista de secretarios sustitutos, nombramiento que se hizo efectivo en 2005 —por disposición del líder nacional priista y precandidato presidencial Roberto Madrazo Pintado— cuando *La Güera* Rodríguez murió. Y Ricardo Aldana Prieto, tesorero del sindicato petrolero, confirmó algunas sospechas cuando descalificó la elección: "¿La verdad se me figura que fue un albazo. Ya había un acuerdo de cúpula?". Fue ésta la segunda vez que Gamboa se alistaba para suceder a un líder cetemista cuyo periodo terminaba con la muerte, pues éstos —los de la confederación— sólo ceden la dirigencia cuando es necesario "salir de viaje con los pies por delante".

Como lo advirtieron algunos académicos e investigadores de la UNAM: "La designación de Gamboa al frente tiene dos lecturas no excluyentes. Por una parte señala, de manera inequívoca, el poder que tiene aún la vieja cúpula sindical en la estructura corporativa del movimiento obrero mexicano, cúpula a la que algunos articulistas se refieren como 'la gerontocracia'.

"Fueron diecisiete líderes que votaron en forma unánime y sin consulta a las bases, por un líder de 78 años que lleva al menos treinta de ellos al frente de una de las federaciones más importantes: la de los trabajadores del Distrito Federal que tantas dificultades planteó al gobierno de Andrés Manuel López Obrador en la Ciudad de México durante los últimos cinco años, y quien ya en varias ocasiones había sido considerado como el sucesor de Fidel Velázquez. La elección perpetúa la dirigencia de la élite 'obrera', que durante décadas ha acaparado los puestos de dirigencia y ha utilizado en provecho propio el poder derivado de su representación. A la vez, la incapacidad de las bases para reclamar un proceso democrático que cambiara los términos de la sucesión y abriera el tema a la discusión colectiva puede tal vez ser considerada como un síntoma elocuente de la falta de combatividad y compromiso de los sindicatos respecto de la gran central".

Convertida en un aparato sindical donde los líderes no se renuevan, la CTM tiene una estructura muy grande en todo el país, pero el mecanismo *democrático* para elegir a sus dirigentes es el mismo, por aclamación, imposición y, una vez en el puesto, reelección tras reelección hasta que la muerte opine lo contrario. Con 78 años de edad y sin dejar su cargo en la Federación de Trabajadores del Distrito Federal, Joaquín se encumbró en la CTM para seguir con el legado de Rodríguez Alcaine: hacer de los trabajadores un fuerte brazo corporativo al servicio del PRI.

Lo primero que hizo fue acoger bien el triunfo de Felipe Calderón Hinojosa como presidente de la República, así como poner a su servicio la confederación y la federación, argumentando que tanto él como sus representados saben reconocer a las instituciones. "Acertado" en sus decisiones, se opuso, rotundamente, al proyecto de reforma para transparentar el manejo tanto de cuotas sindicales como de los bienes de los sindicatos, alegando que "si no se conoce la información es porque los trabajadores no la solicitan, pero abrirla a personas ajenas para cumplir reglas de transparencia no tiene sentido".

En apariencia sus agremiados no estaban pidiendo cuentas, pero cuando exigieron que el presidente de la República tomara medidas para solucionar la falta de empleo y los bajos salarios, Gamboa salió en su defensa al declarar que superar la crisis económica que enfrentaba México de ninguna manera era responsabilidad exclusiva de la administración del presidente Calderón, sino de todos los sectores productivos del país.

En palabras quedó muy bien, lo que no pudieron entender los trabajadores cetemistas fue cómo hacerlo desde su precaria situación, la cual venía deteriorándose desde el periodo presidencial de Vicente Fox. Según datos oficiales, los contratos colectivos disminuyeron considerablemente en el periodo 2001-2006. En 2001 la Confederación de Trabajadores de México contaba con 4 mil 420 contratos colectivos de trabajo; 2 mil 130 en 2002; 3 mil 820 en 2003, puntualizando que de 2004 a 2006 la disminución se colocaba en un alarmante 36 por ciento, debido a que de los 2 mil 500 contratos que se llegaron a alcanzar en 2005 sólo quedaban mil 90 en 2006.

Con estos vientos en contra, aunados a las ambiciones y el entreguismo de Gamboa, la CTM entró en una fase decadente que se reflejó en las bajas cifras de sindicatos adheridos. Se hizo público que para 2011 contaba con mil 351 asociaciones y 754 mil integrantes de la industria privada. Cifra que apenas si se acercaba a los 2 mil 810 que había logrado reunir cuando se fundó en 1936.

Una nota publicada por Eduardo Dina en *misionpolitica.com* el 13 de diciembre de 2011 apuntala cifras que muestran la baja de afiliados de la CTM: "En 1995, con Fidel Velázquez a la cabeza, la confederación contaba con cerca de un millón 200 mil agremiados, pero para 2006, bajo la dirección de Gamboa, no llegaba a 500 mil, de acuerdo con un informe de la Secretaría del Trabajo y Previsión Social (STPS).

"Los bajos salarios, el poco nivel de empleo y las nulas prestaciones complementan esta separación aunado a que el Estado ha otorgado un monopolio sindical que carece de democracia y no beneficia a los trabajadores", opinión que contrastó en entrevista con Francisco Javier Aguilar García, investigador del Instituto de Investigaciones Sociales de la Universidad Nacional Autónoma de México (UNAM).

"Aguilar García refiere que La CTM formalmente tiene representatividad de los trabajadores, aunque según estadísticas ya no es tan grande, y de acuerdo con la Secretaría del Trabajo tiene como 700 mil afiliados, sobre todo en sindicatos y federaciones, que es la forma legal. De hecho, datos oficiales refieren que en 1997, la CTM tenía 581 asociaciones registradas ante la Secretaría del Trabajo y 926 mil agremiados". La situación era dramática si se tomaba en cuenta que unos 92 mil o 19 por ciento pertenecían al sindicato petrolero de Carlos Romero Deschamps, y unos 26 mil al sindicato de la industria embotelladora, del mexiquense Armando Neyra Chávez.

No obstante, esta decadencia no sólo tiene la marca de Gamboa. Se puede decir que inició con Fidel Velázquez y sus caprichos por imponer a sus protegidos. Se acrecentó con los derroches y abusos de Leonardo Rodríguez Alcaine y terminó por ser un hecho bajo la dirigencia de Gamboa.

Al parecer, también la edad dorada en que desde la CTM se destapa al sucesor del presidente de la República —en alusión a Fidel Velázquez— y mandaba personal a la Cámara de Senadores y Diputados ha pasado. Se evidenció en la última etapa de Fidel Velázquez, cuando no logró que Gamboa llegara al Senado en las urnas de la elección de 1988, ese mismo año otro de sus consentidos y ahijado Alfredo del Mazo González perdió, con Cuauhtémoc Cárdenas Solórzano, la Jefatura de Gobierno del Distrito Federal. La decadencia cetemista fue más notoria porque aquel año se coronó el "fraude cibernético", al que el PRI tuvo que recurrir, para imponer como presidente de la República a Carlos Salinas de Gortari.

En la lista de candidatos priistas que buscaron llegar a Los Pinos con el apoyo de la confederación y, no pudieron, se encuentran los nombres de Francisco Labastida Ochoa, quien perdió con el panista Vicente Fox en 2000, y Roberto Madrazo Pintado que sucumbió frente a Felipe Calderón en 2006. Para ese entonces *La Güera* Rodríguez era el mandamás de la CTM. Poco a poco quedarían en el anecdotario las siete diputaciones federales del fallecido líder textil poblano Blas Chumacero Sánchez, también senador en dos ocasiones y, en una, diputado local.

El año 2000 también fue testigo de la baja representación legislativa de la CTM que sólo pudo afianzar la candidatura de 37 de sus representantes, seis en la Cámara Alta y 31 para ocupar un lugar en San Lázaro. Para 2012, con Gamboa como dirigente, los números tocaron fondo: 20 representantes, de entre los que destacan Carlos Aceves del Olmo, el segundo hombre importante de la confederación, después de Pascoe; Armando Neyra Chávez, secretario de Finanzas del Comité Nacional de la CTM, Fernando Salgado Delgado, secretario de Acción Política del Comité Nacional de la CTM, y Enrique Burgos García, ex gobernador de Querétaro, aunque ya se había notado que su dedo no era mágico para hacer senadores y diputados desde antes de llegar a la Confederación de Trabajadores de México, porque cuando intentó que su hijo fuera diputado local, no pudo.

Otro dato curioso que revela que la CTM ya no es más el brazo poderoso priista que en algún tiempo fue, se pudo constatar, además, en la elección presidencial de julio de 2012, en la que Peña resultó ganador con un margen muy pequeño de votos.

Hay quienes piensan que las cifras reportadas por Gamboa sobre el número de afiliados —cuatro millones de activos cetemistas dijo en la celebración del aniversario 77 de la CTM en febrero de 2013— no son más que un intento por mantener vigente el mito de poder y control corporativo que, en algún tiempo, era realidad.

Un hecho innegable es que Gamboa ha encontrado, al igual que sus antecesores, la manera para perpetuarse en el cargo. Todavía hay quien se asombra que después de los escándalos que ha tenido que sortear en su trayectoria política, el repudio que despiertan su ostentosidad y sus declaraciones, continúe enraizado en la confederación, negociando con los derechos y contratos de trabajo, comprometiendo a sus afiliados a seguir políticas y pactos que van en contra de su propia dignidad, no sólo laboral, sino como individuos.

A casi cinco años de haber llegado a la CTM, Joaquín Gamboa estaba listo para renovar su liderazgo —luego de que en su ascenso recibió el apoyo de la mayoría de las 32 federaciones estatales y de los principales sindicatos cetemistas, a excepción del gremio petrolero que encabeza Carlos Romero Deschamps—, así que aprovechó la

XV Asamblea Ordinaria del Congreso Nacional cetemista en febrero de 2010 para convocar a todos sus delegados y ahí, a boca de jarro —como se dice coloquialmente—, les dijo que debían ir preparando las reglas para la elección de secretario general; no bien acabó de hablar cuando uno de sus allegados alzó la voz para decir a toda la concurrencia que no había otro líder auténtico y de unidad que Joaquín Gamboa Pascoe y por eso debía reelegirse por otros seis años.

Guardando fidelidad a los usos y costumbres de su central, Gamboa Pascoe vio la oportunidad y la supo aprovechar, preguntó a los asistentes ¿De veras quieren que sea su líder en el próximo sexenio? Todos respondieron al mismo tiempo, fuerte y claro que sí. Y no se dijo más, se impuso el rito de la ratificación en el poder cupular.

A sus 83 años de edad, la confederación, en apariencia, le dio su voto de confianza. Ningún método podía ser mejor que la palabra naciente de un pecho sincero y eufórico, aclamando su nombre, en lugar de papeletas engorrosas que después serían almacenadas en el olvido. En Los Pinos, Calderón no cuestionó la elección y entre apapachos le otorgó la toma de nota que lo reconoce como líder de la confederación hasta 2016.

Nada del otro mundo, Gamboa sólo puso en práctica lo aprendido con sus antecesores: Leonardo Rodríguez Alcaine y el todopoderoso Fidel Velázquez, quien se mantuvo al frente de la confederación por 57 años. Al margen de cuestionar si Gamboa Pascoe es el líder que los trabajadores merecen, se puede decir, con certeza, que sí es la clase de dirigente que el Estado necesita frente a cualquier federación, sindicato o confederación para aprobar sus políticas de control, esas que promueven al trabajo para sobrevivir, más no para mejorar las condiciones de vida de los trabajadores.

Ahora que el PRI está de regreso con ganas de "mover a México", la desconfianza surge tras la declaración de Peña que pone como ejemplo de modernidad a la CTM y a Joaquín Gamboa, evidenciando que entiende a la modernidad como un retorno a los viejos rituales priistas, al control totalitario de las instituciones.

Desde este ángulo, se estaría viendo a la Confederación de Trabajadores de México (CTM) como un instrumento, un medio para lograr un escenario electoral propicio para los intereses del PRI. De aquí la sospecha de que con Peña en la Presidencia de la República, el PRI apostará por revivir el andamiaje corporativo de la confederación. La estrategia para lograrlo será su política de siempre: dar en grandes cantidades, primero, cuando sea necesario, luego a cuenta gotas y al final aplicar una reforma —la ya tan conocida ley "del dulce y el golpe".

Lejos de preguntar ¿en qué lugar está la modernidad?, la duda es ¿cuánto tiempo más aguantará el país los estragos que generan las relaciones perversas entre gobierno y sindicatos? ¿Hasta cuándo se mantendrán gustos y excentricidades de una clase sindical enraizada en la opulencia y el poder? No, la CTM no representa el último reducto del corporativismo gremial, ni Joaquín Gamboa Pascoe representa el último eslabón de la alianza histórica de los líderes del sindicalismo con el gobierno mexicano, atrás de él hay más, muchos más.

Capítulo VIII

El tortuoso imperio
de un *millonario* llamado Joel

É STA ES UNA HISTORIA de telenovela, bañada de intrigas, oscuros episodios y drama. Comienza con la infancia de un hombre enmarcada por la pobreza y el trabajo infantil "obligatorio" en las calles extremosas de la fronteriza Mexicali, Baja California. Su nombre: Joel Ayala Almeida o, como lo apodaban entonces, *El milusos,* porque vendía dulces y raspados, o trabajaba de lo que fuera para apoyar el sostenimiento familiar. De ser nadie, nada, en aquellos duros tiempos, pasó a convertirse algunos años después en uno de los dirigentes sindicales más acaudalados y con mayor poder en nuestro país.

En 1977, tres años después de llegar como auxiliar administrativo, Ayala Almeida se encaramó por primera vez a la Secretaría General del Sindicato Nacional de Trabajadores de Salubridad y Asistencia (SNTSA), que devino en el de la Secretaría de Salud (SS). Durante esta primera época, el SNTSA se "transformó" de nueva cuenta en un aparato burocrático, sin funcionalidad para los trabajadores. Entre enero y junio del año siguiente, el Comité Ejecutivo Nacional (CEN) que encabezó Ayala Almeida participó activamente en una brutal represión hacia trabajadores "rebeldes" y dirigentes democráticos del sector llevada a cabo por golpeadores al servicio de funcionarios de gobierno.

Fue éste el caso del Hospital General, donde el director ordenó contratar a grupos de choque y aumentó hasta en 300 por ciento la vigilancia policiaca al interior de la institución. Los trabajadores fueron injustamente acusados de robo y encarcelados por toda clase de delitos. En algunos casos, la dirigencia contrató abogados quienes, tramposamente, no se presentaban a las audiencias. Al final, los trabajadores pudieron salir de la cárcel gracias a la presión que ejercieron los sindicalizados democráticos por medio de marchas y manifestaciones, por ejemplo, al reclusorio Norte.

Ayala Almeida y su comité ejecutivo se plegaron sumisos al presidente José López Portillo y despacharon indicaciones para invadir el Hospital General con un contingente conformado por al menos 150 granaderos, acompañados por golpeadores profesionales. Su misión era someter, "a madrazos", a los "rebeldes" y encarcelar a 150 de ellos. Como se comprobaría más tarde, siete de los líderes fueron sometidos a brutales sesiones de tortura para obligarlos a firmar un documento lleno de abusos e irregularidades en el que se comprometían a renunciar a su plaza, a la política sindical activa y a nunca más volver a la institución.

Con la certeza del respaldo policial y la complicidad gubernamental, los "ayalistas" montaron un operativo final para expulsar a líderes locales "rebeldes" del SNTSA o a todos aquellos considerados "peligrosos" para la institución, desconocer secciones enteras como la 14, derrocar al secretario general de la Subsección I de Mexicali, así como a dirigentes de la Sección 17, y suspender en sus derechos a algunos "revoltosos" y "conspiradores" de Chiapas y Jalisco.

El 24 de marzo de 1998 Joel Ayala Almeida comenzaría su más grande y peligrosa aventura. Por fin era el jefe máximo de la Federación de Sindicatos de Trabajadores al Servicio del Estado (FSTSE). Dicho gremio fue fundado el 8 de octubre de 1938 por el presidente Lázaro Cárdenas del Río para reforzar el control sobre los burócratas. Su adhesión al PRI fue automática. Para 1998 agrupaba 78 sindicatos, de los que su líder obtenía mensualmente unos 10 millones de pesos en cuotas. Hasta el fin de la primera era priista, el dirigente de la Federación tenía reservado, en los hechos, un lugar en el Congreso de la Unión. Gracias a que su antecesor Héctor Valdés Romo lo impusiera en el puesto, Ayala Almeida controlaría el destino laboral de 2.5 millones de burócratas en activo, incluidos los del Distrito Federal y los trabajadores del Metro, además de 318 mil jubilados y pensionados.

Este triunfo se debió a un proceso arreglado por Valdés Romo, quien le cedió el lugar en la dirigencia burócrata porque estaba convencido de que su carrera política priista le daba para mucho más, incluida una gubernatura o el gabinete presidencial. Con esta acción, Ayala se colocó en los primeros planos de la prensa de todo el país y, a partir de entonces, su nombre quedó inscrito en las listas de los *charros* que representan a la más rancia estirpe del sindicalismo nacional.

Apenas impuesto como líder nacional de la burocracia, su equipo reformó los estatutos sindicales a finales de 2000 y principios de 2001 para aumentar el periodo del secretario general de cuatro a seis años. Más tarde, movió los hilos para que, en marzo de este último año, cuando terminaba su encargo, desapareciera la Secretaría General de la FSTSE y se creara, en su lugar, la Presidencia del Órgano Superior de Gobierno. En aquel momento, el cambio mostraba un objetivo único: abrir las puertas a la reelección consecutiva de forma permanente o, como ya es costumbre dentro de las prácticas sindicales, "hasta que la muerte los separe".

La FSTSE, pasado y presente. Disyuntiva del sindicalismo de los trabajadores del servicio público, estudio de Marco Antonio Leyva Piña, Janette Góngora Soberanes y Javier Rodríguez Lagunas argumenta que "entre las reformas a los estatutos de la federación que se realizaron durante el XIX Congreso Nacional Ordinario para viabilizar la reelección del secretario general, cabe señalar que se acreditaron a los delegados de los 31 comités estatales de la FSTSE como representantes al congreso y se les otorgó derecho a voz y voto, cuando antes sólo tenían voz, y que la estructura de la FSTSE se modificó al conformarse el Comité Ejecutivo Nacional por un presidente, cuatro vicepresidentes y 48 secretarías; cinco más que antaño".

Sin que nadie pudiera evitarlo, el 27 de marzo de 2001 Ayala Almeida se erigió líder vitalicio, con el cargo de presidente del Órgano Superior de Gobierno de la Federación de Sindicatos de Trabajadores al Servicio del Estado (FSTSE).

Los juegos negros del poder

A Joel Ayala Almeida se le conoce en algunos círculos como *El empe-rador de los burócratas* y sus compañeros priistas le rinden pleitesía desde que, en 2003 y 2004, aguantó un embate abierto de Elba Esther Gordillo Morales, otrora líder del Sindicato Nacional de Trabajado-res de la Educación (SNTE); el presidente Vicente Fox Quesada; y el secretario de Gobernación, Santiago Creel Miranda, quienes intenta-ban desestabilizar a la federación burócrata y arrebatar al cacique su liderazgo. Fueron ésas las primeras demostraciones de que los panis-tas querían un sindicalismo tan dócil y perverso como el que había servido al PRI desde su nacimiento.

La batalla por la FSTSE había comenzado a principios de 2001, cuando Fox y Martita estaban recién llegados a Los Pinos. Y tenía sus razones. "Podríamos decir que forma parte de los espacios con-siderados para mantener la movilidad política entre el Poder Legis-lativo, Ejecutivo y la dirección sindical. Si revisamos los nombres de los secretarios generales de cada uno de los sindicatos de la FSTSE y si miramos la composición de los distintos comités ejecutivos de la Federación, encontraremos el cuerpo fundamental que constituye la élite política interna", escribieron Leyva Piña, Góngora Soberanes y Rodríguez Lagunas.[9]

Gordillo Morales y Fox provocaron el rompimiento y la separa-ción de 21 organizaciones encabezadas por el Sindicato Nacional de Trabajadores de la Educación (SNTE), con 1.35 millones de maes-tros; así como los sindicatos de la Lotería Nacional (LN), la Secre-taría de Comunicaciones y Transportes (SCT), el Instituto Nacional

---

[9]Se trata de las élites que agrupa la FSTSE: la interna que se compone por los buró-cratas que ocupan puestos en la dirección y en el comité ejecutivo de la federación, así como el comité ejecutivo de cada sindicato. La élite local, conformada por los secre-tarios generales de los sindicatos y funcionarios de la federación. De estas dos élites surge una tercera, la élite política integrada por aquellos líderes que ocupan cargos en los poderes legislativos federal, local y municipal, ya sea por elección popular o por la vía plurinominal. Se puede decir que juntos constituyen un organigrama de poder que emana de la FSTSE capaz de despertar la ambición de cualquiera incluso la del presi-dente de la República.

de Estadística, Geografía e Informática (INEGI), la Secretaría de Hacienda y Crédito Público (SHCP), Pronósticos para la Asistencia Pública (PAP) y el Sistema para la Administración Tributaria (SAT).

La guerra, pues, se declaró casi de inmediato aquel 2001. Y avanzó inexorablemente. Como si estuvieran frente al espejo, los separatistas —con sus 1.6 millones de afiliados en la veintena de sindicatos que representaban cuotas fijas por diez millones de pesos mensuales— presumían rechazar la reelección de Ayala Almeida con el fin de romper con los cotos de poder que él y su grupo habían establecido en la distribución de los beneficios de créditos para la vivienda y préstamos a plazo.

Lo acusaron de todo tipo de vicios: prácticas clientelares, liderazgo unipersonal y autoritario, violación a los derechos de sus representados, uso de golpeadores para aplastar a la disidencia, verticalismo, imposición, exclusión, manejo de cuotas y otros recursos patrimoniales, indiferencia frente al programa de la llamada separación "voluntaria" —no otra cosa sino un plan gubernamental, en complicidad con los líderes, para deshacerse de decenas de miles de trabajadores— y, sobre todo, de manipulación y transgresiones a los estatutos para beneficios personales.

Ante este rosario de acusaciones y de separación, Ayala Almeida se mantuvo fiel al PRI y, como pudo, reagrupó a sus huestes para capotear el temporal. Sin embargo, poco antes de terminar 2003, abrumado por el rompimiento, la deserción de los 21 sindicatos y, lo más grave, una severa caída en el nivel de las cuotas, el líder sindical se comprometió a convocar a un congreso extraordinario, cuyo único punto a tratar sería la renovación de la presidencia vitalicia de la FSTSE. A través de su líder, Rafael Ochoa Guzmán, los maestros del SNTE le dieron la espalda, se negaron a escucharlo y le pusieron dos etiquetas que nunca se ha podido quitar: borracho y drogadicto.[10]

---

[10]Era difícil distinguir si éstas eran las palabras de Ochoa o las de la Maestra, pero había un enfrentamiento directo. En público y en privado, Ayala Almeida manifestó siempre su desprecio por Elba Esther. El 6 de diciembre de 2003 se sumó a una revuelta para destituirla como coordinadora de la bancada priista en la Cámara de Diputados. Ocho días después, en entrevista con Fernando del Collado en el programa *Tragaluz*, declaró

Ayala no se dejó intimidar. En medio del fuego, su respuesta fue virulenta. El lunes 8 de diciembre de 2003 acusó a Ochoa de un desvío superior a 290 millones de pesos de cuotas sindicales del magisterio en los últimos tres años. Por su parte, el protegido de Elba Esther opuso la ineptitud del líder nacional de la burocracia a los "logros" de los maestros, quienes habían evitado el gravamen del aguinaldo y la prima vacacional de los trabajadores.

Víctor Bernardo López Carranza, líder del Sindicato Nacional de Trabajadores de Comunicaciones y Transportes, prestó en aquel diciembre de 2003 su lengua para desnudar todavía más a Ayala. Contó a la prensa una "historia negra" protagonizada por su rival, quien, al parecer, había logrado una cuantiosa fortuna debido a los beneficios obtenidos por la construcción del deportivo del Sindicato de Salud y la venta ilícita del predio que ocupan las instalaciones del Instituto Federal Electoral (IFE), ambos en la esquina de Periférico y Viaducto Tlalpan, al sur de la Ciudad de México. Dicho negocio le habría redituado 3 mil millones de pesos.

Por el tono, declaraciones y recursos sucios empleados, si un lector cualquiera no hubiera estado familiarizado con los nombres ni con los apellidos de los declarantes, y se hubiera remitido a los señalamientos duros de los mismos publicados en la prensa o emitidos en los noticieros de radio y televisión, con certeza habría tenido la impresión de que se trataba de una toma de poder de la mafia o de que ésa era abiertamente una guerra entre mafiosos, no entre dos líderes sindicales inmersos en una batalla por el control de los trabajadores.

En su columna del 7 de diciembre de 2003, el extinto periodista Miguel Ángel Granados Chapa escribió: "En lugar de ejercer un liderazgo democrático, abierto, propositivo y combativo, el sello de su gestión se caracteriza por un ejercicio unipersonal, autoritarismo, manipulación… manejo clientelar…, connivencia con las autoridades para imponer… políticas y programas que lesionan nuestros derechos [...]. Esta caracterización, que podría ser suscrita respecto de su ex

que ella estaba desquiciada por las ansias de mayor poder. [Por] las intenciones desmedidas de esto que daña a la persona en una enfermedad crónica de buscar mayores esferas de poder. Esto pierde el equilibrio en la persona.

coordinadora, por alguno de los 138 o 139 diputados priistas que la han rechazado a Elba Esther Gordillo, sirvió para explicar la separación de la FSTSE de un grupo de sindicatos encabezados por el SNTE, y retrata no a la dirigenta real de ese sindicato sino a su adversario, el senador Joel Ayala. *Mutatis mutandis*, a ambos les cuadra bien. O sea que son los mismos, son iguales, sólo que están divididos".

MUERTO VIVIENTE

Entre la versión telenovelesca y la vida real, la trayectoria de Ayala Almeida ostenta discrepancias hasta en su fecha de nacimiento. Según algunas páginas de la Cámara de Diputados, por ejemplo, fue el 22 de diciembre de 1954, pero una corriente popular afirma que fue el 20 de diciembre de 1946. Sólo hay coincidencia en el lugar: San Luis Río Colorado, Sonora, pero nada tiene de sonorense. Por sus venas corre "sangre" *cachanilla* y *chilanga* porque, recién nacido, sus padres emigraron a Mexicali, la capital de Baja California, y antes de cumplir 20 años terminó viviendo en el Distrito Federal, donde enfrentó una vida de pobreza y estudió Economía en la UNAM.

Sin embargo, sus detractores sostienen que el título lo avala el Instituto Politécnico Nacional (IPN) y que se le otorgó cuando su "amigo" el michoacano Miguel Ángel Correa Jasso fungía como director de la Escuela Superior de Economía de dicha institución, cargo que ocupó de 1989 a 1995. Ayala Almeida no se ha preocupado en confirmar o desmentir las versiones. En el perfil que aparecía en 2006 en la Cámara de Diputados sólo establece su nivel de estudios, así como su pertenencia al Colegio y a la Liga de Economistas.

A pesar de las incoherencias, hay una coincidencia: a finales de 1973 o principios de 1974 entró a trabajar en la entonces Secretaría de Salubridad y Asistencia (SSA). Algunos afirman que su primer encargo fue de auxiliar administrativo; otros, el de *mandadero*; y otros más sostienen que le pagaban por espiar a los disidentes de aquella época, donde trabó amistad con su primer protector, Rubén Nuricumbo Díaz, ayudante del líder sindical Roberto Dueñas Ramos. El trato con ambos fue fundamental porque, casi de inmediato, en 1974 recibió su primer encargo gremial como secretario de Conflictos Laborales en los Estados, donde hizo amistades poderosas como la de Leopoldo Morales Nava, cacique del sindicato de la secretaría en el estado de Jalisco.

Astuto y ambicioso, con el manejo de los expedientes secretos de los opositores, armó su propio grupo —integrando a Nuricumbo y a su compadre Morales Nava— y en 1976 encabezó un movimiento encubierto para impedir la reelección de Dueñas Ramos. Llegado el momento, el lugar de este último en la Secretaría General del SNTSA fue ocupado por Joel Ayala Almeida en 1977. Apenas tomó posesión se plegó a las órdenes de la presidencia de José López Portillo para aplastar a la rijosa disidencia. Su encargo terminó en 1980, pero entre este año y su regreso para el trienio 1995-1998, ganó experiencia.

Terminada su primera encomienda como secretario general del sindicato de Salubridad, cargando con las acusaciones de represor y líder *charro*, optó por una estratégica "retirada", sin renunciar a su plaza sindical, pero desde el gobierno lopezportillista salió la orden para incorporarlo a los órganos de dirigencia de la FSTSE, donde fue secretario de Previsión Social, representante ante la Junta directiva del Instituto de Seguridad y Servicios Sociales para los Trabajadores del estado (ISSSTE) y secretario de Vivienda.

Y en el SNTSA mantuvo una presencia efectiva a través de la presidencia del Consejo Nacional de Vigilancia, del Comité Consultivo y de la Comisión Nacional de Honor y Justicia. Esa presencia le sirvió para regresar a la Secretaría General del SNTSA en el trienio 1995-1998. Y este último año, impulsado por maniobras oscuras de Héctor Valdés Romo[11] llegó como dirigente de la impronunciable FSTSE.

Visto a la distancia, para 2000, cuando las fuerzas panistas encabezadas por la maestra Elba Esther, Fox y Creel intentaron derro-

---

[11] Convencido de que tenía en los bolsillos la candidatura del PRI al gobierno de Durango, Héctor Valdés Romo cedió la Secretaría General de la FSTSE a Joel Ayala. Falto de visión, Valdés Romo ni siquiera tuvo fuerza para frenar, en abril de ese año, una revuelta encabezada por Leonardo Rodríguez Alcaine, líder de la CTM, y Víctor Flores Morales, del sindicato ferrocarrilero, para obligarlo a entregar la presidencia del Congreso del Trabajo a Joel López Mayrén, de la Confederación Obrero Revolucionaria (COR).

carlo, Ayala Almeida conocía el sindicalismo al derecho y al revés. Los 21 sindicatos golpistas también pasaron por alto que el líder *charro* tenía amigos influyentes y poderosos en el PRI. Entre ellos, el sonorense Manlio Fabio Beltrones Rivera, dirigente de la Confederación Nacional de Organizaciones Populares (CNOP), uno de los tres sectores del PRI; José Murat Casab, gobernador de Oaxaca; y el mexiquense Emilio Chuayffet Chemor, a cuyas filas se sumó para conspirar y derrocar a Gordillo Morales como coordinadora de la fracción parlamentaria del PRI en la Cámara de Diputados.

Formado en el viejo aparato sindical corporativo, así como en el priismo marrullero, Ayala estaba preparado para cualquier tipo de conspiración o intento de golpe de timón. El pleito fue largo. Pero se las ingenió incluso para mantener el control del sindicato de Salud hasta heredar finalmente el cargo a Marco Antonio García Ayala.[12]

En junio de 2004, consolidado el desprendimiento de la veintena de organizaciones para darle vida a la Federación Democrática de Sindicatos de Servidores Públicos, conocida por su también impronunciable acrónimo de Fedessp, se le dio por muerto. Joel Ayala era un muerto viviente, gozaba de cabal salud sindical. Él tenía, como ha tenido siempre, predilección por callar o lavar la ropa sucia en casa. No le gusta la prensa, menos cuando habla mal de él, y mucho menos cuando los periodistas lo acosan con preguntas afiladas como cuchillos.

La rumorología engrandecía la figura del "mítico" *David*, Ayala Almeida, y sus enfrentamientos contra la *Goliat*, Gordillo Morales. Todo mundo contaba chismes o anécdotas, mezclándolas con pinceladas de verdad, sobre el futuro de la FSTSE, Ayala Almeida, la Fedessp —con su 1.6 millones de sindicalizados—, Gordillo Morales y las millonarias cuotas sindicales que uno u otro ganarían.

Pese a todo, analistas y políticos anunciaban con sorna el trági-

---

[12] El apellido no deja lugar a dudas. Este sobrino suyo, a quien nadie conoce, inició su carrera política en las filas revolucionarias priistas que lo hicieron diputado local para el trienio 2006-2009 y federal de 2003 a 2006, ambos en el Distrito Federal, mientras Ayala Almeida acumulaba influencias y poder. En tres ocasiones este último ha sido diputado federal de 1979 a 1982, de 1997 a 2000 y de 2006 a 2009, y en dos ha llegado al Senado: de 2000 a 2006 y de 2012 a 2018, cobijado siempre por el PRI.

co "final" de la caída del imperio *ayalista*. Tampoco le auguraban un futuro promisorio al sobrino encargado de la Secretaría General del Sindicato de la Secretaría de Salud.

Apertrechado en sus oficinas, Ayala Almeida contraatacó. En septiembre y octubre de 2005 se dio incluso el pequeño lujo de triangular recursos para apoyar la formación de un sindicato paralelo en la Secretaría de Desarrollo Social, con trabajadores de base.

Al margen de que intentara desestabilizar a la Fedessp, la maniobra fracasó cuando la lideresa sindical de esa dependencia, Cristina Olvera Barrios, hizo algunas denuncias públicas sobre la participación de Ayala. Pocos dudaron que éste era un abierto desafío a la profesora Gordillo para demostrar que se mantenía con vida y que en 2006 debía ser tomado en cuenta para las candidaturas priistas a puestos de elección. En la legislatura federal 2006-2009 fue uno de los diputados más faltistas y con menos participación.

En público no faltaron nunca sus ostentaciones de poder y su presencia en la prensa fue habitual y habitualmente crítica. El 9 de julio de 2002 el periodista Renato Consuegra publicó: "Existe enorme descontento entre los sindicatos federados representados en la FSTSE por el inmovilismo en que se encuentran, ya que cada mes y medio o dos meses el líder y senador Joel Ayala desaparece para rehabilitarse en el hospital Ángeles, y deja muerta a la organización. Nadie puede hacer movimiento alguno si no es con su visto bueno o firma. Y en sus trasnochadas hay ocasiones que termina en Las Vegas rodeado de un grupo de incondicionales como su sobrino y líder del SNTSA, Marco Antonio García Ayala, quien también deja paralizado al sindicato, donde de igual forma manda Ayala Almeida, quien hizo de este otro coto de poder".

Mientras en la vida sindical se le considera un líder poderoso, en lo privado se le caracteriza por los excesos, lujos y excentricidades como su claro gusto por los caballos pura sangre y gastar su inmensa fortuna en los casinos de Las Vegas. Según sus detractores, la riqueza de Ayala se basa en traición, intrigas y corrupción. Por ejemplo, el martes 3 de mayo de 2007 Ayala Almeida detonó la alerta operativa de la sucursal Banorte ubicada en el Palacio Legislativo de San Lázaro cuando hizo el intento de depositar, en efectivo, 1.4 millones de pesos sin ninguna justificación sobre la procedencia del dinero. La institución no tenía poder para aceptar una cantidad de esa naturaleza. La razón era simple, los ejecutivos no querían realizar la operación bancaria por temor a estar frente a un caso de lavado de dinero y ser sancionados, en caso de efectuarlo. Por esa razón pidieron a Joel Ayala que justificara el origen de su depósito o si tenía una empresa mercantil. Por supuesto que no la tenía y la situación se tornó embarazosa porque hubo llamadas a las oficinas centrales de la institución. Eso permitió que algunos reporteros descubrieran al diputado en aquella sucursal bancaria.

Olvidadizo como todo político mexicano que hace leyes sólo para que las cumplan los otros, Ayala Almeida pasó por alto que en la legislatura anterior, cuando era senador, el Senado de la República aprobó reformas al Código Fiscal de la Federación donde quedó establecida la obligatoriedad, de cualquier ciudadano, de justificar el origen de los recursos ante los bancos cuando los movimientos superaran 100 mil pesos. Ejecutivos de la banca debían reportarlo a la Secretaría de Hacienda y Crédito Público, para que ésta pudiera cotejar el depósito con los ingresos del contribuyente. Nadie se tragaría el cuento de que eran recursos de la Cámara de Diputados, las sospechas se inclinaron al lado de las cuotas sindicalizadas.

La respuesta del líder y diputado federal priista hizo que la piel de más de uno se pusiera de gallina: "No hay alteración, no es una inversión ajena o ilegal, todo está manifestado legalmente en mi declaración patrimonial". Y afirmó que no se trataba de un depósito, sino de un traslado de dinero de Serfin a Banorte. Sobre lo que pasó con los llamados entre funcionarios de la Secretaría de Hacienda y los ejecutivos bancarios, se mantuvo en el más estricto de los silencios, por aquello del secreto bancario.

A FUEGO CRUZADO

Complicada su situación por la derrota del PRI en 2000, la llegada del PAN a la Presidencia, la alianza Fox-Gordillo y el desprendimiento de

21 sindicatos —dolorosísimo porque sólo el SNTE se llevaba sus más de 1.3 millones de maestros, que, en términos económicos, representaban para la FSTSE ingresos fijos por siete millones de pesos mensuales y tres millones más de los restantes sindicatos— los detractores sonreían con la certeza de que el destino de Ayala estaba marcado.

Sus enemigos se sentaron a esperar. Un puesto de observación se instaló en las oficinas de Carlos Abascal Carranza, secretario del Trabajo y Previsión Social. Aunque inútil, la espera no fue larga. La segunda noche negra de Joel se presentó el sábado 1 de mayo de 2004, cuando se difundieron señalamientos en el sentido de que, a lo largo de 26 años de carrera sindical y política, había acumulado una fortuna calculada en 15 millones de dólares. Dicha fortuna, según sus detractores, se administró a través del Consejo de Inversiones y Bienes Productivos del SNTSA, creado por el dirigente a fines de la década de 1990 y, por supuesto, presidido por él.

Trabajadores agremiados en los sindicatos de 18 dependencias asociadas a la FSTSE entregaron documentos a algunos medios de comunicación del Distrito Federal en los que se cuestionaba a Ayala Almeida por sus cinco residencias en varias ciudades del país, un *penthouse* en la colonia Condesa, una "casita" de descanso en Acapulco, un departamento de lujo en San Diego, California, y residencias en Tijuana. El ataque fue persistente. Le documentaron un *jet* privado de seis plazas, una colección de autos deportivos y una cuadrilla de ocho caballos pura sangre que mantenía en el deportivo del SNTSA.

La vida entera de Joel fue expuesta al escrutinio público. Fue un festín informativo. Las investigaciones realizadas se publicaron primeramente en el diario *La Crónica*: "A finales de los 70, durante los 80 y a principios de los 90, Ayala se ligó con los vocales del FOVISSSTE, quienes informaban de los programas de construcción de vivienda en los que luego 'concursaba' [Joel] a través de su constructora Cososa S. A. de C.V. Ayala siempre ganó [...] Hizo lo mismo en la Secretaría de la Vivienda de la FSTSE, que ocupó durante las gestiones de Hugo Domensain y Manuel Germán Parra.

"Del origen de Cososa, los trabajadores aseguran que la obtuvo manejando las cuotas y prestaciones de trabajadores del SNTSA y de la FSTSE. Alejandro Vega Alfaro, ex secretario de la Sección 62 del SNTSA, expulsado de este sindicato por el actual secretario general, Marco Antonio García Ayala, cuenta que el senador priista obtiene recursos de las prestaciones de los trabajadores, que maneja a su libre albedrío. [...] Ayala controla política y financieramente el sindicato. Del fondo del auxilio por defunción, por ejemplo, a cada uno de los 152 mil trabajadores le descuenta diez pesos mensuales de su salario.

"Y cuando un trabajador muere, le entrega a sus deudos 40 mil pesos. En promedio, diez trabajadores del sindicato fallecen al mes; es decir, que del millón y medio que obtiene el sindicato por ese descuento a los trabajadores sólo se erogan 400 mil pesos al mes. [...] Del resto del dinero no se sabe qué destino tiene y no hay un órgano que obligue al sindicato a informar qué se hace. Ayala ha remodelado el deportivo del SNTSA en varias ocasiones con donativos millonarios que ha solicitado a la Secretaría de Salud. Entre esas remodelaciones, mandó construir una caballeriza; sus caballos (los) tenía antes en el Hipódromo de las Américas, en la cuadra del [ex] líder del [sindicato] del ISSSTE, Carlos Rivapalacio [Velasco]. Rivapalacio y Ayala eran amigos, pero rompieron cuando éste despojó al primero de una propiedad en la Colonia del Valle —aunque hay versiones de que no era una casa sino un predio adquirido con fondos del FOVISSSTE—, por lo que tuvo que llevarse a sus equinos al deportivo del SNTSA.

"A mediados de diciembre pasado, Ayala festejó su cumpleaños en el Farallón del Pedregal, propiedad de uno de sus sobrinos, con la presencia de unos 700 invitados que degustaron exquisitos platillos, vinos franceses y españoles, whiskys, champaña y coñacs. La fiesta fue amenizada por el mariachi de Juan Valentín, quien le cobró 200 mil pesos, y por el maestro [Marco] Antonio Muñiz, quien le cobró 700 mil pesos por dos horas de show. [...] Frío para la traición y el cálculo maniobrero, detrás de Joel Ayala, de su trato cordial y sociable, se esconde un hombre violento e intolerante a la crítica. [...] Nada le afecta más que una nota periodística que dañe su ego".

Bajo esa premisa y la mala imagen que los mexicanos tienen de los líderes sindicales, el golpe planeado por Elba Esther y Fox parecía certero. Quienes valoraron la circunstancia en la que lo dejaba la reducción de ingresos por el retiro de las 21 organizaciones afines a Elba —la mayoría porque veían en Joel la imagen del *charrismo*, y algunos temerosos de que el panismo los exhibiera—, algunos dirigentes empezaron a saltar de la barca, creyeron que, inevitablemente, se hundiría. No obstante, olvidaron una regla general de las telenovelas mexicanas: el protagonista sufre cualquier cantidad de infortunios, pero nunca muere. Joel Ayala aguantó el golpe con paciencia y optimismo.

Reacio a las entrevistas y aunque muy pocos le creyeron, Joel respondió por la misma vía. Negó la fortuna de 15 millones de dólares, se dijo dispuesto a cualquier investigación. "Estoy abierto, ahí están mis declaraciones como legislador, pero en realidad como mexicano; luego se suele dar que con posiciones como las que ha tenido la FSTSE algunos sectores o algunas corrientes pues dan informaciones equis, pero muy lejos de la realidad". Consideró que podían ser producto de una intriga; pero hasta allí llegó y rechazó la versión de que emprendería alguna acción legal contra aquellos burócratas que reunieron todas las piezas del rompecabezas y difundieron la información sobre su fortuna.

Del origen de sus propiedades y los señalamientos de malos manejos, así como de sus pleitos con Rivapalacio Velasco y los excesos que caracterizaban su vida optó por guardar silencio. Tampoco hizo declaraciones sobre sus primeros acercamientos con el ex presidente Ernesto Zedillo Ponce de León, con quien habría coincidido en la secundaria *18 de Marzo* de Mexicali. En este último caso él también abandonó el barco. Pero igual, después de julio de 2000 todos los priistas le sacaban la vuelta a Zedillo, a quien consideraban —todavía están convencidos de ello— traidor al PRI por haber entregado, con demasiada facilidad y atendiendo más al cuidado de su futura imagen personal, la Presidencia de la República al guanajuatense Vicente Fox Quesada, del Partido Acción Nacional (PAN).

Ante la falta de información en su sindicato, trabajadores inconformes del sector agrupados en el Sindicato Independiente de Trabajadores de Salud, así como en los frentes Independiente de Empleados Públicos, y de Resistencia y Anticorrupción le siguieron la punta a la madeja, empezaron a buscar y a encontrar explicaciones.

La primera fue sobre el enorme predio que se vendió al IFE —y en el que también se encuentra el Centro Deportivo del sindicato—. El tema parecía complicado, pero lo era sólo en apariencia. El terreno en cuestión fue donado por la Secretaría de Salubridad y Asistencia, pero hacia finales de la década de 1980 una parte, no regularizada, se vendió en secreto y un día se levantó allí la sede del Instituto Federal Electoral (IFE).

Según los informes de la época, el precio de venta fue de 12 mil millones de pesos. Entre los beneficiarios aparecía el nombre de Rafael Farrera Peña, secretario general del SNTSA, pero los trabajadores sabían que el control de la organización estaba en manos de Joel Ayala Almeida. Hubo muchas versiones encontradas, aunque, según la que circulaba entre los disidentes, la dirigencia sindical había recibido aquella especie de comisión de 3 mil millones de pesos por facilitar y concretar la operación.

Gerardo Jiménez, periodista del desaparecido periódico *El Independiente*, encontró algunos datos al respecto, y los publicó el domingo 7 de diciembre: "Entre 1988 y 1989 Ayala también se vio beneficiado con la edificación del Centro Deportivo del Sindicato de Salud. La construcción de dicho inmueble se hizo con aportaciones de la Secretaría de Salud de las que resultó beneficiada la compañía Constructora Cososa, S.A. de C.V., propiedad de Joel Ayala Almeida. [...] A través de prestanombres, los cheques girados al SNTSA para este fin, fueron hechos a nombre de Catarino Rodríguez —ex chofer de Ayala y presidente del Consejo de Vigilancia del sindicato durante esa gestión—, quien a su vez los endosó en pago a la constructora, la cual no facturó la operación, con lo que el dinero terminó en poder del propio Ayala.

"Fue Farrera quien recibió la obra, fuertemente criticada por la base trabajadora porque más bien parecía un club exclusivo para la dirigencia sindical. [...] Se dice que la sala de plenos del deportivo tenía aproximadamente 80 metros de largo por 30 de ancho, con piso de madera. La oficina que estaba destinada al 'líder moral' iba a ser equipada, entre otros lujos, con sauna y gimnasio; para los demás miembros del CEN del sindicato había un exclusivo comedor y lujosas oficinas de diferentes dimensiones. [...] En ese centro deportivo también se construyó un área especial para los ocho caballos pura sangre propiedad de Ayala, que eran guardados en el Hipódromo de la Américas en la cuadra de Carlos Riva Palacio, pero a raíz de un disgusto fueron sacados violentamente del hipódromo".

Políticamente astutos, algunos integrantes del Consejo General del SNTSA vieron y aprovecharon una rendija para exigir que se practicara una auditoría al manejo de recursos del sindicato y, en concreto a Ayala Almeida, pero, también astuto y mejor relacionado, éste se buscó el consejo y se acogió al poderoso manto protector del secretario de Gobernación salinista, Fernando Gutiérrez Barrios. Y lo obtuvo, aunque a un precio bastante alto.

Según versiones de trabajadores que vivieron parte del proceso, después de algunos encuentros con Gutiérrez Barrios y conocer resultados de la auditoría —irregularidades entre las que destacaban falsificación de nóminas, omisión de pago de impuestos, alteración de precios para algunas obras— y que éstos fueran entregados a la Comisión de Honor y Justicia, Joel Ayala Almeida presionó al dirigente formal del sindicato, Rafael Farrera Peña, para vender o ceder a Gobernación los terrenos sindicales para levantar las oficinas centrales del IFE. Al concluir la auditoría, escribió Gerardo Jiménez, se propuso la suspensión de derechos sindicales y la expulsión de Ayala, Catarino Rodríguez y José Luis Martínez Álvarez por considerar que habían incurrido en graves violaciones al estatuto en agravio de la agrupación.

"Preocupado, Ayala recurrió nuevamente a Gutiérrez Barrios, quien le prometió librarlo de la expulsión, no sólo a él sino a los demás presuntos responsables, a cambio de la renuncia voluntaria de su plaza en la SSA —Secretaría de Salubridad y Asistencia—, lo cual hicieron de inmediato en octubre de 1990. [...] Finalmente, Farrera, acosado por el secretario de Gobernación y presionado por Ayala —quien lo había impulsado para el cargo de secretario general del sindicato—, terminó convenciendo a los demás dirigentes del SNTSA para acceder a la venta del terreno, que oficialmente quedó valuado en 12 mil millones de pesos de aquella época, de los que, según versiones de entonces,

Ayala y Farrera recibieron una tajada de 3 mil millones de pesos para poner punto final al conflicto".

Si bien no los tomó en cuenta, los detractores pidieron a la desaparecida Secretaría de la Función Pública (SFP) una exhaustiva investigación, además de que la ya Secretaría de Salud instrumentara medidas jurídicas para la desincorporación de los predios porque ninguno de los dos estaba regularizado. Hasta allí quedó todo. Los priistas se negaron a investigar a uno de los suyos. Sucios hasta las manitas en sus propios casos de corrupción —y después del fracaso de la Maestra para apoderarse de la FSTSE—, los panistas dieron la vuelta a la página; discretamente, se hicieron los desentendidos.

En el ojo del huracán

En cuanto al control que Ayala tiene, desde 1977, del sindicato de la Secretaría de Salud, las explicaciones sobran. En 1980 y gracias a los servicios prestados para someter a los sindicalistas democráticos, el lopezportillismo le dio manga ancha para imponer como sucesor a su compadre y guía Leopoldo Morales Nava, quien le financió la campaña para presidir el sindicato de 1977 a 1980. Nunca más soltó las riendas. A Morales le siguieron Rubén Nuricumbo Díaz —su primer protector—, Francisco Tapia Rentería, Víctor Manuel Sarabia Luna, Rafael Farrera Peña, José Luis Martínez Álvarez, Gildardo Bueno Avechucho y Rodolfo Monsiváis Santos, hasta heredar el puesto a su sobrino Marco Antonio García Ayala.

De la historia de cada uno de ellos también se ha llevado cuenta puntual. Al primero lo destituyó; al segundo le prestó, porque no hay otra palabra que defina mejor lo que pasó en 1981, la Secretaría General del SNTSA; a Tapia Rentería, el único que osó enfrentarlo poder a poder, lo toleró de enero a noviembre de 1986, pero nunca lo dejó trabajar hasta su destitución por una junta de gobierno bajo su mando. Sarabia pasó bien de 1986 a 1989, pero su estadía en la Secretaría General se atribuyó no sólo a que era parte de los ayalistas incondicionales, sino porque propuso y cumplió con la construcción del edificio sindical en el sur de la Ciudad de México —allí donde también se encuentran las oficinas del IFE.

Según las crónicas de la época, el siguiente en la larga lista de imposiciones, Farrera Peña, fue destituido a principios de la década de 1990 con todo y su comité ejecutivo cuando estalló el escándalo de los terrenos del IFE y el deportivo del sindicato. Le siguió Martínez Álvarez, al que aguantó un trienio, lo ratificó, pero terminó por echarlo y expulsarlo del sindicato para darle paso a Gilberto Bueno Avechucho. Éste fue el responsable de abrirle paso, en la Secretaría de Finanzas, a Marco Antonio García Ayala, el sobrino y actual dirigente del Sindicato de Trabajadores de la Secretaría de Salud.

Aunque a decir verdad, el hecho de estar bajo las órdenes y caprichos de Ayala les fue muy bien redituado: algunos consiguieron un nombramiento y otros más que eso. Es el caso concreto de Esperanza Fujigaki Lechuga, quien llegó a la presidencia del Comité de Vigilancia y Justicia.

Francisco Rodríguez, uno de los periodistas que más lo siguieron en aquel tormentoso diciembre de 2003, cuando arreciaba la pugna con Elba Esther Gordillo Morales, escribió en su columna "Índice Político": "Desde su arribo a la dirigencia del SNTSA, Joel Ayala ha mantenido su predominio apoyando a sus incondicionales en las secciones sindicales con dinero y carteras, lo mismo que en el CEN de ese organismo y aislando y hasta expulsando del sindicato a quienes no se pliegan a su línea. [De entre] sus principales colaboradores, cuyo común denominador es el bajo perfil, que lo mismo le sirven una copa, le cargan el portafolio o le manejan el auto a él o a quien les ordena, sobresale el nombre de Catarino Rodríguez, quien fue chofer de Ayala desde 1977 y el más abyecto de sus protegidos, y quien hacía de bufón para divertir a sus hijos y a quien incluso llegó a golpear en algunos de sus frecuentes excesos etílicos, lo colocó en varias carteras del sindicato, llegando a ocupar la segunda en importancia que es la presidencia del Comité Nacional de Vigilancia y Justicia, utilizándolo en muchas ocasiones como prestanombres en operaciones ilícitas y el cual conocía sus debilidades y atrocidades. Tuvo un trágico final, pues murió en un 'accidente' o ejecución, dicen otros, perpetrada por Ayala".

Rodríguez hizo otros señalamientos que causaron escozor, por lo claridosos y duros: "*El vicioso*, como lo llaman en medios sindicales por su afición al juego, y por sus adicciones a sustancias tóxicas —también incursionó en negocios financieros—. Por ejemplo, en 1991 recibió instrucciones de Fernando Gutiérrez Barrios —secretario de Gobernación en el gabinete de Carlos Salinas—, y Ayala ordenó a José Luis Martínez Álvarez contratar con la compañía de seguros La República una póliza para el manejo del fondo de ahorro para el auxilio por defunción, que devino en un fraude, ya que dicha compañía estaba en quiebra técnica (que también dañó al sindicato del Seguro Social), por lo que ese dinero se esfumó".

Cuando todavía no recuperaba el aliento por completo, los separatistas de la FSTSE, quienes creían que estaban creando un movimiento histórico, recordaron que, desde los primeros meses de 2001, la Procuraduría General de la República investigaba a Joel Ayala y a otros dirigentes burócratas —entre ellos Óscar Mario Santos Gómez, del Comité Ejecutivo Nacional, y los chiapanecos Javier Álvarez Ramos y Guillermo López Rodríguez— por presunto fraude con créditos para vivienda, denunciado por 41 trabajadores de 12 dependencias federales en el estado de Chiapas. Al final, el número de inconformes se ubicó en 151 burócratas "beneficiados" en febrero de 2000 con créditos por 161 mil pesos para vivienda.

Presentada el 21 de diciembre de 2000, la denuncia penal atribuyó a la FSTSE la manipulación del lenguaje para alterar el destino de los préstamos. Los demandantes solicitaron créditos del Fondo de Vivienda del ISSSTE para compra de casas en Chiapas, pero, alevosamente, la federación de sindicatos los convirtió en créditos para construir. Aunque parece lo mismo, hay mucha diferencia, tan grande como la distancia de Chiapas, donde se utilizarían los recursos, al Distrito Federal, sede de la FSTSE. Además, alertaron los denunciantes, una constructora privada recibió el contrato para construir las viviendas sin licitación en una zona de Tapachula no urbanizada, sísmica, en terrenos más pequeños de lo pactado y con materiales de baja calidad.

La denuncia fue clave para que el FOVISSSTE realizara una serie de inspecciones a partir de octubre de 2000, cuando llegó la primera queja de los trabajadores "beneficiarios" de los créditos o préstamos para vivienda, pero sus conclusiones fueron muy desalentadoras: el ISSSTE "no interviene en la selección de la empresa que edifica las viviendas"; fueron los líderes sindicales quienes eligieron a la constructora y pidieron cambiar el carácter de los créditos.

Ilusionados porque al fin tendrían crédito para adquirir una vivienda, los inconformes —presionados por líderes de la FSTSE— no tuvieron oportunidad de revisar que, cuando firmaron los documentos respectivos o contrato de garantía hipotecaria correspondiente al préstamo, aceptaron o declararon que el inmueble se encontraba totalmente urbanizado y con factibilidad para introducir los servicios básicos de agua potable, electricidad, y drenaje, y que éstos serían responsabilidad de las autoridades municipales correspondientes.

"Cuando los trabajadores se pusieron a hacer preguntas sobre, por ejemplo, por qué los contratos no tenían fechas, por qué no había especificaciones de obra o por qué no venía el número de lote o manzana, los líderes advirtieron que si no firmaban, se exponían a que les cancelaran el crédito"; también fueron informados de que la FSTSE y el FOVISSSTE, a través del líder nacional Joel Ayala Almeida y Óscar Mario Santos Gómez, habían hecho trato con la empresa constructora denominada Argos-Quma, de acuerdo con una nota que el periódico *Reforma* publicó en su edición del 28 de marzo de 2001.

Pero éste, en realidad, fue por esos días un contratiempo menor, una piedra en el zapato, porque el Tribunal de Conciliación y Arbitraje le recordó a Ayala Almeida que tenía otros pendientes delicados. El 5 de junio le dio el reconocimiento oficial a la Federación Democrática de Sindicatos de Servidores Públicos (Fedessp) como central obrera con registro legal, conformada por 18 sindicatos y 1.6 millones de agremiados. El anuncio oficial lo hizo el maestro Ochoa Guzmán, presidente colegiado del nuevo organismo: "Esta conquista es irreversible, este anuncio del tribunal manifiesta ya nuestra constitución legal [...] La maestra Elba Esther Gordillo es presidenta de uno de los sindicatos que forman esta federación y se acabó, no hay más".

Sobre cómo lo ven sus panegiristas hay testimonios de sobra: político de visión, ha construido fuertes lazos de amistad con personajes

227

como Enrique Peña Nieto, Manlio Fabio Beltrones, Emilio Gamboa Patrón y Eruviel Ávila Villegas. A partir de septiembre de 2012, Ayala Almeida es, por segunda ocasión, senador de la República, lo que le garantiza inmunidad, conocida como fuero legislativo, e impunidad. Y más de un analista está convencido de que esa posición fortalecerá políticamente a la FSTSE y, por su puesto, a su sobrino en el sindicato de Salud.

En otro grupo, se fortaleció la idea de la FSTSE, así como el SNTSA con organizaciones para servir al nuevo gobierno priista encarnado en el mexiquense Enrique Peña Nieto, con prácticas verticales de conducción, sin márgenes de negociación bilateral, así como de control de las inquietudes y demandas de los trabajadores.

Como se publicó en junio de 1994, quienes conocen al senador Joel Ayala dicen que no conviene confiar en su amabilidad, porque él se jacta de cultivar solamente amistades útiles. Tal estrategia le ha servido para mantenerse 27 años como jefe máximo del SNTSA y, desde 1998, regentear la FSTSE, lo cual le ha permitido disponer mensualmente de los 12 millones de pesos que reditúa el primero y 2 millones que le entrega la segunda por concepto de cuotas de los afiliados, que se suma a su salario mensual como senador.

Las circunstancias poco han cambiado. Si algo bueno le pudo pasar a Joel Ayala Almeida en sus enfrentamientos con Elba Esther, Fox y Creel fue aferrarse a su dirigencia y mantenerla, denunciando al mismo tiempo la intromisión del gobierno panista en asuntos sindicales, porque, desde su creación en 1938 como organismo gremial para apoyar al presidente de la República en turno, la FSTSE se ha convertido en un organismo para dar salida a presiones partidistas del priismo. Los enfrentamientos lo hicieron uno de los héroes modernos del PRI.

Capítulo IX

El *sultán* de Tamaulipas o *el discreto encanto de la burguesía* petrolera

CON CIERTA BRUSQUEDAD, viejos discursos se han instaurado como la novedad de un Partido Revolucionario Institucional "nuevo" y "renovado" que, después de un receso de dos sexenios fuera de la presidencia de la República, regresa para dictar cátedra de cómo hacer las cosas y "mover a México al lugar que se merece" —eslogan tan socorrido del actual gobierno— por el camino del desarrollo, el crecimiento y la legalidad.

Nada nuevo bajo el PRI. Como bien apunta la escritora, narradora y ensayista Sabina Berman, "se trata del viejo ritual priista de decir para no decir. De hacer al idioma sobrevolar la realidad sin rozarla. Aludiéndola. Una coquetería del autoritarismo amable de México. Te advierto que puedo dar mazazos de poder a quien me estorbe, pero no lo apalabro, para que el miedo invada la nación como una niebla sagrada".

Nada hay nuevo bajo el PRI. Por un lado, el autoritarismo; por el otro, la impunidad. La realidad y cronología del pasado se han vuelto el prólogo de un dramatismo en el que reina la confusión y donde, en ocasiones, parece imposible procesar tanta información sobre los excesos al amparo de acuerdos políticos o legales. Ése es el trance de Petróleos Mexicanos (Pemex). Los escándalos se encienden como fuego en gasolina dentro un país consumido por la corrupción. En 12 años, los dos gobiernos panistas que se proponían como el cambio no pudieron, o no intentaron, desmantelar el viejo régimen de abusos y despilfarros; más bien aceitaron el engranaje y sofisticaron la maquinaria sindical moderna puesta en marcha durante el sexenio del presidente Adolfo López Mateos.

Petróleos Mexicanos es la mayor empresa del país, da empleo a casi 150 mil personas —117 mil sindicalizadas y 30 mil de confianza—, pero parece el negocio de unos cuantos. Los ciudadanos conocen de oídas la bonanza petrolera. Nadie se atreve a predecir con exactitud el futuro real de este monopolio estatal. En él se escriben y prueban todo tipo de abusos y cada día brotan nuevos excesos. Sólo hay una realidad: los rumores, la inmoralidad y los desmanes de su líder sindical que se han apagado en el Congreso.

Desde su ascenso al poder total en 1993, el tamaulipeco Carlos Romero Deschamps comienza una historia de oscuras maquinaciones, dudosos negocios, traiciones y tráfico de influencias que, de la noche a la mañana, le abrieron las puertas de la alta aristocracia política y empresarial, tal como se le abrirían a un viejo sultán o jeque árabe llegado del país de nunca jamás.

Comparado con la lujosa vida que se da actualmente, sólo es un mal recuerdo aquella época cuando, a los 20 años de edad, su primo Víctor Deschamps Contreras lo presentó con Joaquín Hernández Galicia *La Quina*, quien se encargó de buscarle una plaza sindicalizada en Pemex, lo hizo su chofer y, más tarde, lo tomó como mandadero o carga-maletas hasta confiar en él e introducirlo en los grandes negocios, enviándolo como preparador de raya a la refinería de Salamanca.

En pleno poderío juvenil de *La Quina*, en el siglo XX, decidió acogerlo junto con Sebastián Guzmán Cabrera, guiarlo y educarlo para formar parte de la camada con la que pretendía, quizá porque no había otra salida y la guerra interna era a morir, hacer a un lado a sus rivales y consolidar una pequeña dinastía sindical.

A Hernández Galicia no le costó ningún trabajo dejarse adular. Tanto aprecio le tomó a Romero Deschamps que un día le confió la misión que le haría probar las mieles del poderío real, las entrañas verdaderas del monstruo sindical. Después de protegerlo en Salamanca, lo envió en 1971 como su representante, para hacer labores de espionaje, a la refinería de Azcapotzalco, en la Ciudad de México, donde, además, aprendería al lado del dirigente de la conflictiva Sección 35: Héctor Martínez González.

En los blogs petroleros de la oposición se cuenta: "Romero en realidad era y sigue siendo un personaje de características gris y oscuro. No tenía ni tiene cualidades, tampoco trayectoria política, se recuerda como un personaje retraído y poco sociable", con su chamarrita negra. Otros, como Juan Díaz —secretario del Exterior del Sindicato de Trabajadores Petroleros de la República Mexicana (ST-PRM) durante el quinismo—, han señalado: "Desde entonces [Romero Deschamps] era servicial. Era de las personas que nadie lo llamaba, pero siempre quería participar en las discusiones. Se le notaba lo extrovertido. Esas características lo ayudaron a ocupar puestos y a cultivar protagonismo". En 1971 fue comisionado nacional en las negociaciones del contrato colectivo.

Seis años después, el espionaje y sus continuos viajes a Ciudad Madero rindieron frutos. En un golpe de timón orquestado por *La Quina*, Romero Deschamps fue ungido como nuevo dirigente de los petroleros de la Sección 35, en donde se mantuvo hasta enero de 1989, cuando le dio la espalda a su protector y se pasó al lado de los golpistas, encabezados por el presidente Carlos Salinas de Gortari.

Cuando se reconstruye la historia de su ascenso, la investigación periodística documenta cómo durante las primeras horas de la madrugada del 10 de enero de 1989, Romero Deschamps jugó el papel de delator. Convencido de que en la carrera por el poder todo se vale y la amistad frente a los negocios es sólo un barco frágil de papel, Carlos empezó a soñarse ocupando el lugar de su protector. Al igual que Judas, sospechaba que había sido elegido entre todos los discípulos para traicionar a Jesús, al ser considerado por el dedo presidencial para capturar a Joaquín Hernández Galicia.

Desde altas esferas se había planeado un operativo para detener a *La Quina*. Los coordinadores de la operación temían quedar en ridículo si, en la irrupción a la residencia de Hernández Galicia, descubrían que éste había dormido en otro domicilio no identificado. No habrían sabido qué hacer con las armas ni con el cadáver que llevaban preparados para acusar al viejo líder petrolero. Eso los obligó a buscar en Romero Deschamps a un ambicioso aliado dentro del pequeño grupo de confianza de Joaquín Hernández Galicia. A las dos de la madrugada de ese día, a Deschamps le correspondió hacer la llamada telefónica para corroborar y garantizar que su otrora líder dormía en su residencia de Ciudad Madero y que allí estaría, dormido todavía, cuando empezara el operativo del Ejército mexicano para detenerlo, literalmente, en calzones o en pijama, como fue sacado de su domicilio y subido al convoy militar que lo trasladaría a prisión.

Quienes están cerca de él afirman que quería ser líder absoluto después del operativo contra *La Quina*. Incluso hizo el intento de pelear la Secretaría General hasta que recibió una llamada de Los Pinos. Momentáneamente se le enfriaron los ánimos. El elegido de Salinas era otro *charro*, dócil e igual de traidor como él: Sebastián Guzmán Cabrera y no habría cambios en la decisión. Acostumbrado a obedecer, Carlos aceptó con resignación el nombramiento

Desde entonces, con sólo 45 años de vida, Romero Deschamps se llenó de brillo y abundancia, pues al igual que el mítico rey Midas, encontró en el petróleo la manera más cómoda para satisfacer su voracidad por los lujos y comodidades para consentirse a sí mismo, pero, sobre todo, a su familia. Nada hay más parecido a la vieja práctica del nepotismo. A través del sindicato le dio cobijo a hermanos, primos, cuñados, sobrinos, toda la parentela comenzando con su hermana, María Esther Romero Deschamps; sus cuñados Guadalupe Lidia Durán Lima y Álvaro Durán Lima; y sus primos Roberto González Romero, Nora Estela Deschamps Contreras y Silvia Deschamps Contreras.

Ernesto Prieto Ortega, ex candidato a alcalde de Salamanca, Guanajuato, denunció recientemente en una entrevista con el periódico *Reforma* que Romero Deschamps le aseguró un buen porvenir económico a sus familiares cercanos. "Toda la familia está trabajando en Pemex, tienen planta, y no son 12, son más, y están en Salamanca y en Hidalgo, donde Romero Deschamps tiene gran influencia. La mayoría cuenta con antigüedad de más de diez años"; muchos de ellos tendrán contrato vigente con Pemex por 986 años. Los familiares del líder petrolero están comisionados a labores del sindicato que nadie sabe en qué consisten.

Entre los 36 comisionados del Comité Ejecutivo local de la Sección 24 del sindicato petrolero aparecen los familiares del dirigente nacional. De octubre de 2012 y hasta 2015, con Fernando Pacheco Martínez al frente de dicha sección, figuran en nómina: Armida Deschamps Durán, Víctor Hugo Deschamps Lugo, Álvaro Durán López, Víctor Deschamps Durán y Ricardo Deschamps Morán; sus primos Roberto González Romero, Nora Estela Deschamps Contreras y Silvia Deschamps Contreras.

Por eso, desde hace mucho dejaron de ser un mero chisme su reloj Audemars Piguet con incrustaciones de oro de 18 kilates —cuyo costo mínimo se ubica en 40 mil dólares—, su colección de autos exóticos, la leyenda de su castillo en Francia, su departamento en Cancún, su lujoso yate Sunseeker 47 Portofino y sus viajes de placer a Las Vegas. Romero Deschamps heredó sus gustos por el lujo y el derroche a dos de sus hijos: Paulina, de quien se ha escrito en todos los medios de comunicación, y José Carlos Romero, el mayor, quien para evitar las habladurías, desde mediados de la década de 2000 decidió radicar, como si fuera hijo de un sultán petrolero, en Florida.

En 1992 se conformó con ser secretario del Interior del STPRM, puesto que le otorgó Guzmán Cabrera. Su férrea disciplina y el sometimiento a las decisiones presidenciales lo recompensaron. Enfermo Guzmán Cabrera en junio de 1993, desde la misma Presidencia de la República salió la orden para elegirlo, con todos los honores correspondientes, como nuevo dirigente de los trabajadores petroleros mexicanos. Y el 25 de ese mes tomó posesión.

Todavía hay quien recuerda que por su limitadas cualidades de líder y porque desde el principio quedó relegado a ser la sombra de *La Quina*, muchos le auguraban a Deschamps una estancia corta frente al sindicato petrolero. Nunca se imaginaron que venía con la actitud y las cualidades para reelegirse por más de una vez. El 27 de octubre de 2005 acababa de cumplir 12 años como secretario general del sindicato, cuando decidió que era tiempo de organizar una nueva elección y reelegirse por tercera vez. Aunque para lograrlo violó los artículos de los estatutos internos y la Ley Federal del Trabajo —se permite la elección en dos ocasiones—, su reelección fue avalada por el secretario de Gobernación, Carlos María Abascal Carranza.

El nombramiento de 2005 es el más sucio, irregular y tramposo que se haya registrado en el Sindicato de Trabajadores Petroleros de la República Mexicana, respaldado por todas las instancias gubernamentales. Con ello, consolidaba la fuerza que había adquirido al amparo del gobierno de Vicente Fox cuando ese año, tras un proceso legal amañado, salió ileso de todo cuanto se le acusó. En septiembre de ese año, Horacio Duarte Olivares, presidente de la Sección Instructora que en la Cámara de Diputados seguía el desafuero de Romero Deschamps por desvío ilegal de recursos, atribuyó un estancamiento del caso al presidente, por un acuerdo con la lideresa magisterial Elba Esther Gordillo Morales.

Sobre el tesorero del sindicato, precisó: "El caso ya no está porque la Sección Instructora emitió su dictamen, remitido a la presidencia de la Cámara y, al inicio de esta legislatura, en una negociación política con acuerdo mayoritario del pleno, fue enviado a la Comisión Jurisdiccional [...] y ésta no tiene ninguna atribución ni facultad para dictaminar [...] es como haber enviado a un enfermo del estómago con el mecánico [...] creo que el gobierno federal está protegiendo a alguien que cometió un delito".

En octubre de 2007 también recibió el aval amplio y total de Felipe Calderón Hinojosa, a través del secretario de Trabajo Javier Lozano Alarcón. Aquel año, un grupo de trabajadores ganó una demanda de impugnación por la llamada cuarta, en realidad tercera, reelección. El Tribunal Superior de la Federación le ordenó a la Secretaría del Trabajo y Previsión Social retirar la toma de nota, pero en 15 minutos, Lozano Alarcón solucionó el problema y le otorgó una nueva. Con el viento a favor, quedaba claro que Carlos Romero Deschamps era el favorito de la Presidencia.

LA FUENTE DE LA IMPUNIDAD: BENEFICIARIO DIRECTO

Paralizada definitivamente cualquier acción contra el desafuero, llegado diciembre de 2006 Carlos Romero Deschamps y Ricardo

Aldana Prieto tenían sólo un gran enemigo de peso en el gabinete calderonista que, según lo muestran todas las evidencias, quería a Pemex para sí mismo y sus amigos: el español, mexicano a conveniencia, Juan Camilo Mouriño Terrazo, pero éste murió en un avionazo, víctima no de la impericia de un piloto, sino de la corrupción gubernamental.

En 2012, a tan sólo unos días de que terminara la administración de Felipe Calderón Hinojosa y con 19 años de estar enraizado en el Sindicato de Trabajadores Petroleros de la República Mexicana (STPRM), Romero Deschamps convocó a los dirigentes de las 36 secciones y tres delegados adicionales de cada una de ellas para que votaran, literalmente a mano alzada, por la planilla del nuevo Comité Ejecutivo Nacional, que lo tenía a él como dirigente. La reunión se llevó a cabo a puerta cerrada en las instalaciones del sindicato, de donde salió el visto bueno para que prolongara su mandato hasta 2018.

Ese mismo día, 20 de octubre de 2012, Elba Esther Gordillo Morales también celebraba con sus allegados su reelección al frente del Sindicato Nacional de Trabajadores de la Educación por otros seis años. Festejo al que se sumó Romero Deschamps, a quien se le vio muy contento junto a la lideresa. Tiempo después, él vería de lejitos la destitución y encarcelamiento de su amiga.

Sin lugar a dudas el encarcelamiento *inesperado* de la lideresa magisterial generó altas expectativas en el imaginario colectivo de que Romero Deschamps le hiciera compañía. El argumento que dio el gobierno federal para justificar la detención —desvío ilegal de cuotas sindicales— se prestó para regresar a ver al líder petrolero cuya lista de abusos e ilegalidades ha sido ampliamente documentada.

Las especulaciones tomaban forma luego de que se hiciera público que la Sección Metropolitana número 34, que dirige Sergio Gutiérrez Rojas, había convocado a una elección el 19 de octubre de 2012 con la firme intención de terminar con el cacicazgo de Carlos Romero Deschamps. Su lugar —de acuerdo con la voluntad del 71 por ciento de los delegados provenientes de diferentes estados de la República— sería ocupado por Jorge Hernández Lira. El encumbramiento fue avalado en un documento que se firmó de puño y letra por los asistentes, el cual se presentó a la entonces secretaria de Trabajo y Previsión Social, Rosalinda Vélez Juárez.

Como el calderonato estaba por terminar, se dictaminó que fuera la nueva administración la que diera la tan codiciada toma de nota a Hernández Lira, razón por la que el 2 de enero le comunicaron de la asamblea al político hidalguense Miguel Ángel Osorio Chong —nuevo secretario de Gobernación—, a Emilio Lozoya Austin —director general de la paraestatal—, y a la Secretaría del Trabajo y Previsión Social, la responsable de dar fe y legalidad de la dirigencia a través de la llamada toma de nota. Todo quedó en veremos.

Aunque se rumoraba que Romero Deschamps tampoco tenía la toma de nota que avalara su reelección, demostró que los papeles sobran cuando se tiene la mano del presidente de la República. En el festejo por el aniversario número 75 de la expropiación petrolera que se llevó a cabo en Salamanca, Guanajuato, presidido por Enrique Peña Nieto, Lozoya Austin, Pedro Joaquín Coldwell, secretario de Energía, y Carlos Romero Deschamps, el presidente hizo uso de la retórica para "reiterar la más amplia felicitación a todos los trabajadores de Pemex, a todos quienes contribuyen y laboran en esta gran empresa que desde hace 75 años ha sido y seguirá siendo de todos los mexicanos". Discurso que fue correspondido con la declaración de Romero Deschamps: "Ya queríamos que un Presidente estuviera con sus amigos los petroleros".

Ni cómo negar que esta amistad, al menos para el obrero, es una de las más caras, porque en ella se encierra el compromiso adquirido por su líder de servir a los intereses del gobierno. Lo que queda de por medio es el patrimonio sindical, ese que en papel está destinado para proporcionar viviendas dignas a los trabajadores de Pemex, pero que, en los hechos, tiene otros fines, como el financiamiento de campañas electorales. Un caso reciente lo representan 500 millones de pesos que la paraestatal prestó al sindicato y que hasta la fecha sus agremiados no han podido saber dónde quedaron, pero sí que se tienen que pagar con mensualidades de 8 millones 333 mil 333 pesos.

De acuerdo con una nota que publicó el periódico *Reforma* el 14 de febrero de 2013: "El convenio fue firmado el 27 de julio de 2011 por

Romero Deschamps como secretario general del sindicato, Ricardo Aldana como presidente del Consejo General de Vigilancia y Manuel Limón como secretario tesorero. Por Pemex lo signaron Carlos Alberto Treviño, director corporativo de Administración, y Marco Antonio Murillo, subdirector de Recursos Humanos y Materiales. El director de Pemex entonces era Juan José Suárez Coppel. Pemex entregó los 500 millones el 8 de diciembre de 2011 mediante una transferencia electrónica". No fue sino hasta el 11 de enero de 2012 cuando registraron el convenio. "Un día después, el entonces precandidato del PRI, Enrique Peña, se reunió con los trabajadores petroleros en la sede de la Sección 34 de Azcapotzalco y Romero Deschamps anunció el apoyo del gremio sindical", recordó el periódico.

Prosaica como es la realidad, el rostro del líder petrolero es conocido porque en 2000 brotaron a la superficie las pruebas irrefutables sobre los manejos irregulares y el desvío de recursos millonarios de Pemex para apoyar la gris campaña presidencial del priista Francisco Labastida Ochoa. Pero también porque cada periodista y académico que lo investiga ha encontrado en él a un contador público arrogante, advenedizo, de calva en esplendor, millonario y con una primitiva intuición de la codicia.

"No hay líderes obreros pobres en México, la mayoría son millonarios o multimillonarios, a diferencia de los verdaderos obreros. Y destacan dos (casos) en particular: Romero Deschamps y (el extinto) Leonardo Rodríguez Alcaine, quien tomó las riendas de la otrora poderosa Confederación de Trabajadores de México (CTM) a la muerte de Fidel Velázquez Sánchez en junio de 1997", observa Martín Carlos Ramales Osorio en su texto *Corrupción de líderes sindicales en México, un análisis para Contribuciones a las Ciencias Sociales de la Universidad de Málaga.* El investigador precisa: "Ambos lograron amasar inmensas fortunas al amparo del poder sindical. Como aliados y operadores políticos del partido en el poder han gozado de múltiples privilegios y, por tanto, de impunidad".

Con toda impunidad y al margen de su fuero como legislador federal, Romero Deschamps dispuso de los recursos que dieron origen al llamado *Pemexgate* —luego vendrían otros *Pemexgate*, también por miles de millones de pesos—, porque conoce el lado oscuro de los funcionarios de Pemex y del Sindicato de Trabajadores Petroleros de la República Mexicana: el caciquismo, tráfico de plazas, prebendas gubernamentales, traiciones internas, castigos colectivos, pistolerismo y otros métodos gansteriles de control. Estas prácticas generalizadas hacen del sindicato una eficaz e influyente organización al servicio de la Presidencia de la República.

Aun con el beneficio de la duda, para el *Pemexgate* I se calcula que los recursos se ubicaron en 4 mil millones de pesos que la Dirección General de la empresa, a cargo de Raúl Muñoz Leos, entregó al sindicato en 2004 en un caso conocido como un nuevo *Pemexgate*. Por este mismo, en julio de 2007, la Secretaría de la Función Pública inhabilitó por diez años a Muñoz Leos y al ex abogado general de la paraestatal, Juan Carlos Soriano Rosas, y les impuso una multa de 862 millones de pesos a cada uno, derivados de este nuevo abuso.

Ambos fueron declarados responsables de un quebranto a Pemex por mil 724 millones de pesos, así como de entregar recursos al sindicato sin la autorización del Consejo de Administración y sin apegarse a la normatividad. La Función Pública sustentó su decisión en 52 elementos para probar la entrega directa de recursos no autorizados.

Bajo el convenio 10275/04, Muñoz Leos y Soriano entregaron al sindicato los mil 724 millones de pesos. Pero también le dieron otros mil 65 millones 518 mil 939 pesos para vivienda y 459 millones de "ayuda de gastos" para festejos como el del aniversario de la expropiación petrolera, que le adeudaban de 2001, 2002 y 2003.

Desde la Secretaría General del sindicato petrolero, con la abierta complicidad de los dirigentes priistas y los favores gubernamentales panistas, Romero Deschamps ha sabido mover los hilos de la corrupción imperante para manejar la situación política a su antojo. Por eso nadie se sorprendió de que, de la noche a la mañana, la presidencia salinista haya violado todos los estatutos para imponer, después del encarcelamiento de *La Quina*, a Sebastián Guzmán Cabrera y, luego, a Carlos Romero Deschamps, ambos formados a imagen y semejanza de su maestro Joaquín Hernández Galicia.

Registrado como un trabajador de planta sindicalizado —nivel

G29—, con un salario de 11 mil pesos más bonos de productividad, apoyos a la canasta básica, bonificaciones para gas doméstico y ayuda de gasolina, con lo que sus percepciones mensuales se elevarían a 24 mil 633 pesos... casi como cualquier trabajador, con la diferencia de que éste no sabe cómo hacerle para, con 11 mil pesos, comprar una residencia de un millón 350 mil dólares.

Una operación aritmética simple muestra que, si se suman y promedian sólo los ingresos que el sindicato recibió del gobierno cada año, Romero Deschamps administró, de 2007 a 2010, unos 685 mil pesos diarios, poco menos de 30 mil pesos por hora. Valga la insistencia, sin incluir las cuotas que cada quincena se descuentan a los trabajadores para mantener funcionando al sindicato, cuya cúpula está integrada por 68 funcionarios del Comité Ejecutivo General, cinco consejeros sindicales, 86 integrantes de las comisiones nacionales mixtas, 162 comisionados nacionales y 12 comisionados adscritos.

En una amplia nota para la revista semanal *emeequis*, publicada el 9 de agosto de 2008, la periodista Fátima Monterrosa detalló: "Un reporte de Pemex entregado con base a la Ley de Acceso a la Información Pública revela cifras hasta ahora imaginadas, pero nunca conocidas de manera oficial: La dirigencia nacional encabezada por Romero Deschamps recibió, de enero de 2005 a julio de 2007, una cifra que rebasa la imaginación de la mayoría de los trabajadores (y) cuyo destino nadie conoce: más de mil 408 millones de pesos. [...] En ese mismo periodo ha acumulado en el banco un monto de cuotas sindicales que hasta ahora no se conocía: 876 millones de pesos, cuyo destino nadie conoce. [...] Nada mal para un contador de 64 años de edad que gusta de viajar a Las Vegas —como lo hacía a cuenta del sindicato Salvador Barragán Camacho[13]—, usar reloj de oro y viajar en su yate particular *El Indomable*".

---

[13] Mejor conocido como *El Chava* Barragán, era amigo y compadre de Joaquín Hernández Galicia, con quien alternaba la dirigencia del sindicato petrolero. Cliente asiduo de Las Vegas, donde una vez llegó a perder, en una sola noche, un millón de dólares. Todavía hay quien recuerda que cuando jugaba su equipo, el Tampico Madero iba al estadio a verlo jugar y al término del primer tiempo le gustaba tirar dólares para toda la concurrencia.

Monterrosa encontró lo oculto. En esa época el sindicato recibía en sus estados financieros un promedio de un millón 513 mil pesos por día —dinero suficiente para formar una dinastía y darse todos los lujos posibles en un país en el que un líder sindical no debe rendir cuentas ni a sus agremiados—. "Deschamps —precisa— no es en absoluto lo que era antes. No queda nada de aquel abonero que vendía ropa y calzado, de casa en casa, en Tampico. Ni del joven chofer que cargaba el portafolios del otrora poderoso dirigente petrolero Joaquín Hernández Galicia".

Las pequeñas prebendas gubernamentales y la extraña habilidad financiera de Romero Deschamps han dado material de sobra. Destaca entre los personajes que han hecho fortuna al amparo de sus amigos-aliados, encumbrados por Carlos Salinas de Gortari. Se ha convertido en la clase de políticos que no tiene necesidad de recibir aumentos salariales para ver incrementadas sus posesiones personales y su fortuna. Hace años que su salario nominal es el mismo, y sus detractores, todos ellos despedidos o castigados en Pemex por exigir el respeto a sus derechos, están convencidos de que se hizo accionista del Grupo Banorte. Estas versiones se basan en el reporte de resultados 2001 de dicho consorcio que circula todavía por Internet. En el informe se incluye, en la página 21, a Carlos Romero Deschamps como uno de sus consejeros propietarios, junto a los empresarios Roberto González Barrera, Nezahualcóyotl de la Vega García, Eugenio Clariond Reyes-Retana y Carlos Hank Rhon.

Partes del documento en inglés estipulan: "Casa de Bolsa Banorte has a customer roster of 9,249 and a balance of $62.4 billion pesos, nearly twice the amount at the 2000 year end closing, and holds a total portfolio of $96 billion pesos in assets under management".[14]

Sobre este punto, Jorge Fuentes García, coordinador de la Alianza Petrolera y quien también se ha convertido en una sombra del ST-PRM, declaró, el 18 de marzo de 2011, a Jorge Vega, del periódico *Reforma*: "Romero Deschamps parece más accionista de Pemex que

---

[14] "Casa de Bolsa Banorte tiene una lista de 9 mil 249 clientes y un balance de 62.4 billones de pesos, casi dos veces el monto del cierre de 2000 y mantiene un portafolio total de activos (assets) por 96 mil millones de pesos".

representante de los trabajadores. [...] El flujo de recursos que maneja discrecionalmente alcanza no sólo para el Ferrari Enzo de dos millones de dólares de su hijo —aunque en realidad está valuado en 7 millones de dólares—, sino también para sostener una red de complicidades en Pemex, que derivan en un cómodo control de la base trabajadora".

Desde ese ambiente opulento se hizo pública la información sobre cómo, patrocinado por la chequera de su ostentoso padre, José Carlos Romero Durán, de 44 años de edad, y su esposa, María Fernanda Ocejo Garrido, habían tomado la decisión de abandonar México para mudarse a Miami, Florida, a donde se asentaron en el *corredor de los millonarios* y fundaron dos empresas de bienes raíces. "Y a través de esas dos compañías, de las cuales es propietario y director Juan Carlos, de manera mancomunada con su cónyuge —BC Properties V5, LLC y BC Properties 18C, LLC—, la pareja compró dos lujosos departamentos en un exclusivo edificio" de aquella ciudad del suroeste de Estado Unidos, según documentos que publicó, en su edición del miércoles 6 de febrero, el periódico *Tabasco Hoy*.

Según los reporteros David Casco y Haim Torres: "El primero fue adquirido el 12 de enero de 2005. La propiedad está en el número 5959 de Collins Avenue *suite* 3005, en la zona de South Beach. Y, por la misma, José Carlos pagó 2 millones 50 mil dólares. Vale anotar que la adquisición de este departamento fue una verdadera ganga, pues dicho inmueble —a nombre de BC Properties V5, LLC—, al momento de su compra, tenía un valor en el mercado de 4.97 millones de dólares. [...] El 1 de marzo de 2006, el hijo de Romero Deschamps compró otro departamento en el mismo edificio. Es la *suite* 1803, por la que pagó 5 millones 500 mil dólares, registrada a nombre de su otra empresa: BC Properties 18C, LLC. [...] La suma que pagó por ambas propiedades fue 7 millones 550 mil dólares.

"Los lujos, servicios y comodidades de los residentes de este edificio de 20 pisos no son pocos. Los inquilinos disfrutan de una alberca con carriles de competencia, sauna, canchas de tenis con arcilla europea, spa, club de salud, elevadores súper rápidos, un amplio y lujoso lobby, centro de negocios, tienda gourmet, gimnasio, puesto de periódicos y revistas, hermosos y bien cuidados jardines y seguridad las 24 horas del día. [...] Hay servicio de restaurante, salón de billar, club privado, centro de abastecimiento, conserjería, valet parking y otros, como en un hotel de 5 estrellas. Cada propiedad tiene derecho a dos o tres cajones de estacionamiento techado. Los condominios tienen acabados de lujo y sus techos miden 3 metros de altura. La recámara principal tiene jacuzzi, los pisos son de mármol italiano y la cocina está equipada con electrodomésticos de la marca alemana Miele.

"Para registrar a las empresas, la pareja dio la dirección de 1200 Brickell Avenue, suite 900, ubicada en el exclusivo circuito financiero de Miami. Según los reportes anuales de las dos compañías, a partir de 2009, y hasta el año pasado (2012), cambiaron de suite en el mismo edificio, registrando el número 300. (Y según) su historial crediticio, ambas empresas se encuentran al corriente en el pago de sus impuestos. [...] BC Properties V5, LLC, pagó, en 2012, la cantidad de 92 mil 863 dólares. Y BC Properties 18C, LLC, desembolsó 32 mil 268 dólares por el mismo concepto".

Petróleos Mexicanos y el sindicato guardaron silencio. El caso de Romero Durán está bañado de perlas informativas. Si bien tomó la decisión de abandonar México, allá en la península de Florida no ha pasado inadvertido. Por el contrario, se ha hecho notar desde que llegó por el lujo de sus propiedades. El Enzo Ferrari que le regaló su padre, por ejemplo, está valuado en dos millones de dólares. Según los informes que circulan en la prensa y en la publicidad para promocionarlo, dicho automóvil es una unidad que ensambló la famosa firma italiana entre 2002 y 2004, y de la que sólo se elaboraron 399 para un selecto mercado en el mundo.

Además, para encargar un Enzo Ferrari —un vehículo con un motor de 12 cilindros que desarrolla una potencia de 650 caballos de fuerza con su caja de seis velocidades y que alcanza una velocidad de 350 kilómetros por hora—, es necesario que el comprador haya sido propietario de otros dos autos Ferrari, comprobar solvencia económica, pasar una sofisticada prueba de manejo y que el país de destino cuente con una agencia automotriz de la marca. Si bien el valor de venta inicial se fijó en 700 mil euros, el costo de la unidad aumenta con su salida al mercado por tratarse de una edición limitada. Y todavía puede aumentar, según su estado y kilometraje.[15]

En mayo de 2012, cuando desde Pemex se hablaba de pérdidas millonarias, sorprendió una nota publicada por el periódico *Reforma* sobre el escandaloso estilo de vida que lleva Paulina Deschamps, hija del magnate, pagado, desde luego, con la fortuna que su padre ha sabido procurarse en el sindicato petrolero. El escándalo se suscitó luego de que se hicieran públicas algunas fotos que la misma Paulina exhibió en su cuenta de Facebook en la que presumía "sus viajes por todo el mundo en aviones comerciales y privados; paseos en yates, comidas en restaurantes exclusivos y beber vinos Vega Sicilia de más de 10 mil pesos la botella. [Además de sus] bolsas Hermés de miles de dólares —12 mil aproximadamente—, las que considera sus *bolsas del Superama*". Y tiene razón, sólo si las compara con el bolso Louis Vuitton Lockit PM Sahali, que pertenece a una edición limitada de 2007, cuyo costo es de 51 mil 500 pesos.

Acostumbrado a no dar cuentas a nadie, Romero Deschamps evitó opinar sobre el tema, argumentando estar "tranquilo y con las manos limpias". La cuenta de Facebook fue eliminada de la red. Si bien la imagen que prevalece en el presente es la del líder millonario por encima de su origen de obrero que luchaba por "ganarse la vida", se puede decir que su encumbramiento ha tenido un precio muy alto. Desde que tomó posesión se ha modificado, en varias ocasiones, el Contrato Colectivo de Trabajo para ceder a Pemex todas las decisiones mayores y fundamentales: contratación de personal, incluido el sindicalizado y el temporal, despido unilateral de los trabajadores afiliados al sindicato, así como poder para decidir permisos y, sobre todo, el establecimiento de los salarios en la paraestatal.

---

[15]En las listas que circulan en los medios de comunicación de prácticamente todo el mundo con personalidades que manejan un Ferrari destacan Michael Schumacher, Fernando Alonso, Joe Cole, Kimi Räikkönen, Zlatan Ibrahimovich, Eric Clapton, Pharrell Williams, Rod Stewart, Nicolas Cage y el diseñador Tommy Hilfiger, así como los multimillonarios el jeque Salman bin Hamad Al Khalifa, príncipe heredero de Bahrein, el japonés Yoshiyuki Hayashi, y Al-Saad Al-Sabah, de la familia real kuwaití.

Según los trabajadores, bajo la conducción de Romero Deschamps se han suprimido al menos 55 de las 517 cláusulas del contrato. Y otras 172 se han modificado. Además, el gobierno federal y los funcionarios de Pemex han tenido vía libre para reducir de 160 mil a unos 120 mil empleados sindicalizados. Sin embargo, según informes de fines de la década de 1980, Pemex llegó a tener hasta 250 mil trabajadores de planta y unos 50 mil transitorios. Visto así, el costo es todavía mayor: al menos 150 mil plazas. También hay informes internos en el sentido de que, a mediados de 2007, Romero Deschamps llegó a un acuerdo con el gobierno federal para desaparecer, paulatinamente y a través de la supresión o liquidación, la mayoría de las plazas sindicalizadas y beneficiar a las de confianza en todos los niveles.

Caracterizado por ser un depredador sindical, la fuerza de Romero Deschamps tiene su base en el control de permisos y venta de plazas de trabajo, donde lo que importa no es la preparación, sino lo que se puede pagar por obtenerla, llegando algunas plazas a cotizarse en unos 150 mil pesos. Pese a todo, entregado el dinero no hay garantía de nada. El trabajo puede ser temporal. También le representan un negocio las plazas permanentes y la formación de grupos de choque.

En su columna "Historias de reportero", en el periódico *El Universal*, y bajo el encabezado de "El dueño de Pemex", Carlos Loret de Mola escribió el 3 de abril de 2010: "En efecto, Romero Deschamps parece más accionista que representante de los trabajadores. Los tentáculos del sindicato abrazan licitaciones, asignaciones y todo aquello que implique reparto de recursos. Su poder se hace sentir en nombramientos y gestiones administrativas. Tienen a su gente colocada en puestos estratégicos clave, no de alto nivel que llamen la atención y sean objeto de auditorías, sino a nivel operativo que puedan jugar con la 'letra chiquita' de los contratos y virarlos en cualquier sentido. Su red de informantes le permite detectar a tiempo cualquier intento por ponerle un alto. No conocen más reacción que la amenaza: 'Reventar' procesos, 'parar Pemex', convocar a una huelga en la empresa —a pesar de todo, paraestatal— que nutre al gobierno con uno de cada tres pesos que gasta en el presupuesto.

"¿Quién se atreve contra Romero Deschamps? Parece que nadie. Fox hizo un intento y reculó. La reforma energética de Calderón lo dejó intocado. Ni sus enemigos dentro del Partido Revolucionario Institucional se atrevieron a meterle una zancadilla aprovechando ese viaje".

LAS MIL Y UNA NOCHES

Es un secreto a voces que la fuerza que disfruta Romero Deschamps tiene sus cimientos en el número de afiliados al sindicato, sus cuotas —incluidas las de sus 65 mil jubilados—, el misterioso destino de los recursos y la benevolencia del gobierno federal que cada año transfiere cientos de millones al sindicato petrolero. Es el caso de los dos sexenios panistas (2000-2012), donde supo reconocer y aprovechar las debilidades y ambiciones de Vicente Fox y Felipe Calderón. Por otro lado, si bien es cuestionable su auténtica fuerza política al interior del PRI, no deja de ser intocable y, desde su imposición, mantiene para su gremio la cuota de diputaciones —federales y locales—, alcaldías, regidurías y una senaduría otorgada por la dirigencia nacional y una que otra local del PRI.

Durante los gobiernos panistas, Romero Deschamps vio cumplido su mayor deseo: *convertir en oro todo lo que toca.* Tras las negociaciones y acuerdos que hizo con el entonces presidente Vicente Fox, llegó bien recomendado con Felipe Calderón, quien sólo en los primeros cuatro años de su gobierno entregó al sindicato petrolero más de mil millones de pesos sin que Romero Deschamps tuviera que justificarlos.

La transferencia no fue cosa menor: 318 millones en 2007; 236 millones 876 mil en 2008; 256 millones 591 mil 949 pesos en 2009 —en plena crisis—, y una cantidad similar en 2010 para festejos o actividades cívicas o deportivas, y otras ayudas convenidas con el Comité Ejecutivo General. Amparado en una de las cláusulas del Contrato Colectivo de Trabajo, durante su primer año, el calderonato entregó casi 22.5 millones de pesos para cubrir gastos de viaje de Romero Deschamps y algunos integrantes del Comité Ejecutivo General, entre asesores, funcionarios del Consejo General de Vigilancia y una docena de comisionados.

En 2010, la Tesorería del sindicato recibió 88 millones para gastos generados por la revisión anual del Contrato Colectivo de Trabajo; 13 millones para participar en la discusión de la reforma petrolera de ese año; 15 millones más para los festejos de la expropiación petrolera; y otros millones por conceptos como el Día del Trabajo, que regularmente superan los 40 millones de pesos.

Según los informes disponibles del IFAI, entre 1995 y 2009 la cúpula sindical recibió 410 millones de pesos para gastos de representación; 150 millones para gastos de viaje; 240 millones para festejar el Día del Trabajo y la expropiación petrolera, y otros 219 millones de pesos para gastos relacionados con la revisión de los contratos colectivos de trabajo. Por su parte y aún con crisis de por medio, en el primer semestre de 2000 el sindicato petrolero recibió de Pemex, por lo menos, mil 700 millones de pesos justificados entre convenios y acuerdos no incluidos en alguna de las cláusulas del contrato colectivo.

Luego se descubrió que no hubo cautela en la entrega-recepción de los recursos y que la mayoría de las operaciones se realizaron a través del banco Inverlat —hoy Scotiabank—. En esos extraños acuerdos participaron Rogelio Montemayor Seguy, director general de Pemex; Carlos Fermín Juriasti Septién, titular corporativo de Administración; Juan José Domene Berlanga, director de Finanzas, y Julio Pindter González, subdirector corporativo y de Relaciones Laborales. Por el lado sindical hubo dos representantes: Carlos Romero Deschamps y el tesorero Ricardo Aldana Prieto.

Las cantidades son exorbitantes. A las entregas gubernamentales deben sumarse entre 300 y 400 millones de pesos que cada año recibe el sindicato por cuotas de sus agremiados, de las que nadie puede pedir cuentas. En agosto de 2010, la Suprema Corte de Justicia de la Nación resolvió que las aportaciones sindicales son recursos privados que no están sujetos a la Ley Federal de Transparencia.

Favorecido por la "legalidad", Carlos Romero Deschamps se ha convertido en una máquina para hacer dinero cuyo destino nadie conoce. Pero también en un depredador de la riqueza patrimonial que alguna vez tuvieron los trabajadores de Pemex. Se sabe que en enero de 1989, a la caída de *La Quina*, la riqueza del sindicato petrolero se calculaba en tres billones de pesos: dos billones en propiedades —ranchos, hoteles, maquinaria, bodegas, tiendas de consumo y ganado— y uno en efectivo. Hoy ningún trabajador sindicalizado sabe cuánto tienen. Desde aquella época nadie les ha entregado ningún reporte. Sebastián Guzmán Cabrera se llevó algunos secretos a la tumba y Romero Deschamps cuenta con la protección gubernamental.

Ahora que el PRI está de regreso en la Presidencia, su relación con el gobierno mantiene un son de paz. Con ello prueba la capacidad que tiene para adaptarse y cambiar de color dependiendo de las circunstancias —cual si fuera un camaleón—, pero sobre todo que supo decodificar el mensaje enviado por la Presidencia de la República con la detención de Elba Esther Gordillo: "no es un asunto de sindicalismo, sino una cuestión personal". En otras palabras, se trataba de poner un ejemplo a todos con un vecino, más no de corregir a todo el vecindario.

Entrevistado por la revista electrónica *sinembargo.com*, Fernando Palomino, secretario del Interior alterno, viejo amigo de andanzas de Romero Deschamps y con quien actualmente se encuentra enfrentado por el control del sindicato, dio una poderosa razón por la que Romero Deschamps se va a mantener a flote con el PRI: "Alrededor del sindicato hay negocios inmensos. Un cambio obligaría a nuevos acuerdos para continuar los negocios. Con Carlos ya están hechas las cosas. Tiene cuatro procesos penales pendientes, algunos relacionados con enriquecimiento ilícito, pero simplemente nadie actúa. No actúan procuradores, secretarios del Trabajo. Nadie. ¿Qué puede uno pensar?" Las respuestas se multiplican, pero todas tienen como núcleo a dos hermanas siamesas llamadas corrupción e impunidad.

Con toda certeza, se puede decir que Romero Deschamps forma parte de la sagrada familia de líderes sindicales depredadores e intocables cuya capacidad para aliarse no tiene límites, tan odiada como temida, siempre necesitada por los partidos. Sin embargo, para conocer mejor a este líder petrolero, nada mejor como el pasado, es decir, la historia de la casta sindical en la que está anclado su origen.

Capítulo X

Sospechoso comienzo

EL TORTUOSO CAMINO de corrupción que ha seguido Pemex tiene huellas por todas partes. No todo es crudo ni plataformas marinas, inversiones escondidas en paraísos fiscales y contratos multimodales. Pemex tampoco es la serie de gigantescos yacimientos de *Cantarell, Ku-Maloob-Zaap, Chicontepec* o *Antonio Jáquez Bermúdez,* este último en honor al extinto contrabandista del mismo nombre, quien desde la alcaldía de Ciudad Juárez hizo un *pisa y corre* al Senado para encaramarse, por 12 años, en la Dirección General del monopolio estatal.

En declaraciones que hizo a la revista *Proceso* en agosto de 2010, Arturo González Aragón, titular de la Auditoría Superior de la Federación de 2005 a 2009, advirtió que Pemex era, más que nada, la caja chica de todos los gobiernos. La pregunta fue directa: ¿Pemex se convirtió en la gran caja de las administraciones pasadas?

—No sólo en la pasada, ¿eh? Pemex era la gran caja de todos los gobiernos. E hizo público que recibió "sugerencias" del PRI para que, en el caso del *Pemexgate,* emitiera recomendaciones laxas, no se trataran "jamás, de Francisco Labastida" —principal beneficiario de esos recursos—. Al final, como quiera, no le sirvieron: Vicente Fox y el PAN ganaron, por primera vez, la Presidencia de la República.

Pemex ha mantenido a flote a un país entero. Sus recursos han servido para sostener a un partido político, así como a funcionarios y líderes sindicales. Todos ellos se han hecho de un negro historial, incluida la sospecha de desapariciones, venta de plazas, manipulación de movimientos en el escalafón e inyección de recursos millonarios —ilegales— en cualquier estrategia política-electoral. El sindicato y Pemex son hoy, tanto como ayer, las posesiones más preciadas del PRI, el partido en el poder.

La empresa de todos los mexicanos se ha convertido en una trampa mortífera para la economía nacional, una fortaleza inexpugnable de poder que empezó a levantarse apenas terminó la Segunda Guerra Mundial y el gobierno de Miguel Alemán Valdés firmó los últimos acuerdos para liquidar a petroleros de Gran Bretaña afectados por la nacionalización de 1938. El panorama terminó por ensombrecerse en los gobiernos panistas de Vicente Fox Quesada y Felipe de Jesús Calderón Hinojosa.

Desde el palacio presidencial, Alemán Valdés y su sucesor, Adolfo Ruiz Cortines —el viejo y taimado Adolfo—, le confirieron al senador chihuahuense, Antonio Jáquez Bermúdez —uno de los socios mexicanos del mafioso Al Capone— poderes discrecionales y absolutos para entregarle a sus dos mejores amigos juarenses las concesiones de comercialización y distribución del gas licuado de petróleo, conocido a secas como gas LP.

Ocupado en negocios que entendía mejor —televisión; manejo de drogas ilegales al lado de su amigo, el líder senatorial y coronel Carlos I. Serrano; turismo y contratos de la obra pública para beneficio personal o grupal—, el simpático y viajero veracruzano Alemán Valdés dejó en 1946 muchos de los asuntos públicos del gobierno federal en manos del secretario de la Presidencia, Rogerio de la Selva.

Sin intermediarios, de la Selva tuvo vía libre para apoyar algunos negocios del director general de Pemex y hacerse de la vista gorda en otros, entre ellos el de las concesiones del gas LP, un negocio que Jáquez Bermúdez entendía dada su larga vida en la frontera. Con algunos amigos texanos, lo había vislumbrado durante los meses que estuvo en el Senado.

La gran influencia de Rogerio de la Selva —aconsejado y guiado siempre por su hermano, el poeta y sindicalista nicaragüense Salomón de Jesús— sólo fue comparable con la del francés Joseph-Marie

Córdoba, complemento de Carlos Salinas de Gortari y quien tomaba importantes decisiones tales como imponer, en 1994, la sucesión presidencial; o la del español Juan Camilo Mouriño Terrazo, extinto secretario de Gobernación de Felipe Calderón.

En 1948, Salvador Zubirán Anchondo atribuyó su destitución como rector de la Universidad Nacional Autónoma de México a las intrigas de Rogerio de la Selva. A este personaje se le adjudica también la campaña y manipulación mediática para que los poderes Legislativo y Judicial, el Ejército, empresarios, gobernadores y el Estado Mayor Presidencial impulsaran la reelección de Miguel Alemán, calificado en esa época como el "gran Tenorio" o "Alí-Babá el grande".

Si bien se le puso la firma del oficial mayor de la Secretaría de Comunicaciones y Obras Públicas, Guillermo Ostos, quien incluso encabezó un efímero partido político, hay evidencias para afirmar que el poderoso secretario presidencial De la Selva estaba detrás de la campaña reeleccionista. De perdida, intentaba que el mandato de su jefe se prolongara por tres años más. Las ambiciones reeleccionistas terminaron en octubre de 1951, con el registro de la candidatura presidencial del viejito enfermizo, también veracruzano y servidor asalariado de los estadounidenses durante la invasión extranjera en 1914, Adolfo Ruiz C. Sobre esta "colaboración", Ruiz Cortines se dedicó a negarla e intentó demostrar que, en aquella época, él no vivía en Veracruz. Incluso presentó una constancia que, en 1937, expidió el general Heriberto Jara Corona, en la que se afirmaba que, en 1914, Ruiz Cortines fungía como oficial mayor del departamento central cuando Jara era gobernador del Distrito Federal. Todo fue inútil. Sólo sus biógrafos oficiales o sus panegíricos lo defienden.

Cuando su candidatura presidencial se oficializó en octubre de 1951 —el viejo Adolfo tenía ya 62 años de edad—, se habían distribuido copias mimeografiadas con sus salarios pagados por las tropas estadounidenses, hecho que se atribuyó al general Francisco J. Mújica. En otras palabras, su traición tuvo un precio. Y en esas listas de raya se hicieron públicos los nombres de otros de sus amigos, quienes más tarde lo acompañarían en el gobierno federal.

Humillado y con una esposa cuya fama de *madame* —regenteadora de burdeles sería la definición precisa— traspasaba fronteras y le enredó algunas verdades que se encargaron de propalar sus rivales encabezados por el candidato y general Miguel Henríquez Guzmán, Ruiz Cortines llegó el 1 de diciembre de 1952 a la Presidencia de la República.

La historia sobre la *madame* doña María Dolores Izaguirre Castañares de Ruiz Cortines —y sus hijos abusivos, que serían los antecedentes de los Bribiesca Sahagún— se mantuvo más allá del sexenio de su marido. Sobrevivió incluso a la separación de la pareja. La impresionante simulación de aquel gobierno dio origen a lo que se conoció posteriormente como el *tapadismo* de la política priista.

Atrapado por sus escándalos, la indiscreción sobre los servicios prestados a las tropas de Estados Unidos y la inmoralidad de su antecesor Alemán, este viejo presidente fue obligado a condenar los abusos, el saqueo y la deshonestidad del gobierno saliente, aunque nunca se atrevió a tocar al principal señalado: su paisano y benefactor Miguel Alemán Valdés.

Ruiz Cortines "trató siempre de dar la imagen pública de ser un hombre honrado, serio, patriota, un mexicano cabal, pero no lo fue", escribió en 1996 el ex senador, ex diputado y ex diplomático Ignacio Castillo Mena en su libro *Nueve presidentes civiles en el poder*, y agrega: "Como individuo sin gran cultura, (Ruiz Cortines) aceptaba el consejo de sus asesores, en frases que nada decían: 'México al trabajo fecundo y creador' y otras oraciones acuñadas con inteligencia populista carentes de sentido y de valor, pero en fin, no se podía esperar mucho".

Miguel Alemán y Ruiz Cortines, ambiciosos y listos, decidieron dejar en manos del efímero senador juarense Jáquez Bermúdez el manejo total de la política petrolera. Le permitieron hacer de Pemex un coto particular durante la época dorada del petróleo mexicano.

Con esa libertad y la dedicación de Alemán a otros negocios, la Dirección General de Pemex llegó a un extraño entendimiento con representantes del gobierno británico y, en 1947, les firmó un convenio leonino por 82 millones 200 mil dólares para liquidar, finalmente, a la Compañía Mexicana de Petróleo El Águila S.A. de C.V., controlada por el magnate inglés J. A. Assheton, y nacionalizada en 1938.

Los dos grandes amigos del magnate juarense, Miguel Zaragoza Vizcarra y Valentín Fuentes García, levantaron sendos imperios para controlar la comercialización del gas LP. Nadie habló sobre el tráfico de influencias. Antonio Jáquez Bermúdez, por razones que sólo él conoció, acortó su nombre al conocido de Antonio J. Bermúdez. Desde la Dirección General del monopolio petrolero estatal, de 1946 a 1958, J. Bermúdez rentabilizó el poder y, albergó esperanzas de ser considerado por Ruiz Cortines como candidato presidencial en 1958[16]. Pese a que hubo críticas porque sirvió a los intereses británicos y les ofreció condiciones ventajosas, nadie se molestó en investigar, porque nadie investigaba nada, la entrega de las concesiones gaseras.

GUERRA A MUERTE POR EL ORO NEGRO

Desde la nacionalización del 18 de marzo de 1938, el petróleo despertó un enconado odio entre funcionarios y trabajadores. Unos y otros se dejaron arrastrar por las pasiones del poder y el dinero, pero Jáquez Bermúdez sabía muy bien lo que hacía y quería. Durante sus 12 años como director general de Pemex se hallaron, entre otros, los campos petroleros *Ezequiel Ordóñez, Allende, Gutierrez Zamora* y *Tecolutla*. Con él se llevó a cabo el descubrimiento y ampliación de la llamada *Faja de Oro Terrestre*. En febrero de 1956 se inauguró la refinería de Minatitlán, Veracruz, además de que se ampliaron las primeras grandes refinerías: Azcapotzalco, en la Ciudad de México; Salamanca y Poza Rica.

En el pináculo de su poder, J. Bermúdez llevó a su amigo, el modesto ingeniero topógrafo Jaime J. Merino, como superintendente del complejo de Poza Rica y le dio dos encomiendas: controlar la formación local del sindicato petrolero y echar mano de los contratos

---

[16] Aunque poco se habló del tema, el periodista Jaime Aguilar Briseño en su libro *La lucha de un líder*, señala: "[...] a nadie más que a don Antonio J. Bermúdez, le convenía que cesaran las discusiones entre los trabajadores, ya que ello le ayudaría a lograr sus más caros anhelos: Que el PRI lo postulara".

para la expansión hacia el sur de Veracruz, además de los estados de Tabasco y Campeche.

La guerra por el poder del petróleo era especialmente cruenta en esa zona. En ocasiones los trabajadores intentaron rebelarse, aunque las pequeñas revueltas fueron siempre apagadas a través de la represión directa con matones contratados por Pemex o por grupos de choque que salían del sindicato. Todo en el sureste era más sombrío y más salvaje.

Con el apoyo indiscutible de J. Bermúdez, Merino pudo imponer a Pedro Vivanco como líder local de los petroleros. El impulso todavía alcanzó para que, en diciembre de 1958, Vivanco tomara por la fuerza el mando del Comité Ejecutivo General del STPRM. Los opositores de las secciones 34 y 35 fueron violentamente reprimidos por la fuerza pública. La Secretaría del Trabajo se hizo de la vista gorda y Vivanco extendió su reinado hasta 1961.

Considerado como el primer líder sindical encubierto de la zona de Poza Rica y, aunque poco trascendió en la Ciudad de México, a él y a su socio Vivanco, dirigente formal de la sección sindical en ciernes, se atribuye la matanza de *Los Goyos*, el asesinato de por lo menos una docena de personas que denunciaron el escandaloso fraude electoral del 5 de octubre de 1958, para imponer en la alcaldía al priista Manuel Salas Castelán.

Una nota que el viernes 3 de octubre de 2008 publicó el joven periodista veracruzano, Rodrigo Vidal Padilla, recordó: "El próximo lunes 6 de octubre se cumplirán 50 años de la matanza de *Los Goyos*, un capítulo oculto y oscuro en la historia de Poza Rica. [...] Por vez primera, oficialmente se ha preparado una ceremonia para recordar esa fecha, justo al cumplirse medio siglo. El anuncio del homenaje no deja de sorprender tomando en cuenta que será una administración priista la que lo realiza. ¿Habrá entonces reconocimiento al fraude electoral del 5 de octubre de 1958?

"Tampoco queda claro sobre el papel que jugará la dirigencia de la Sección 30 del Sindicato Petrolero, que en ese entonces participó en el fraude y el asesinato de los manifestantes, seguidores de Fausto Dávila Solís —el candidato derrotado en 1958—. [...] El secretario general de la Sección 30 del sindicato, Pedro Vivanco, y Merino encabezaban el grupo caciquil que decidía el destino de Poza Rica y los pozarricenses. Quienes no se dejaban lo pagaban con muerte. Y eso incluía poner y quitar presidentes municipales y diputados, favoreciendo al PRI, por supuesto.

"Fue desde el edificio del antiguo auditorio de la Sección 30 del STPRM donde comenzaron a disparar hacia la multitud. Justo ahí los emboscaron, antes de llegar al parque Benito Juárez, en una angosta calle donde ahora se encuentran las oficinas de Telégrafos de México y el Servicio Postal Mexicano. Según declaraciones de la época, en los hornos de Pemex varios cuerpos fueron quemados. Entonces hay una responsabilidad histórica del sindicalismo petrolero local sobre esa matanza ¿la reconocerán?".

Vidal Padilla terminó con una serie de interrogantes: "¿Qué dirán los funcionarios del PRI? ¿Participarán? ¿Reconocerán que el fraude cometido a favor de su candidato, Manuel Salas Castelán, originó el asesinato? ¿Y el sindicato petrolero, que hoy al igual que en esa época obedece más a los intereses de la empresa y los grupos en el poder que a la defensa de sus agremiados? Aún más que plantear una lista larga de preguntas, sería mucho muy interesante conocer las respuestas de algunas de éstas".

Académicos como Angelina Alonso y Roberto López —en *El sindicato de trabajadores petroleros y sus relaciones con Pemex y el Estado 1970-1985*, de El Colegio de México— han documentado: "Estos hechos marcaron para el sector obrero en general y para el propio sindicato petrolero, un reordenamiento de las fuerzas políticas en pugna y un reforzamiento de las estructuras sindicales vinculadas al Estado en la contención de las luchas de los trabajadores. En su primera década de existencia del fenómeno del 'charrismo' lograba consolidar instancias políticas de negociación con el Estado y de dominación frente a las bases trabajadoras. No obstante, el final de este periodo marcaba también el inicio de una nueva etapa en la vida del sindicato petrolero".

Sin saber que su imperio se desmoronaría y que a fines de aquella década de 1950 saldría huyendo de la justicia federal para refugiarse en Estados Unidos, Merino acumuló, en pocos años, una fortuna que, en la época, se calculaba en 50 millones de dólares, aunque algunos investigadores en la Ciudad de México la ubicaron en sólo 20. Una u otra, la cantidad era escandalosa en el caso de un hombre que llegó a Poza Rica con una mano atrás y otra adelante.

Gracias a las amistades de J. Bermúdez, Merino pudo colocar todo su dinero, libre de sospecha, en bancos de Estados Unidos. En menos de una década, el humilde topógrafo amigo del visionario director general de Pemex se levantó como uno de los más prósperos empresarios y caciques del sureste del país.

Acaso, en su huida, Merino perdió algunas propiedades debido a que recurrió a un grupo de prestanombres y colaboradores incondicionales, beneficiarios del poder. A su protegido, socio, confidente, cómplice y ex diputado Vivanco, por ejemplo, le documentaron la propiedad de 60 hoteles y cuantiosas inversiones en líneas de transporte público foráneo.

Llamarlo poderoso era sólo un decir. Merino era más. Su conocida cercanía con don Antonio le dio autoridad para controlar el negocio de la venta de energía eléctrica, asociarse con grandes empresas perforadoras extranjeras —a las que J. Bermúdez abrió la puerta—, adquirir extensas fincas bananeras y contratar —con salarios pagados de la nómina de Pemex— a los trabajadores de las plantaciones, construir un fraccionamiento, hacerse con el edificio del hotel Poza Rica, administrar parte del negocio de carga del ferrocarril y, con apoyo de los jefes militares, apropiarse de grandes extensiones de terrenos vírgenes.

Algunos ponen en duda la veracidad de la información, pero investigadores y académicos aún citan y recuerdan "una minuciosa investigación periodística de la época, llevada a cabo por el reportero Antonio Caram —"Vida, milagros y tropelías de JJ. Merino", en la *Revista Protesta*, México, D.F., núm. I, del 7 de noviembre de 1958—, [en la que se] reveló que la riqueza de Merino era fantástica. El modesto ingeniero topógrafo se convirtió, en apenas catorce años, en todo un potentado.

"Nos enteramos, posteriormente, de las propiedades y negocios del ingeniero Merino. Cuando menos de algunos de ellos. Por principio de cuentas, tiene cerca de 20 millones de dólares —de los de aquella época— depositados en varios bancos de Estados Unidos y es, o propietario o accionista, de los siguientes negocios: hotel Poza Rica —con un valor aproximado de 3 millones de pesos y que se construyó con materiales y trabajadores de Pemex—; la pasteurizadora Huasteca, de la que es socio el alemán Gualterio Adams —por cierto: Merino no permite que nadie de afuera introduzca leche en Poza Rica, por lo que sus habitantes se ven obligados a consumir leche de la pasteurizadora—; dos agencias de automóviles; dos embotelladoras; los colegios Motolinía y Tepeyac; dos líneas de autobuses; el estacionamiento Continental; las radiodifusoras Tropicana y XEPR; el banco de Tuxpan; 20 autobuses de transporte escolar; un colegio particular en Huachinango y otro en Pachuca".

Angelina Alonso y Roberto López recogen una cita ilustrativa que Antonio Vargas MacDonald publicó en *Hacia una política petrolera*, libro de 1959: "[...] el señor de Poza Rica —Merino— llegó a señorear la política regional, a constituir lucrativas empresas en beneficio suyo y de sus asociados —muchos de ellos líderes adictos—, y a dominar la vida económica de la zona, vigorizada por la derrama de salarios que en ella hace Pemex y por los contratos que otorga. [...] Se llegó al extremo de que desde Poza Rica se impusiera al personal directivo del sindicato nacional".

Una vez iniciado el sexenio de López Mateos, J. Bermúdez fue castigado —también porque intentó disputar la candidatura presidencial— y enviado por un tiempo como embajador plenipotenciario a los países árabes e Irán. Sin embargo, la sanción fue a medias, porque conoció allá los últimos secretos sobre el gas LP. Al terminar su labor como embajador plenipotenciario en los países árabes e Irán, J. Bermúdez recibió el perdón presidencial de López Mateos, quien, con un borrón y cuenta nueva, le entregó la encomienda de darle forma y estructura al Programa Nacional Fronterizo (Pronaf), que no era otro sino el proyecto para hacer de México un país maquilador.

El funcionario cumplió con una parte: ciudades como Juárez, Tijuana, Nuevo Laredo o Reynosa sintieron todo el impacto del desarrollo de esa cuestionada industria de producción dividida. Pero uno de los mayores beneficiarios de aquel programa lopezmateísta resultó ser Jaime Bermúdez Cuarón, sobrino predilecto de J. Bermúdez, y a quien, en la década de 1980, el PRI llevó a la alcaldía juarense.

Al seguir la pista de este entramado de nombres e historias que irremediablemente conducen a otras, los ominosos encantos de la élite que se ha ponderado como la dueña de Petróleos Mexicanos surgen como una imponente escuela de represión, traiciones, venganzas, corrupción, opulencia e impunidad. Con la llegada de Adolfo López Mateos el 1 de diciembre de 1958, se preparaba una nueva era para el sindicato petrolero bajo el mando de un veracruzano-tamaulipeco quien, desde Ciudad Madero construiría su propia leyenda negra: Joaquín Hernández Galicia, *La Quina*.

EL REINADO DE *LA QUINA*: PASADO INMEDIATO

A pesar del apoyo de López Mateos, el liderazgo único de *La Quina* —cuyo apodo pasó del materno veracruzano *Quino* a *Quina La Roche* y, finalmente, a *La Quina*, ya como líder petrolero— se consolidó hasta la década de 1970. Y cobró visos de mafia mayor cuando recibió recursos de Pemex y el respaldo incondicional del presidente Luis Echeverría Álvarez.

Como piezas de rompecabezas —el de una gran mafia—, la protección de poderosos funcionarios, la burocracia sindical que se fue creando reforzó en esos tiempos una ola de violencia gansteril, cuya dimensión resultó muy difícil de ocultar, pero que les fue muy eficaz para forzar algunas alianzas, consolidar otras y sostenerse en el poder.

El apoyo echeverrista rindió frutos. En 1970 *La Quina* impuso como líder petrolero a su único amigo real, socio y confidente: Salvador *El Burro* o *Chava* Barragán Camacho. Para fines de esa década habían desaparecido, en circunstancias misteriosas, los más importantes e influyentes rivales de Hernández Galicia: Óscar Torres Pancardo, quien había sido secretario general de 1976 a 1979, y *El Güero* Heriberto Kehoe Vincent, líder petrolero nacional para el trienio 1973-1976, que promovía la jubilación adelantada de *La Quina*.

La guerra por el control de la dirección sindical fue cruenta. Con su influencia y poder en las zonas centro y sur del sindicato, Kehoe y Torres Pancardo sellaron en 1947, con el grupo del norte encabezado por Joaquín Hernández Galicia —*La Quina*—, *un pacto de caballeros* para alternarse cada tres años el manejo del movimiento petrolero. Con ese acuerdo, para la década de 1960, aquellos humildes trabajadores habían tenido tiempo para formar sus grupos y amasar una fortuna personal considerable gracias a la corrupción abierta y tolerada por Pemex.

Ambos negociaban contratos personales, asignación y venta de plazas, así como cuotas obreras. Con los recursos en efectivo que les entregaba la empresa, controlaban, en su zona respectiva, préstamos internos para los trabajadores, como lo hacían *La Quina* y su incondicional *El Burro* Salvador Barragán. Luego surgieron las cajas de ahorro, también controladas por ellos.

A Kehoe, describe una historia, le disparó un asesino solitario. La lluviosa mañana del 28 de febrero de 1977, Antonio Madrigal —despedido de Pemex el 12 de enero de aquel año y de quien, se decía, había tenido encuentros previos con personajes allegados a *La Quina* de quienes recibía generosas sumas de dinero—, lo esperaba a las afueras de un restaurante en Poza Rica, Veracruz para vaciarle toda la recámara de su pistola. Algunos investigadores veracruzanos ubican el lugar como *El Chalet* y otros como *La Cava*, pero es el mismo, frente a la Plaza Cívica.

Hubo en todo un trasfondo de misterio. Es imposible determinar cómo y cuándo tuvo Madrigal acceso a la agenda de Kehoe, que aquella mañana regresaba, en un avión propiedad de Pemex, de una reunión en la Ciudad de México. También es un enigma determinar cómo pudo conocer el programa de trabajo, si ese día hubo un cambio de planes en el mismo aeropuerto.

Según documentó el escritor veracruzano Othón Arroniz en su libro *Un crimen imperfecto*, en los días previos al homicidio, Óscar Torres Pancardo vivía preocupado porque, a su manera, durante un encuentro en Ciudad Madero *La Quina* prácticamente le había pedido eliminar a dos dirigentes seccionales de Poza Rica. Uno de ellos era *El Güero* Kehoe. El otro sólo fue identificado como Donaciano.

La reconstrucción es precisa. De repente, Madrigal salió de una esquina en la que se había ocultado, se acercó, tomó del brazo a Kehoe y le disparó con el arma que empuñaba con la mano derecha. "Kehoe se agarró a ambos lados de la cabeza a la altura de la oreja y así se fue doblando poco a poco, hasta que cayó al suelo, según la declaración de Luis Padilla Macías, secretario del Interior del mismo sindicato, que consta en el expediente 289/977 de la Procuraduría General de Justicia del Estado de Veracruz".

Quienes ordenaron la ejecución habían decidido actuar con rapidez y de un solo golpe. Madrigal también hizo algunos disparos contra otros acompañantes de Kehoe y dejó heridas a dos personas más. El más conocido: el humilde panadero Torres Pancardo, un personaje que, en quince años según informes de la época, había acumulado al menos quinientos millones de pesos en cuentas bancarias y posesiones personales.

En la confusión del momento, ninguno de los acompañantes de Kehoe se dio cuenta de quién le quitó la vida al asesino. La muerte de Antonio Madrigal fue interpretada como algo muy cercano al linchamiento que encabezó un grupo de enojados trabajadores petroleros salidos de la nada. Madrigal se llevó con él, para siempre, las pistas del o los asesinos intelectuales. Para las autoridades, el asesinato de Kehoe fue una venganza.

En lo que respecta al restaurante y la fecha las versiones coinciden. Todos le atribuyeron ese homicidio a *La Quina*. Nadie hizo nada porque él era protegido presidencial. Viejos periodistas locales recuerdan que aquella mañana, apenas aterrizar el avión de Pemex, Kehoe hizo cambios en la agenda porque recibió un mensaje con la solicitud de trasladarse, en las siguientes horas, a Ciudad Madero, al cuartel general de *La Quina*, a donde debía solucionar algunos problemas.

Hecho el ajuste de planes, se decidió hacer la parada en el restaurante porque les gustaba a *El Güero* Kehoe y a Torres Pancardo. Concluido el desayuno, apenas traspasaron la puerta y Antonio Madrigal

—en el que también concuerdan las versiones— salió de un edificio que se encontraba a un lado y donde en algún momento operó el famoso bar-disco Vercelli.

En una acción rapidísima, Madrigal ciertamente tomó del brazo a Kehoe. Y ésta es la última concordancia, porque nunca se pudo probar que Madrigal hizo algún disparo. Según la historia oral que cuentan viejos sindicalizados en Poza Rica, en algunas de las construcciones aledañas, incluido el edificio referido, desde muy temprano en la mañana se habían apostado francotiradores. Y de uno salieron las balas que mataron al líder petrolero y dejaron heridos a sus acompañantes.

También de ellos salieron las balas que dieron muerte a Madrigal. "Lo mataron para no dejar testigos. Desapareció todo, hasta el arma con la que supuestamente había disparado a mansalva. Contra Madrigal también abrieron fuego los guardaespaldas de Kehoe y algunos pistoleros de Torres Pancardo. Con el cuerpo de seguridad que los acompañaba —insisten—, era imposible que Madrigal hubiera podido hacer un disparo. Había la consigna de matarlos a los tres: a Kehoe, a Madrigal y a Torres Pancardo, pero algo salió mal porque éste quedó vivo".

Testimonios de la época, recogidos por periodistas e investigadores de Poza Rica y la Ciudad de México, destacan: Torres Pancardo sabía que su vida tenía precio y que tendría el destino de su compañero asesinado. "Así ocurrió. Fue en un accidente automovilístico el 8 de septiembre de 1983, a la altura del kilómetro 168, de la carretera federal México-Poza Rica, en las cercanías de Villa Lázaro Cárdenas, Puebla", escribió en 2002 el periodista veracruzano Rodrigo Vidal Padilla.

"Volvía de una reunión del sindicato en la Ciudad de México. En su auto viajaban el chofer Noé Cruz, antes empleado de *El Güero* Kehoe, y quien según la primeras versiones se suicidó al ver el cuerpo sin vida de Torres Pancardo; (y) sobre las mujeres Laura Nava y María Vela (Pedroza), la primera de 18 años de edad murió prensada en la parte posterior del auto.

"Sólo María Vela sobrevivió. Ella, Torres Pancardo y Noé salieron disparados del auto cuando se impactaron con un camión que salió repentinamente al camino [...] detrás los seguían dos automóviles, eran los guardaespaldas. [...] El jefe de peritos del Ministerio Público de Poza Rica, Antonio Figueroa, realizó tres pruebas periciales para detectar elementos que demostraran que Noé se suicidó, pero no encontró nada.

"La búsqueda de plomo, la aplicación del hisopo con una solución buffer y la aplicación de una solución acuosa de rodisonato de sodio resultó negativa, apuntó (Figueroa) en su informe. Pero después de las presiones de los guardaespaldas, quienes sostuvieron la versión del suicidio de Noé y al ver la magnitud del desastre", el jefe de peritos se retractó, cambió su informe y aceptó que el chofer se había quitado la vida. Figueroa eligió vivir.

"Aun cuando la versión del accidente no convenció a muchos, entre ellos a la propia madre de Torres Pancardo —'yo no creo que haya sido un accidente como dicen'—, colaboradores cercanos del ex dirigente petrolero, entre ellos Emérico Rodríguez García, descartaron que se haya tratado de un asesinato, de otra manera ya estaríamos como sabuesos siguiendo a los culpables".

La creencia local sobre la ejecución cobró mayor fuerza cuando, en algunas reuniones clandestinas de obreros afiliados a la Sección 10 del sindicato, de la que era cacique Torres Pancardo, se deslizó que Noé Cruz se había *suicidado* con un disparo en la nuca y no a la altura de la sien, como aseguraban algunos de los integrantes del personal que, en otros automóviles, acompañaba a Torres Pancardo.

En esa caravana viajaban el secretario particular del líder accidentado, Benito Martínez, y Antonio Hernández Lorenzo, de la dirección nacional del sindicato petrolero, así como los guardaespaldas José Roberto Lagos, Rodolfo Ortiz Castelán y Gregorio Sánchez, cuyos testimonios fueron recogidos en 1989 por los periodistas Salvador Corro y José Reveles, en el libro *La Quina, el lado oscuro del poder.*

La versión fue unánime: en el accidente, Noé Cruz había sufrido lesiones en las piernas y, como en cualquier escena de una película de terror, al descubrir la muerte de su jefe, al que tanto quería y le era fiel, "sacó una pistola Mágnum y se disparó en la sien. Falleció instantáneamente". Corro y Reveles también confirmaron que, al principio,

Antonio Figueroa, el agente del Ministerio Público, no encontró nada para pensar en un suicidio.

Desde la muerte de Heriberto Kehoe, la relación entre las secciones fuertes del sindicato atravesaba su peor momento, si es que algún día tuvieron uno bueno. La muerte o desaparición de otros líderes escandalizó a la opinión pública.

Según informes oficiales que, en 1989, hizo públicos la Procuraduría General de la República, durante la era quinista, iniciada en 1961, se reportó el asesinato de, por lo menos, 16 dirigentes.

¿HERENCIA O APRENDIZAJE?

La guerra ha sido habitual y cruenta. A pesar de que algunas historias se contradicen, sobre los crímenes no hay misterios. Los detalles se guardan por temor a las represalias o para evitar granjearse la enemistad de los líderes sindicales regionales. Algunos homicidios y desapariciones causaron pocos comentarios adversos perdurables en todo el país. Por eso, fuera de Poza Riza, los de *El Güero* Kehoe y Torres Pancardo pasaron muy rápido al olvido. Sobre ellos se habla todavía muy quedamente. Y, por esto último también, en un gremio controlado férreamente por el gobierno federal, perviven algunas de las versiones y sus episodios virulentos desconocidos en el centro del país.

En el caso de Torres Pancardo, neciamente permanecen otras versiones que cuentan viejos petroleros de Poza Rica: la guayín en la que viajaban Torres Pancardo, Noé Cruz, Laura Nava, María Vela y un guardaespaldas fue embestida por dos tráileres. El impacto fue tan violento que la unidad abandonó la carretera y cuatro de sus cinco ocupantes salieron lanzados del vehículo.

De otros automóviles que escoltaban a los tráileres bajó un grupo de pistoleros —los guardaespaldas de la caravana de Torres Pancardo que llegaron, extrañamente, minutos después al lugar del accidente—. Su misión consistió en acribillar al escolta, al chofer y al líder petrolero, quienes estaban con vida después del atentado. La jovencita Laura Nava ciertamente había muerto por el impacto y sus restos quedaron atrapados en la parte posterior de la guayín. Nunca se aclaró qué hacían ellas ni por qué acompañaban al líder petrolero.

José Reveles y Salvador Corro aclaran ciertas dudas: "María Vela Pedroza declaró inicialmente que Noé Cruz fue asesinado por los guardaespaldas del líder Torres Pancardo y luego aseguró que no sabía nada porque venía dormida. [...] El agente del MP de Xicotepec también denunció que el expediente que recibió de su homólogo de Poza Rica, Mario Martín Zamora, presentaba una serie de irregularidades que lo hacen dudoso e impreciso.

"La mafia petrolera empezó a cobrar con sangre las deslealtades de sus dirigentes a partir de 1975, cuando Gustavo de la Fuente Dorantes, secretario general de la Sección 29 en Comalcalco, Tabasco, murió en un accidente de tránsito en la carretera Tampico-Poza Rica, a la altura del poblado de Ozuluama".

Muertos Kehoe y Torres Pancardo, desapareció el poder rotatorio triseccional. En el camino fueron obligados a jubilarse, hacerse a un lado y desaparecer para siempre, otros líderes como Juan Pamuce Condado, Miguel Méndez López —formado en el grupo quinista de Ciudad Madero, pero defenestrado por cuestionar disposiciones de *La Quina*—, y Héctor Rosas Martínez, de la Sección 29 de Comalcalco.

Su habilidad, desde luego apuntalada por la Presidencia de la República, permitió a *La Quina* deshacerse de Antonio García Rojas, afiliado a la refinería de Reynosa —ex diputado, ex senador y ex coordinador de la zona norte e integrante del Grupo Político Fronterizo—; del llamado cacique petrolero de Salamanca, Ramón López —también ex diputado federal—; y, en 1975, de Jaime María Cervera, dirigente de la sección, quien murió calcinado en su auto.

"Los líderes petroleros se matan o se suicidan por el control del poder político en una abierta lucha por el manejo de millones de pesos que se obtienen con la venta de nuevas plazas de trabajadores", declaró, poco después de la muerte de Cervera, el gobernador de Tabasco, Mario Trujillo García. Los petroleros cerraron la boca.

Aquel año de 1975, en plena guerra, los quinistas silenciaron a Samuel Terrazas Zozaya, acusándolo de venta de plazas y tráfico de poder; acallaron las protestas de Felipe Mortera Prieto y, por disposiciones de la Presidencia de López Mateos, obligaron a irse al ex dirigente nacional Pedro Vivanco.

Emergió así el reinado único de *La Quina*. Éste impuso de nueva cuenta a *Chava* Barragán en la Secretaría General del sindicato para el periodo 1979-1984. Su poder sería respaldado por López Mateos, Luis Echeverría y José López Portillo —de la mano del ingeniero Jorge Díaz Serrano. En diciembre de 1984, *La Quina* nombró a José Sosa Martínez como líder formal del sindicato.

Con la tibieza y temor presidencial de Miguel de la Madrid Hurtado y, por lo tanto, con su complacencia, en 1987 *La Quina* decretó, ampliar de tres a cinco años la gestión del dirigente nacional del sindicato petrolero. Por tercera ocasión prevaleció su palabra para imponer a su amigo Salvador Barragán Camacho.

Sin embargo, *Chava* se vio obligado a solicitar un permiso amplio y especial para ausentarse de su cargo y mudarse al Senado de la República, a donde el PRI se lo llevó como parte de su cuota permanente con los petroleros. Para suplir a su amigo, *La Quina* creó, contra todos los estatutos, la secretaría general suplente, que depositó en manos de José Sosa Martínez.

Tan sólido parecía el poder y la influencia de Joaquín Hernández Galicia que llegó a sentirse como un dios a quien muchos respetaban y temían; se creía por encima del Estado. Ya se le haría saber que para un mañoso, mañoso y medio.

Por órdenes de Salinas de Gortari, el 10 de enero de 1989 el Ejército encabezó un operativo para allanar la residencia de *La Quina* en Ciudad Madero, capturarlo y acusarlo de tráfico de armas y del homicidio de Antonio Zamora Arrioja, agente del Ministerio Público. Las imputaciones fueron desmentidas, incluso, con documentos desclasificados en Estados Unidos, en los que la caída de *La Quina* se atribuyó a una venganza política derivada de los ataques petroleros al PRI, al ex presidente Miguel de la Madrid y al entonces secretario de Estado Carlos Salinas de Gortari a quienes Hernández Galicia acusó de burocratismo, despilfarro e ineptitud.

La guerra de dimes y diretes tuvo su origen en la declaración hecha por Mario Ramón Beteta —director general de Pemex— en su visita a Ciudad Madero el 21 de enero de 1983 en la que advirtió: "mientras sea yo director de Pemex no se harán negocios inmorales... no más negocios en la dirección".

En julio de ese mismo año, *La Quina* demostraría de qué era capaz. En una asamblea extraordinaria que se llevó a cabo por la visita del presidente Miguel de la Madrid a Tampico y Ciudad Madero, Galicia sorprendió a todos al anunciar que para conmemorar este encuentro se dejarían de cobrar las cuotas sindicales a partir del 1 de agosto. Nadie tuvo la malicia para desconfiar de sus palabras: le estaba tomando el pelo a todos, incluido el presidente de la República. El plan era subir las cuotas sindicales y descontar un 10 por ciento en la participación de utilidades de 1983 como un "donativo a la Dirección de Obras Sociales Revolucionarias del STPRM" que también estaba a su cargo. "*La Quina* recibió cuando menos unos 120 millones de pesos 'extras', sin justificación alguna, mediante un 'donativo' forzoso", señaló Francisco Pinchetti de la revista *Proceso* el 24 de septiembre de 1984.

Fiel a sus intereses, Hernández Galicia hizo caso omiso de los requerimientos priistas sobre la elección presidencial de 1988 y le apostó a Cuauhtémoc Cárdenas del Frente Democrático Nacional (FDN), que se perfilaba como posible ganador. Lo que no sabía era que el PRI había adelantado mucho en materia de tecnología y así, sin más, mantuvieron su estadía en el poder gracias a la magia de un fraude cibernético. Una vez que Carlos Salinas llegó a la Presidencia, la caída de *La Quina* era inevitable, sólo era cuestión de encontrar el momento y una pequeña fisura por la que se pudiera colar la traición. Fue entonces que apareció Carlos Romero Deschamps.

Según se desprende de las acusaciones de la PGR, los petroleros planeaban paralizar Pemex con un arsenal conformado por cuatro rifles R-15, tres escopetas calibre .12, tres metralletas calibre .22, un rifle MI, una pistola calibre .45, cinco silenciadores para las metralletas, una pistola 357 Magnum, dos más de calibre .38, otra de .9 milímetros y más de un millar de cartuchos.

Literalmente, las acusaciones eran para desternillarse de risa. La prensa complaciente que aduló a Salinas de Gortari hizo escarnio del líder petrolero en desgracia —cuyos abusos, caciquismo, pistolerismo y lo que se le sume no sorprenden—, pero en 1995 un tribunal federal retiró a *La Quina* la condena por acopio de armas, pues se demostró que habían sido adquiridas por el mismo Ejército.

Venganzas aparte, los acontecimientos no alteraron la marcha sindical ni la de Pemex. Como en su momento hizo López Mateos, Salinas de Gortari impuso en la dirigencia petrolera al turbio, millonario y ex líder seccional Sebastián Guzmán Cabrera, del llamado Grupo Unificador Mayoritario. Nacido en Oaxaca, pero con su vida laboral hecha en Minatitlán, Veracruz, donde está la poderosa Sección 10 del sindicato petrolero, Guzmán Cabrera fue el único de los líderes seccionales que, en su momento, desoyó y desechó el llamado de *La Quina* para apoyar la candidatura presidencial de Cuauhtémoc Cárdenas Solórzano. En aquel entonces Sebastián navegaba con bandera propia. Tenía sus negocios personales con el PRI.

Nunca hubo perdón. El periodista veracruzano César Augusto Vázquez Chagoya ha recuperado en varias de sus columnas parte de aquellos pasajes del salinismo, después del operativo militar: "Sebastián estaba en su rancho ubicado cerca de la entrada de Oteapan ese enero de 1989. Llegó presuroso Perfecto Aguirre Santiago, su amigo de toda la vida y ex alcalde de Minatitlán, diciéndole a boca de jarro: Te buscan urgentemente de parte de Fernando Gutiérrez Barrios, secretario de Gobernación".

Sometido por sugerencias de *La Quina* a un proceso exprés de jubilación por su rebeldía durante el proceso electoral de 1988, Guzmán Cabrera recuperó el poder de la sección que lo había hecho un hombre poderoso y temido en su región, un cacique político local. Orquestado el golpe presidencial contra el hombre que lo obligó a jubilarse, el oaxaqueño Guzmán Cabrera fue reinstalado como trabajador en activo en Minatitlán y regresó de inmediato a la dirigencia del Frente Liberal Sindicalista. En las siguientes horas fue nombrado secretario general de la Sección 10 y, semanas más tarde, violando todos los estatutos, lo encumbraron como cabecilla único del Sindicato de Trabajadores Petroleros de la República Mexicana, aunque el manejo sindical lo tenía Salinas de Gortari.

Como líder petrolero, alcalde de Minatitlán, diputado federal y jerarca de la CTM, Guzmán Cabrera tuvo tiempo para acumular una gran fortuna. Se convirtió en el cacique político de aquella zona veracruzana y hubo épocas en las que su voluntad se imponía en todos los sectores, hasta que Hernández Galicia lo obligó a jubilarse tempranamente. Si no se hubiera ido, los quinistas habrían usado en su contra el expediente, que ya tenían listo, para acusarlo de corrupción, enriquecimiento inexplicable y abuso de poder.

La trama presidencial incluyó la caída de José Sosa Martínez, otro títere de *La Quina* en la dirigencia petrolera, cuya fachada era la de secretario general suplente y director general de Obras Revolucionarias y Sociales; del senador Salvador Barragán Camacho, presidente del Consejo General de Vigilancia del mismo sindicato; así como de una veintena de líderes regionales.

El gobierno federal se había propuesto desmantelar la estructura y borrar, para siempre y en el mismo golpe, toda la influencia del quinismo. La contundencia del operativo que coordinó el Ejército apagó cualquier protesta, incluida la de Wilfrido Martínez Reyes, único dirigente de sección que exigía la liberación de sus compañeros destituidos, detenidos y encarcelados.

Cumplido el operativo y traicionado incluso por su amigo Fidel Velázquez Sánchez, secretario general de la Confederación de Trabajadores de México (CTM), *La Quina* fue sentenciado en 1992 a purgar 35 años en prisión por homicidio calificado y acopio de armas, pero recobró su libertad en 1997.

El recuento de Vázquez Chagoya es preciso y frío. En primera línea, al lado de Sebastián, quien pertenecía a la Sección 10 del sindicato, con sede en Minatitlán, se encontraban Pablo Pavón Vinales, José Luis Almanza e Ignacio Hernández Berrueco. Sebastián desmanteló la estructura quinista. La represión fue tan brutal que orilló al suicidio a líderes de las secciones 9, del puerto de Veracruz, y 11, de Nanchital.

Éste es hoy todavía un pequeño municipio portuario, ubicado en el margen derecho del río Coatzacoalcos. Con apenas 27 mil habitantes, fue fundamental en el proceso de nacionalización de la industria petrolera porque allí se asienta la Sección 11 que, en aquella época, era una de las más numerosas de la decena que integraba el sindicato petrolero.

A partir de la información recopilada a lo largo de los años, uno se puede formar una idea de los intrincados secretos del petróleo mexicano en cualquiera de sus épocas. En 1991, por ejemplo, desde la nueva dirigencia petrolera de Pemex, encabezada por el salinista Sebastián Cabrera Guzmán, se dio la orden de silenciar a Francisco Javier Balderas Gutiérrez, *Chico*, el patrono benefactor de Nanchital, Veracruz.

La mañana del 4 de agosto de aquel año, según informes oficiales que ningún viejo petrolero cree todavía, *Chico* se dio un balazo en la cabeza. Aunque los informes médicos no lo corroboraron, antiguos trabajadores insisten en que nadie se preocupó por investigar las versiones de un asesino a sueldo. Los acontecimientos se precipitaron muy rápido y el asunto concluyó horas más tarde, cuando aquel líder sindical que controlaba a 20 mil trabajadores, entre transitorios y de planta, murió en el Hospital de Pemex Santa Elena de Nanchital.

En una nota que escribió para la agencia noticiosa *Imagen del Golfo*, con motivo del XIX aniversario de esta muerte, la periodista veracruzana Liliana Corona escribió: "Fue casi imposible levantar un sondeo sobre el recuerdo del extinto líder de la Sección 11 del sindicato petrolero, pues la mayoría de los ciudadanos todavía siente temor de hablar de él. Las leyes socio-políticas así lo escriben: a los muertos se les olvida, incluso a nuestros mismos muertos. [...] A Francisco Balderas Gutiérrez se le recordará a través de la historia".

Aunque es el padre espiritual de miles de trabajadores petroleros, pocos se atreven a mencionarlo: "durante la realización de mi documental —en los tiempos de *Chico Balderas*— pude darme cuenta que los nanchitecos somos muy ingratos [...] pareciera que a toda esa gente que *Chico Balderas* ayudó le da terror mencionar su nombre. Ahora resulta que nadie lo conoció, nadie lo quiso, nadie quiere hablar de él. Me dan pena ajena", declaró el joven cineasta local Johny Olan Ochoa.

Desde la sección sindical número 11, con sede en el municipio veracruzano de Nanchital, *Chico Balderas* se convirtió en su tiempo en el líder moral de los petroleros. Sus métodos violentos y caciquiles lo habían transformado en un personaje de peligro. Era un líder escurridizo para la dirigencia que encabezaba Guzmán Cabrera. Nadie parecía tener una fórmula para acallarlo, hasta que se hizo público su inesperado desenlace. "Cumplida su misión con el gobierno federal, en 1995 Guzmán fue nombrado titular del Fondo Nacional para el Consumo de los Trabajadores (Fonacot) y subió al poder [sindical] Romero Deschamps.

Como dirigente de la Sección 10, Sebastián le heredó el puesto a su pupilo más fiel: Pablo Pavón Vinales, a quien nunca quiso Romero Deschamps. Se lo demostró cuando visitó por primera vez Minatitlán: desdeñó una invitación y terminó en la casa de un compadre de Pablo. Pero, "Pablo Pavón Vinales no era un dirigente cualquiera. [Es] disciplinado, deportista, con carisma de líder. Tantos años entre viejos lobos del sindicalismo, lo enseñaron a confirmar su liderazgo con las bases. En 1997 fue el único dirigente petrolero que se opuso a la venta del Complejo Petroquímico Cosoleacaque. No sólo publicó su posición, sino se unió a las marchas de los líderes sociales en la zona sur. El presidente Ernesto Zedillo dio marcha atrás. Romero Deschamps, callado, no movió un dedo".

Desde el sindicato, Pavón Vinales se había impulsado en dos ocasiones para llegar a la alcaldía de Minatitlán. También fue dos veces diputado federal y mantuvo intacto el poder de Guzmán Cabrera en la Sección 10 del sindicato.

Atrapados en el vendaval

Aunque de esto ya han pasado algunos ayeres, la figura de *La Quina* ha quedado para la Historia como una leyenda que lo convierte, para algunos, en un personaje mítico, y, para otros, en un represor empedernido. Independientemente de quién tenga razón, un hecho innegable es que *La Quina* es un vivo ejemplo de lo que el PRI ha entendido por *legalidad* a lo largo del tiempo y su particular manera de ejercerla. El llamado *Quinazo* se ha instaurado en el diccionario de la política mexicana como un golpe de fuerza del Estado para derrocar y aniquilar a un cacique sindical.

Para Romero Deschamps, más que un maestro, *La Quina* es un pasado inmediato difícil de superar. No es, ni con poco, el líder polémico, retador y dolor de cabeza para los poderes fácticos que llegó a ser Hernández Galicia. A Deschamps se le identifica más con el líder gris que siempre tiene bajo la manga un "conmigo no va a tener problemas, señor presidente". Alguien de quien se puede prescindir sin el menor problema, pero, al mismo tiempo, el representante sindical perfecto para apoyar las reformas energéticas que han llegado con el *nuevo* PRI.

No obstante, al igual que el otrora poderoso Hernández Galicia, Romero Deschamps también tiene una lista de sospechosos incidentes y desapariciones. Víctimas de "un levantón", en mayo de 2007 desaparecieron en Cadereyta, Nuevo León, los hermanos Hilario y David Vega Zamarripa, ambos trabajadores de la Refinería Héctor Lara Sosa. El primero era secretario general de la Sección 49 y despuntaba como uno de los opositores al régimen impuesto por Romero Deschamps, aunque todo mundo sabe que "eran muy allegados, muy leales" y priistas los dos.

Durante mucho tiempo, Hilario —considerado un cacique local— apoyó las políticas del sindicato, pero con el tiempo se volvió uno de los dirigentes regionales incómodos. El 16 de mayo de aquel año, después de una asamblea, se denunció la desaparición de David. A la seis de la tarde del día siguiente, Hilario, un ex diputado federal priista, recibió una llamada "amenazante" para negociar la liberación de su hermano y de otros trabajadores petroleros.

Fue un ultimátum: Hilario, quien cumplía su tercer periodo como dirigente petrolero local, por su hermano *El Ganso* David y el resto de los secuestrados. Según los testimonios, lo amenazaron con degollar a cada uno de ellos y tirar las cabezas frente a sus respectivos domicilios. El intercambio se acordó. Después de la llamada, Hilario salió al punto convenido y nunca regresó. Nadie sabe nada de los hermanos.

El 4 de junio, familiares de los hermanos Vega Zamarripa recibieron informes en el sentido de que habían sido detenidos por elementos del Ejército mexicano, trasladados a instalaciones militares y de allí a la SIEDO, donde supuestamente serían investigados por posibles nexos con la delincuencia organizada. A fines de ese año, el Comité Eureka, de la senadora Rosario Ibarra de Piedra, llevó el caso al Congreso de la Unión.

"Existe el temor de que esta desaparición esté ligada con las investigaciones que han estado realizando las autoridades federales de las explosiones de varios ductos de Pemex llevadas a cabo por el Ejército Popular Revolucionario (EPR), y anuncie un nuevo periodo represivo y de la comisión de delitos de lesa humanidad que queden otra vez en la impunidad", denunció la senadora.

"La desaparición de Hilario y David —recordó— ha sido denunciada ante autoridades locales y federales, sin que hasta la fecha exista avance alguno que conduzca a su localización. Estos terribles hechos son ya del conocimiento de la PGR, de la Procuraduría General de Justicia de Nuevo León y de quien se dice que es presidente de la República, quienes no han hecho absolutamente nada; considerando la gravedad de los hechos, debe existir por parte de las mismas una actuación rápida y decidida que lleve a la presentación de los agraviados por tan terrible delito como lo es la desaparición forzada".

En 2008 se confirmó que, además de los hermanos Hilario y David, también habían desaparecido otros quince trabajadores de la refinería de Cadereyta, entre ellos: Luis Alberto Badillo Martínez, Félix Sánchez Torres, Hugo Sánchez Torres, Víctor Manuel Mendoza Román, Luis Enrique Martínez Martínez y José Luis Lozano Fernández. Pero el caso, dijeron, formaba parte de una serie de 30 levantones atribuidos a la guerra contra el crimen organizado.

Sin mayores elementos que la desaparición, en junio de 2007 surgieron algunas interrogantes sin respuesta: ¿guerrilleros?, ¿narcotraficantes?, ¿luchadores sociales?, ¿caciques sindicales? El sindicato guardó silencio y nombró de inmediato a un sustituto: José Izaguirre, quien tenía abierto un expediente judicial por venta de plazas. Antes de ser desaparecido, el poder de Hilario era tal que ya sonaba como posible sucesor de Romero Deschamps.

En febrero de 2008, la senadora Ibarra de Piedra se cuestionó: "¿Qué pasa en Cadereyta? Hoy el terror se ha aposentado en su suelo. El verde olivo y las boinas rojas de los 'gafes', ese cuerpo 'especial' del Ejército, formando retenes en las calles, intimida a sus habitantes […] y es que allí se instaló hace tiempo una refinería de Pemex, y de un tiempo a hoy, todo en la antes tranquila ciudad ha cambiado y lo peor empezó los días 16 y 17 de mayo del año pasado, cuando fueron secuestrados los hermanos Hilario y David Vega Zamarripa y su cuñado Víctor Manuel Mendoza Román, sin que el gobierno mexicano haya dado respuesta a las múltiples quejas de sus familiares, desde la Presidencia de la República hasta las autoridades de Nuevo León".

Es claro por qué el gobierno no se atreve a tocar, ni con el pétalo de una rosa, al sindicato petrolero conducido por el omnipotente Romero Deschamps. Alzar la voz en su contra sería tanto como llamar a otra guerra. Suficiente sangre ha sido derramada con la caída de la maestra Elba Esther Gordillo Morales. Al interior de Los Pinos hay, además, otras batallas por librar y más secretos que ocultar.

Capítulo XI

La gran estafa;
el barón de la electricidad

V ÍCTOR FUENTES DEL VILLAR es el pasado en el presente; es la antítesis de su tío Leonardo Rodríguez Alcaine; y, paradójicamente, una copia al carbón de éste, su memorable familiar, el fallecido líder máximo de la Confederación Nacional de Trabajadores de México (CTM), el mayor conglomerado de sindicatos del país, y, por tres décadas, secretario general vitalicio del Sindicato Único de Trabajadores Electricistas de la República Mexicana, el SUTERM.

Nacido en 1938, Fuentes del Villar tenía 19 años de edad cuando Rodríguez Alcaine —veterano sindicalista con fama de influyente, golpeador y pistolero—, le abrió las puertas de la Comisión Federal de Electricidad (CFE) y lo afilió al SUTERM. Se cuenta, aunque nadie lo sabe con precisión, que desde su llegada se les exigió a todos en la cúpula sindical electricista que le dieran trato especial por tratarse del hijo de una media hermana del dirigente. Éste tenía la convicción de que, algún día, el muchacho encajaría en la poderosa élite sindical mexicana. Con esa visión, llegado el momento, lo impuso como secretario de Trabajo y Conflictos del SUTERM.

No es de sorprender que a más de uno de los viejos líderes electricistas no les gustara la abierta imposición, pero tampoco tenían otra salida. Acataban o acataban. En la brutal escuela de la disciplina del *charrismo*, todos cerraron la boca. Esa situación dio nacimiento a una perdurable, tanto como fructífera, alianza familiar. Fue la misma época en la que *El Periquín* Rodríguez Alcaine llegó por primera vez al Congreso de la Unión a través de una diputación federal por el PRI.

Un escándalo que les estalló en la década de 2000 por la desaparición de 73 mil millones de pesos del Fondo Mutualista, una especie de inversión colectiva del SUTERM para apoyar a familiares de trabajadores electricistas fallecidos —al menos 92 mil que laboraron entre 1970 y 1990 habían aportado sus cuotas respectivas— arrojaría pistas sobre aquella extraña sociedad "familiar". Visto, pues, a la distancia, el ascenso de Víctor Fuentes del Villar no puede reducirse simplemente a una historia familiar ni de intrigas sindicales, sino a un plan preconcebido por Leonardo Rodríguez Alcaine, un hombre astuto y oportunista que, de humilde mozo en una oficina de la Comisión Federal de Electricidad en el Estado de México, labró su destino para encaramarse primero a la Secretaría General del SUTERM y, de allí, hasta la otrora poderosa Confederación de Trabajadores de México.

A partir de 2000, la alianza Rodríguez Alcaine-Fuentes del Villar sirvió para aplastar y acallar las voces críticas que exigían democracia interna y, al mismo tiempo, conformaban un movimiento independiente para oponerse a la privatización de algunas áreas de la CFE. Las razones saltan por doquier: las empresas Iberdrola, Unión Fenosa, Mitsubishi, Abener, Edf, Intergent y Transalta generan poco más de una tercera parte de la electricidad que comercializa la CFE. Durante el gobierno de Felipe Calderón Hinojosa (2006-2012) se asignaron, al menos, 750 permisos a compañías privadas de generación de energía eléctrica.

Según informes del Sindicato Mexicano de Electricistas (SME) —ex titular del Contrato Colectivo de Trabajo de la desaparecida Luz y Fuerza del Centro (LyFC)—, en los seis años del calderonismo las empresas privadas recibieron 375 mil millones de pesos y aún se les debe 1.6 billones por contratos a 25 y 30 años. El SME ha documentado que, desde la extinción de LyFC en octubre de 2009 y hasta 2012, la CFE ejerció un presupuesto superior a 146 mil millones de pesos para dar el servicio de energía eléctrica en el centro del país, cuando el presupuesto total del último año de operaciones de LyFC fue de 33 mil millones de pesos. En resumen, el negocio es para la iniciativa privada.

"En el 2009 ejercieron 42 mil 400 millones de pesos, en 2010 fueron 56 mil 716 millones de pesos, en 2011, 47 mil 209 millones de pesos, todo para mejorar la infraestructura en la zona centro del país, para pagar viáticos de trabajadores que trajeron del interior de la República y para contratar personal para la zona centro del país. Imagínate, contratar personal cuando en la calle hay 44 mil trabajadores", ha señalado Martín Esparza, secretario general del SME.

La campaña sindical de represión violenta y hostigamiento en la CFE tuvo uno de sus capítulos centrales con el despido —el lunes 7 julio de 2003— de Jesús Navarrete Castellanos, dirigente de la opositora Coordinación Nacional de Electricistas (CNE) del SUTERM, y el de su cuñado Susano Rivero Hernández. También llama la atención la campaña permanente de hostigamiento a familiares adolescentes de Castellanos, incluida su hija. También fueron despedidos Andrés Borunda, Armando Manríquez Vázquez, Jorge Luis López Pérez, Honas Hernández, Brenda González Hernández, María de Jesús Pérez Rodríguez y Ramón Calleja Rosado.

Amnistía Internacional (AI) retomó el caso en julio de 2002: "Jesús y Evangelina Navarrete Castellanos son dirigentes de la CNE. Están haciendo campaña contra la privatización del sector de la electricidad y han desafiado el liderazgo tradicional del Sindicato Único de Trabajadores Electricistas de la República Mexicana, que representa a los trabajadores de la CFE, gestionada por el Estado. […] Según los informes, en 2000 líderes de la CNE ganaron las elecciones para el liderazgo del SUTERM. Sin embargo, las autoridades del Estado y los dirigentes tradicionales del sindicato se negaron a reconocer esta victoria.

"La CNE ha seguido impugnando la legitimidad y la integridad del liderazgo tradicional de SUTERM y, según los informes, a causa de ello varios activistas han sido despedidos de su trabajo o han sido reasignados por la fuerza a otros puestos. […] Los esfuerzos por sacar a la luz la corrupción en los sindicatos oficiales y garantizar unas elecciones democráticas de sus dirigentes, así como los intentos de establecer sindicatos independientes, siguen dando lugar con frecuencia a represalias contra quienes promueven estos derechos sindicales fundamentales".

Al margen de los chismorreos que generaron las versiones de

parentesco y el silencio ominoso de la cúpula sindical, la disidencia atestiguó, en dos tiempos —primero en la década del 70 y luego en 2000— la irremediable toma del poder absoluto por parte de dos personajes extraídos de una mala telenovela de la televisión mexicana. La alianza Rodríguez Alcaine-Fuentes del Villar también sentó en 2004 las bases para que, cuatro años más tarde, en agosto de 2008 el SUTERM y el gobierno federal pactaran, a espaldas de los casi 77 mil empleados sindicalizados de la CFE, una muy amañada y enmarañada reforma al régimen de pensiones y jubilaciones, cuyos alcances verdaderos se conocerán hasta después de 2040.

El convenio, que entró en vigor el 19 de agosto de 2008, aumenta en cinco años el periodo mínimo para las jubilaciones de trabajadores de nuevo ingreso. Establece que cada empleado deberá ahorrar 5 por ciento de su salario y obliga a la empresa a aportar 75 por ciento del mismo a las cuentas individuales, pero se autorizó operar parte de los recursos a través cuentas de riesgo —que si bien pueden ganar, también perder—, por lo que las pensiones futuras serán seguras, pero nada garantizará que sean no buenas para los jubilados sino suficientes para vivir una vejez sin privaciones. Las protestas se han pulverizado por la estricta vigilancia y los sofisticados métodos de control que pusieron en marcha la empresa y el sindicato.

Cada uno a su tiempo, Rodríguez Alcaine y Fuentes del Villar aplastaron el movimiento democratizador que pretendía combatir al *charrismo*. Uno y otro supo, casi de inmediato, que sus labores conspirativas y oportunistas, apoyadas siempre por el aparato del Estado y las medidas tomadas por la Secretaría del Trabajo, les habían granjeado el poder vitalicio de una organización incrustada en una empresa estratégica para el desarrollo de la nación.

UN *CHARRO* SIN RUBOR. LAS CUALIDADES DE *PERIQUÍN*

El origen. Conocido como *La Güera* Rodríguez, Rodríguez Alcaine tenía algo que lo hacía atractivamente morboso para los periodistas:

fue un lengua suelta, lépero y vulgar. Un festín informativo se hizo de su léxico florido. Se le ridiculizó: "No le voy a dar las nalgas al Presidente", "el único amigo que puedo tener es un peso en la bolsa", "nosotros no damos línea compañero, ordenamos que vayan a votar por nuestros candidatos", "no le contesto porque le miento la madre", "mira cabrón, yo soy más macho que más de cuatro y si no crees, pásame a tus hermanas y ya verás", "me dieron una hermana de usted, compañero; a mí nadie me da línea". Esta última respuesta a un reportero al término de un encuentro en Los Pinos con el presidente Ernesto Zedillo, el 9 de septiembre de 1977, le valió el alias de *El cuñado de los periodistas.*

Cantinflesco, alburero, dócil y zalamero con el presidente de la República, presumía ser "puro obrero" festejando su cumpleaños el 1 de mayo. *La Güera* o *Periquín*, como él prefería, fue un líder corrupto, ocurrente y cínico. Para él, un líder sindical "no debe ser un intelectual sino un hombre de la base que se preocupe por tener asesores en todos los aspectos de la vida política y sindical, que tenga una buena relación con todos los integrantes del Comité Ejecutivo Nacional (CEN) de la CTM, que sea cercano al gobierno e incluso con cierta cercanía con la oposición". Aludiendo a la derrota del PRI en los comicios presidenciales de 2000, declaraba: "Nosotros no perdimos en 2000. Hubo una negociación para que perdiéramos, pero no perdimos", "¡ya cállate, Pinocho!" —dirigido a Fox en un informe de gobierno—, y "El EZLN —Ejército Zapatista de Liberación Nacional— no existe".

Sus declaraciones disparatadas sirvieron para el escarnio: "Lo importante no es mear mucho, sino hacer espuma", "pocas madres mexicanas han parido a un hombre como Fidel Velázquez", "me dicen que soy líder *charro*, sí, pero de los que saben montar mulas", "aunque lo duden, soy muy macho" o "los trabajadores ahorita vivimos en condiciones de parias; creo que el [salario] mínimo debería ser mínimo de tres mínimos", dijo en septiembre de 1977, poco antes de abordar su automóvil, un lujoso BMW valuado en más de 50 mil dólares para ir a descansar a su "casita", una amplia residencia de dos niveles con detalles estilo californiano y una cochera para cuatro automóviles en la calle de Zacaltépetl, del exclusivo Pedregal de San Ángel, valuada en más de dos millones de dólares. Nada que ver con los minidepartamentos por los que autoriza créditos el Instituto del Fondo Nacional de la Vivienda para los Trabajadores (Infonavit).

Tres años más tarde, cambió el BMW por un Mercedes-Benz gris plata —cuya propiedad atribuyó a su esposa Margarita Salazar Fernández, a quien definió como una próspera y pujante empresaria de la industria de la construcción—, que se sumó a un Ford Lincoln 1998, marfil tornasol, un Corvette y una camioneta Windstar verde botella. Conforme a su vida de "humilde" empleado de la CFE, se sabe que en aquella época tenía un rancho en su natal Texcoco en el que, entre otros, tenía caballerizas especiales para sus pura sangre. También era propietario de maquinaria pesada, grúas y camionetas, así como de una flota de barcos camaroneros.

"Propiedades que en 1975 pertenecían al sindicato, por ejemplo, los centros vacacionales, pasaron a formar parte de los inmuebles personales de Rodríguez Alcaine, como el hotel Majestic, a nombre de su esposa", advirtió su opositor Jesús Navarrete Castellanos. Y se ha documentado que cobraba a constructores de la CFE entre 10 y 15 por ciento del valor de las obras, por lo que la fortuna acumulada del líder, por extorsión, es incalculable. Además, las cuotas de los trabajadores, que ahora son 71 mil y cuya aportación es de 100 pesos promedio por cada uno, dan un total millonario cada 14 días.

Llegó a ser accionista en empresas como Maseca, Galletas Lara y los cines Lumière, además de que tenía inversiones en cadenas hoteleras. Si pudiera resumirse su vida laboral, con toda certeza puede afirmarse que como dirigente sindical y gracias a las cuotas de sus agremiados, así como a los contratos con la CFE, fue un excelente empresario. Ganó e hizo dinero a raudales mientras se empobrecían los empleados.

Nadie sabe cuánto dinero hizo negociando con el futuro de los trabajadores —hay todavía quienes calculan su riqueza en más de 400 millones de dólares y otros en 800, que no es fantasioso si se toman en cuenta los recursos del Fondo Mutualista del SUTERM, pero en el primero de sus sobrenombres, atribuido por él mismo al presidente

Adolfo López Mateos al término de una audiencia, llevaba la penitencia: *La Güera Rodríguez* era una referencia a la criolla María Ignacia Rodríguez de Velasco de Osorio Barba y Bello Pereyra Fernández de Córdoba Salas Solano y Garfias, conocida a secas como *La Güera Rodríguez*, prostituta que vendió sus favores al *Libertador* Simón Bolívar, al barón Alexander von Humboldt y, desde luego, a su majestad Agustín Cosme Damián de Iturbide y Arámburu, Agustín de Iturbide, el fallido emperador mexicano *Agustín I.*

Si *La Güera Rodríguez* escandalizó a las castas conciencias de La Colonia y vivió de cerca las conspiraciones, represiones y levantamientos insurgentes por la independencia de la Nueva España, la otra *Güera Rodríguez* (Leonardo Rodríguez Alcaine) conspiró contra el sindicalismo independiente, apostó por la represión violenta de sus líderes y usó como moneda de cambio a los decenas de miles de empleados de la Comisión Federal de Electricidad, cuyos intereses, se supone, debía defender. Amasó fortuna como aliado del gobierno, y como operador político del PRI tuvo privilegios, inmunidad e impunidad. Hizo cuanto le vino en gana.

El *cuñado de los periodistas,* cuyo trabajo inicial como electricista en 1938 quedó registrado como el de mozo en la Oficina de Cartografía que dependía de la Secretaría Nacional de Economía del SUTERM, con una salario mensual de 58 pesos, asignado en Colorines, Estado de México; intentó ser simpático, ágil, picante. Fue todo lo contrario: rudo y grosero. Fue también un golpeador con fama bien ganada de pistolero. Un mexiquense —originario de Texcoco— con muchísima suerte, trabajador astuto, dirigente del sindicalismo corporativo que no promovió la democracia ni una mejora de las condiciones de vida de los trabajadores. Por eso, sus opositores nunca tuvieron problemas para definirlo: totalitario, líder del viejo estilo de sometimiento al presidencialismo, vertical, represor, oportunista, esquirol, representante del *charrismo* más tradicional; en resumen, enemigo de los trabajadores.

Ningún calificativo sobraba desde que tomó las riendas del SUTERM el 28 de marzo de 1976. Su colaborador, amigo y ex compañero en el Senado, Nezahualcóyotl de la Vega García, advirtió alguna vez: "El que quiera ver en Rodríguez Alcaine un émulo de Fidel Velázquez no lo va a encontrar nunca. Las entrevistas de don Fidel se publicaban íntegras en el *CTM* —desaparecido órgano oficial cetemista— y servían para que los líderes de provincia tomaran notas e hicieran sus declaraciones, pero si hubiéramos publicado íntegras las entrevistas con Rodríguez Alcaine, y alguien las hubiera archivado, habría hecho una colección de la picaresca mexicana".

Con una vieja anécdota, el extinto escritor Carlos Monsiváis "pintó", el 21 de febrero de 2010, otra de las caras visibles de Rodríguez Alcaine: "La resistencia al cinismo se desgasta pronto en la medida en que es en sí mismo su crítica más feroz, y por eso, el lenguaje íntimo y casi público de los priistas se traslada a la sociedad y el periodismo, y con rapidez deviene ánimo sincero, la verdad inevitable de los que nunca aspiran a la credibilidad. Un ejemplo del anecdotario de Rodríguez Alcaine. En 1978, va a Tuxtla Gutiérrez (Chiapas), y es recibido en triunfo por la sección sindical. Entonan un himno compuesto en su honor (el mismo que cambiando el nombre y alguna cosa más entonan al llegar todo Visitante Ilustre). Y de improviso el líder de la sección pide silencio, extrae unas llaves de un automóvil de su saco y procede a entregárselo a don Leonardo mientras le declama la gratitud eterna de los chiapanecos. Obvia y fatalmente conmovido, el líder llora, se seca repetidamente los ojos y acepta el micrófono:

"Compañeros, compañeros, amigos de la vida. Este acto de ustedes tan precioso, tan maravilloso, me conmueve profundamente. De veras se han aventado ustedes un puntacho de esos que duelen. Pero compañeros, yo no puedo aceptarlo, sería como aprovecharme de su nobleza, sé lo que les costó reunir el dinero. No y mil veces no, compañeros, no lo puedo aceptar… y por eso procedo a darle llaves del auto a mi hija que me ha acompañado". Años más tarde, en junio de 1994, su hija, así como su esposo e hijos morirían en un avionazo. Los detalles se guardaron como secreto de Estado, pero viejos electricistas aún recuerdan que el responsable directo del accidente fue el mismo Rodríguez Alcaine y que el percance fue, no en una aeronave comercial, como se hizo creer, sino en una avioneta propiedad de la CFE.

Palabras más, palabras menos, los electricistas rearman algunas piezas del rompecabezas: la hija y su familia querían volar a Estados Unidos —el destino final era Nueva Orleans— para asistir a un juego de futbol, pero olvidaron comprar los boletos de avión. Para cuando lo intentaron, no había. Surgió entonces la figura del líder sindical. Hizo un par de llamadas a directivos de la comisión y, en cuestión de minutos, le prestaron una avioneta pequeña, en la que su familia viajaría al evento deportivo.

Al llegar al aeropuerto, el piloto descubrió que los cuatro pasajeros, con su equipaje para una estadía de varias semanas, superaban con mucho el peso que aguantaba la aeronave. Encaprichado, Rodríguez Alcaine se negó a escuchar las razones del piloto para no viajar con ese peso, así que se buscó la solución. La avioneta cargaría el combustible justo para aterrizar en el aeropuerto de Nueva Orleans. El resto fue una tragedia. Por el mal tiempo, a la nave no se le permitió aterrizar, así que fue obligada a regresar sin combustible.

La zona del accidente, otro secreto de Estado, fue acordonada por elementos del Ejército y, antes de que hicieran presencia los periodistas de la fuente, se dieron órdenes de pintar el logotipo de una empresa comercial. Eso protegería al funcionario que prestó la aeronave y esa culpa, con sus secretos y abusos, la cargaría Rodríguez Alcaine para el resto de su vida. Nada lo pudo consolar, ni la presencia de otros hijos empleados por la CFE.

Desde que ingresó a la comisión, Rodríguez Alcaine cayó en blandito. Casi de inmediato, lo reclutó Francisco Pérez Ríos, uno de los dirigentes históricos del gremio que había hecho un gran negocio con sus trabajadores. Viejos electricistas recuerdan que Pérez Ríos vio en Rodríguez Alcaine extrañas y misteriosas destrezas. Ya luego se descubrirían esas ocultas "cualidades" cuando *Periquín* fue incluido en el grupo de golpeadores, por no decir pistoleros matones, que enfrentaban y sometían a cualquier electricista disidente en la comisión.

Por los servicios prestados a la causa personal del *charro* Pérez Ríos —era su escolta personal, chofer y carga portafolios—, en 1941 Rodríguez Alcaine recibió su primer encargo como secretario de Trabajo y Conflictos en un comité seccional del Sindicato Nacional de

Electricistas. Así conoció al *charro* mayor, Fidel Velázquez Sánchez. Probada la incondicionalidad a Pérez Ríos, así como su sumisión a la CTM y al gobierno federal, Rodríguez Alcaine pasó de secretario de Deportes a secretario de Organización en el sindicato, puesto que, en 1955, lo llevó al Congreso de la Unión como diputado federal, ya como militante del Partido Revolucionario Institucional (PRI).

Así iniciaría una productiva carrera política que lo pondría dos veces más en la Cámara de Diputados (1967-1970 y 1973-1976) y otras dos en el Senado (1976-1982 y 1988-1994). En 1991 llegó al Senado Mauricio Valdés Rodríguez, sobrino de *La Güera*. Sobrino y tío se sentaron en curules vecinas durante tres años. Si bien Mauricio hizo carrera propia, la influencia del encumbrado tío fue decisiva para que alcanzara la presidencia municipal de Texcoco. Para cuando nació el SUTERM en 1972, Pérez Ríos lo puso a cargo de los grupos de choque financiados por la presidencia de Luis Echeverría Álvarez a cuya disposición puso 20 mil soldados del Ejército mexicano con el fin de hostilizar, agredir y aniquilar el movimiento democrático que encabezaba el michoacano Rafael Galván Maldonado, el último de los grandes líderes del sindicalismo independiente.

La lucha del galvanismo fue clara desde 1963, cuando asumió la presidencia de la Central Nacional de Trabajadores (CNT): "No podemos conformarnos con la existencia de un movimiento sindical dividido, pulverizado, desorientado, empantanado en la corrupción... [con] sindicatos [convertidos] en viles negocios de líderes inmorales. Es preciso que los trabajadores reconquisten el control de sus sindicatos".

Con esa deshonrosa tarea, que incluía limpiar el sindicato de cualquier ideología y aplastar cualquier política que no fuera la priista, reducir al sindicalismo a un mero instrumento electoral del partido en el poder, así como cancelar todos los derechos de los obreros del sector eléctrico, le llegó el nombramiento de secretario del Trabajo del naciente SUTERM. Para entonces, *La Güera*, se había hecho, informalmente, de algunas de las funciones primordiales del Comité Ejecutivo Nacional, porque un cáncer consumía, lenta e inexorablemente, a Pérez Ríos.

Francisco Martínez de la Vega lo plasmó el 27 de septiembre de 1980 en una de sus columnas sobre Galván y el sindicalismo, que luego fue retomada en el libro *Personajes*: "El enemigo de Tendencia Democrática —la oposición encarnada por Galván— no fue, concretamente, la organización oficialista, mantenida con subsidios, sobornos y protección gubernamental ilimitada, sino el sistema político mexicano que, en la actualidad, olvida totalmente los propósitos de la insurgencia popular y se apoya más en el respaldo de la oligarquía, en no lesionar sus intereses ni poner en peligro la concentración de recursos económicos en manos de esos privilegiados, aunque sean extranjeros o sirvan intereses ajenos a los del país. [...] En esa desventajosa lucha, la insurgencia democrática dejó un precedente admirable. [...] No tenemos duda de que más temprano o más tarde esa semilla que Galván sembró a voleo durante su vida de luchador proletario, limpiará a nuestro sindicalismo de tantos años de oprobio, de renuncia a sus fines irremplazables".

La gran oportunidad llegó el 27 de marzo de 1975, cuando Pérez Ríos murió víctima de un cáncer que afectó su salud desde los primeros meses de 1974. Apoyado y aconsejado por Velázquez Sánchez, un día después, a los 56 años de edad *La Güera* tomó por asalto las oficinas sindicales y se proclamó secretario general. Era la oportunidad de su vida y la aprovechó. El escenario estaba preparado.

Meses antes, Velázquez concibió un congreso extraordinario para expulsar del SUTERM a Galván —presidente del comité de Vigilancia y Fiscalización— y a todos sus seguidores que tuvieran un cargo en el Comité Ejecutivo Nacional, incluyendo a uno de los dos secretarios del Trabajo: Héctor Barba. Fidel Velázquez hizo que marginaran y luego les impusieran la cláusula de exclusión a los ocho sindicalistas más allegados a Galván, incrustados todos en la mesa directiva sindical. El proceso para expulsar a los disidentes fue bien custodiado por golpeadores que desde la Federación de Trabajadores del Distrito Federal (FTDF), la CTM de la Ciudad de México, envió su dirigente Joaquín Gamboa Pascoe, otro protegido de Fidel.

El SUTERM había nacido en 1972 producto de una fusión, a través de un pacto de unidad muy desigual, entre los sindicatos de Trabajadores Electricistas de la República Mexicana —de Rafael Galván—, y Nacional Electricista —de Pérez Ríos—. Temeroso, el gobierno echeverrista apostó por Pérez Ríos y éste, corrupto y mercenario como era, se dejó seducir por el poder presidencial.

Galván sabía que se lanzaba a un mar infestado de tiburones hambrientos o a una arena romana ávida de sangre. Tenía entendido que era una alianza endeble. Por su honestidad, durante años se hizo de muchos enemigos incrustados en las altas esferas del gobierno. Allí adentro, ya nada pudo protegerlo de las intrigas de Pérez Ríos y Rodríguez Alcaine, quedó a expensas de los ataques virulentos, y vaya que salieron, de la Secretaría del Trabajo —comandada primero por Porfirio Muñoz Ledo y luego por Carlos Gálvez Betancourt— y de Gobernación, de Mario Moya Palencia, donde el engaño, el hostigamiento, la represión, las intrigas y la obediencia ciega al turbio presidente Luis Echeverría eran las únicas reglas del juego.

El primero era especialista en el arte de imaginar estrategias y diseccionar problemas políticos, un maestro de la manipulación que se soñaba con la candidatura presidencial. Encaprichado con dirigir al IMSS, el segundo, un ex gobernador michoacano que jamás cedería a las exigencias democráticas en el SUTERM, tampoco contrariaría a su amigo el Presidente. El tercero no era más que un autoritario que obedecía a ciegas creyéndose el candidato presidencial del PRI en 1976 y que, en 2005, acaparó la atención cuando la Suprema Corte de Justicia de la Nación resolvió que él y Echeverría podían ser sometidos a la justicia acusados de genocidio.

La Fiscalía Especial para Movimientos Sociales y Políticos del Pasado les fincó ese delito, igual que a otras nueve personas, por la matanza de estudiantes del 10 de junio de 1971, a manos del grupo paramilitar Los *Halcones*. Era su cómplice. Nunca pasó nada, pero en 1976 Moya Palencia entendió que nunca llegaría a la Presidencia de la República. La historia se ha encargado de juzgarlos, aunque su herencia se resiente todavía en gremios como el SUTERM.

Excepto para la mayoría de los medios de comunicación que protegieron al régimen y le siguieron el juego en sus locuras, los echeverristas siempre fueron motivo de preocupación. Galván podía allegarse del apoyo de los trabajadores, y lo tenía, pero tener la protección del gobierno federal y sus funcionarios era lo más importante para sobrevivir. Además, el gobierno tenía sus propios intereses. Intentaba controlar todo y a todos para perpetuarse en el poder. El sueño de grandeza de Echeverría fue transexenal. Ni su sucesor José López Portillo y Pacheco quedó a salvo de sus maquinaciones. A través de los cables filtrados a *Wikileaks*, ahora se sabe que incluso llegó a pensar en liquidarlo.

A propósito del golpe a Luz y Fuerza del Centro, en una comparecencia de Javier Lozano Alarcón en la Cámara de Diputados, Carlos Ramírez recordó, en su columna "Indicador Político": "Y muy a su estilo de picapleitos de barandilla, Muñoz Ledo saldrá en defensa del sindicalismo electricista del SME, aunque en su biografía política esté grabado con letras de fuego su papel activo en la represión de la Tendencia Democrática de los Electricistas en 1975 —dirigida por Galván, en una lucha ejemplar por la democratización sindical— para fortalecer al líder Francisco Pérez Ríos y luego a su sucesor Leonardo *La Güera* Rodríguez Alcaine, ambos del grupo de Fidel Velázquez.

"En ese 1975 Muñoz Ledo era secretario del Trabajo del gobierno de Echeverría y precandidato presidencial priista. Ya antes había contribuido a aplastar al movimiento ferrocarrilero de Demetrio Vallejo. Lo recordó el trabajador ferrocarrilero Salvador Zarco, en una entrevista al suplemento *Masiosare* de *La Jornada* el 20 de septiembre de 1998: en 1973 el gobierno (de Echeverría) no quiso reconocer el triunfo de los vallejistas. 'Don Demetrio, por esta vez no se pudo, le aconsejo que no proteste', le dijo Muñoz Ledo'. Todo el apoyo oficial, Muñoz Ledo incluido, fue para el grupo del *charro* Luis Gómez Z".

Por otro lado, ni a Pérez Ríos ni a Rodríguez Alcaine —quienes llevaban años conspirando activamente, reprimiendo, corrompiéndose y negociando con el gobierno— les importaba el peso de la historia, sólo su bolsillo personal o sus cuentas bancarias. Tampoco entendieron nunca la estatura de un líder como Galván. La historia ha puesto a cada uno en su lugar. Todo debió ser predecible. En 1973, la Secretaría del Trabajo muñozledista jugó un papel primordial para aplastar el movimiento independiente de Demetrio Vallejo para imponer, como se señaló unas líneas antes, a Luis Gómez Zepeda como secretario general del sindicato ferrocarrilero.

El acuerdo entre Galván y Pérez le dio al gobierno echeverrista tiempo para prepararse y lanzar, en julio de 1976, su ofensiva final, con las armas del Ejército por delante, además de golpeadores enviados por la Federación de Trabajadores del Distrito Federal que comandaba Joaquín Gamboa Pascoe, para destruir al galvanismo. Esquiroles inescrupulosos enviados también por Gamboa Pascoe, Fidel Velázquez Sánchez y *La Güera* Rodríguez comandaron el ataque desde las oficinas del SUTERM, la CTM y la Secretaría del Trabajo. Literalmente, mataron y luego borraron cualquier indicio de insurgencia sindical.

Antes de terminar su mandato el 30 de noviembre de 1970, el presidente Gustavo Díaz Ordaz había llegado a la conclusión de que el fortalecimiento de Galván y su liderazgo eran nocivos para el país, por lo que en la fusión de los dos sindicatos electricistas debía prevalecer la estructura corporativista y, por lo tanto, el control del gremio debía quedar en manos del *charrismo* encabezado por Pérez Ríos. Enemigo de la democracia e intolerante como su sucesor, Luis Echeverría Álvarez nunca supo cómo lidiar con el galvanismo. Aunque no quería a Fidel Velázquez, menos toleraba a Galván. Apenas llegó a Palacio Nacional operó para que la CTM reclamara la titularidad de los Contratos Colectivos de Trabajo de los galvanistas. Solícita, como pasa cuando hay una orden presidencial, la Junta Federal de Conciliación y Arbitraje entregó la representación de los trabajadores a *La Güera*.

Aplastado el movimiento galvanista, Rodríguez Alcaine recibió su primer regalo. Desde la Presidencia de la República llegó la orden a la cúpula priista para hacerlo senador de la República. Y él se dedicó a lo suyo: controlar a los empleados de la CFE, a través del SUTERM; aprovechar las concesiones políticas por servir al PRI, en el que fue delegado general en diversos estados, integrante del Consejo Político Nacional, y presidente del sector obrero; hacer fortuna, servirle con lealtad a su compadre Fidel Velázquez Sánchez, controlar las cuotas de sus agremiados —en esa época debieron ser unos 60 mil, hoy el número puede llegar a 80 mil—, a cobrar sus comisiones respectivas por contratos de la CFE; y, sobretodo, a emprender con su esposa una exitosa "carrera" como empresario, constructor y contratista, desde luego, de la CFE.

Se le puede acusar de todo, menos de desleal al hombre que operó la expulsión de Galván y preparó, sin elecciones ni trámites burocráticos engorrosos, su ascenso a la Secretaría General del SUTERM al día siguiente del deceso de su maestro Francisco Pérez Ríos en 1976. Cuando la viuda de Pérez Ríos aún no decidía dónde enterrar los restos de su esposo, Rodríguez Alcaine ya tenía en la mano todos los pelos de la burra para tomar por asalto la dirigencia del SUTERM.

Si alguna vez no estuvo de acuerdo con decisiones de Fidel, si cuestionó el largo y penoso poder monolítico de éste o el sistema monárquico en algunos gremios de la CTM, *La Güera* Rodríguez regresó siempre al primer punto: lealtad, obediencia y silencio —"ni Dios quiera que nos falte don Fidel", diría—. Hombre de mucha paciencia, dedicó gran parte de su vida a mantener el control de su sindicato y fincar un pequeño imperio a través del terror, intimidación, despotismo, intriga y complicidad. En algún momento decidió enriquecerse más allá de lo imaginado y, pacientemente, se sentó a esperar su gran oportunidad.

VÍCTOR, LA OPORTUNISTA ARROGANCIA DEL PODER

Pero don Fidel faltó un día. Viejo y desprestigiado, murió el 21 de junio de 1997.

Sin poder quitarse nunca el engorroso sobrenombre que le hacía honor a su forma de ser o a su personalidad, *La Güera* Rodríguez estaba listo para proclamarse como líder único e indiscutible del mayor conglomerado de sindicatos en México: la CTM. Su encumbramiento lo labró él mismo. Para satisfacer sus ambiciones se sirvió de la experiencia que, en 1976, le dejó la muerte de Pérez Ríos. Recurrió a un señalamiento audaz que nadie podía desmentir. Y así lo contó un mes después: "Al final, cuando ocurrió el deceso, en presencia de don

Emilio [Manuel González Parra, cuatro veces diputado federal, senador en tres, gobernador de Nayarit, y uno de los secretarios generales sustitutos de la CTM] me dijo que yo era el bueno".

Si fue cierto o no, hay una verdad: el político y líder cetemista de Nayarit, conocido más como Emilio M. González, se encontraba muy enfermo, tenía una nariz tan larga como la de Pinocho, un colmillo muy retorcido y las aspiraciones políticas de su hijo Ney González Sánchez eran "largas" e inocultables. Emilio sí renunció a sus derechos sucesorios para dejarle el camino abierto a *La Güera*. Y, quizás como una casualidad, Ney hizo una carrera fulgurante: en 2000 llegó al Congreso de la Unión a través de una curul en la Cámara de Diputados y, en 2002, a la Presidencia Municipal de Tepic, desde donde se catapultó a la Gubernatura nayarita en 2005.

Para el anecdotario. En marzo de 2013, el columnista nayarita Enrique Hernández Quintero localizó a Ney González en una residencia de 400 mil dólares en San Antonio, Texas. Su columna del 7 de marzo no tiene desperdicios: "La tecnología es traicionera y revela datos incómodos. [...] Justo un día después de la detención de Elba Esther Gordillo, cuando el debate nacional se decantaba por la unanimidad en contra de su fastuoso estilo de vida (propiedades y shopping en el extranjero), Ney González retuiteaba datos de CNN y de Catholic Net sobre el otro tema del momento, la sucesión papal. [...] Sin embargo el tecnopolíticopriista no se percató de un detalle: el GPS de su celular revelaba su ubicación exacta: el 519 de *Sand Ash Trail*, en la zona residencial de *Cross Mountain*, en San Antonio, Texas.

"Un par de clics más en Internet y uno podía conocer todos los detalles: fotografías, su precio, nombres de los vecinos y hasta la distribución de la lujosa vivienda. Según el portal especializado *homesnap. com* su valor en el mercado puede ser de hasta ¡419 mil dólares! El propietario es Héctor Ventura García Flores, hijo de un compadre y gran amigo de Ney. [...] El 1 de noviembre del 2011, apenas mes y medio después de haber dejado la gubernatura, el portal de noticias *Nayarit en Línea* especuló si la ciudad tejana de San Antonio sería el nuevo refugio del ex gobernador de Nayarit Ney González, pues inusualmente 43 de los 266 contactos que entonces tenía en Twitter eran empresas o prestadoras de servicios de esa urbe. [...] Además de que uno de los amigos íntimos del político había adquirido una residencia 3 meses antes de la conclusión del sexenio, en el 906 de Corkwood Trail.

"El ex mandatario negó siempre tener una propiedad en esa región de Estados Unidos, aunque reconoció que ahí estudiaba su hijo Ney Manuel. A manera de reacción a las críticas, dio un follow a la mayor parte de usuarios relacionados con San Antonio. [...] La casa de estilo contemporáneo en la que aparentemente se encontraba Ney cuenta con 5 recámaras, 4 baños, totalmente climatizada, con 2 lugares de estacionamiento. Se construyó en 2005 en un terreno de 1,182 metros cuadrados. [...]

"Tras el desliz tecnológico que revivió el debate en redes sociales sobre si el polémico político nayarita tiene o no una casa de descanso en San Antonio, Ney González optó por borrar sus tuits del 27 de febrero, enviados a las 9:55 de la mañana. [...] Pero como para uno que no descansa siempre hay uno que no duerme, varios cibernautas nayaritas pronto se dieron a la tarea de rescatar los tuits traicioneros y mediante el programa *Cree.py* confirmar que según datos satelitales, Ney estuvo ese día en la latitud 29.65231168, y longitud -98.63499046; es decir, en una espléndida residencia de San Antonio, Texas, y por alguna razón no le convino que se supiera".

Y *LA GÜERA* fue el sucesor. Madrugó a todo mundo gracias a alianzas secretas con la mayoría de los integrantes del Comité Ejecutivo Nacional cetemista, quienes dieron por buena aquella "orden" que supuestamente hizo Fidel en su lecho de muerte. Los aliados presentaron a don Leonardo Rodríguez Alcaine como factor de unidad. En julio siguiente se encumbró como secretario general interino. Poco duró el gusto. Rodríguez Alcaine rompió un pacto de unidad y dedicó los siguientes meses a preparar su ratificación como líder indiscutible, sin abandonar, desde luego, la comodidad de la Secretaría General del SUTERM, donde le estalló le revuelta interna democratizadora encabezada por Jesús Navarrete Castellanos.

Entre tropezón y tropezón por el nacimiento de la Unión Nacional de Trabajadores (UNT), la renuncia de 50 mil obreros en masa, así como una declaración folclórica tras otra —como aquella de que la CTM podría desaparecer para dar paso a una central única de trabajadores que representara a todas las organizaciones sindicales de México—, *La Güera* mantuvo y explotó sus dos dirigencias nacionales hasta el día de su muerte, la madrugada del sábado 6 de agosto de 2005 a los 86 años de edad.

Durante las primeras horas de ese día, cuando la viuda Margarita Salazar recibía en la agencia funeraria a los personajes que acudían para presentar sus condolencias, Víctor Fuentes del Villar sorprendió a los casi 80 mil empleados de la Comisión Federal de Electricidad porque hizo efectivo su mayor mérito para reclamar para él la Secretaría General del Sindicato Único de Trabajadores Electricistas de la República Mexicana: su cercanísimo parentesco con Rodríguez Alcaine.

Como lo había hecho su tío en 1976, cuando asumió la dirigencia del SUTERM a través de un golpe oportunista, y luego en 1997 para suplir a Fidel Velázquez Sánchez en la CTM en 1997, Fuentes no necesitó de elecciones ni cualquier otro trámite engorroso. La cúpula se reunió y decidió que él sería el reemplazo. Fuentes tenía 68 años de edad, y por 49 había trabajado en la CFE bajo el ala protectora de su tío. La cúpula sindical lo eligió, por unanimidad, el martes 9 de agosto de 2005.

Como parte de su bautismo político y para mostrar su "disposición" al cambio, a las pocas horas de su designación buscó al entonces titular de la CFE, Alfredo Elías Ayub, para confirmarle que las relaciones se mantendrían como si nada hubiera pasado y si su tío, *La Güera* Rodríguez, siguiera al frente del sindicato. Más tarde, ya en la intimidad, la entrevista se filtró a algunos medios.

La Coordinación Nacional de Electricistas presentó ante la Dirección General del Registro de Asociaciones de la Secretaría del Trabajo una "demanda de nulidad de registro y toma de nota" contra el nombramiento de Fuentes, quien llegó a la Secretaría General del SUTERM sin votación, sin convocar a un congreso general extraordinario y sin cumplir ninguno de los requisitos establecidos en los estatutos. La denuncia se fundamentó en la violación de los artículos 8, 9, 10, 11, 12, 15, 16, 72, 85 y 86 de los estatutos del sindicato. Ilegalidades al margen, la demanda tenía una gran verdad: los cargos en el sindicato no se pueden heredar, deben ser sometidos a escrutinio para evitar dictaduras o monarquías.

La disidencia ha analizado el golpe. Un acuerdo orquestado por Fuentes y algunos de sus allegados, entre ellos Nereo Vargas Velázquez —ex secretario particular de *La Güera*—, Vinicio Limón Rivera —dirigente vitalicio de la Federación de Trabajadores de Morelos (FTM, filial local de la CTM)— y Mario Ernesto González Núñez —tenaz defensor de la vieja escuela del sindicalismo oficial mexicano—, secretarios del Trabajo, Organización e Interior, respectivamente, le dio el poder absoluto sobre los casi 80 mil electricistas sindicalizados. Cuánto influyeron las trasnacionales encargadas de negociar electricidad, es difícil saberlo, pero como secretario de Trabajo y Conflictos del sindicato, Fuentes fue responsable de negociar 27 contratos colectivos.

Por más oculto que se quiera mantener, Fuentes, Vargas y Limón han formado un nuevo clan imperial. Un viejo sindicalista de la CTM que conoció bien al tío y conoce mejor al sobrino, relató que cinco días antes de su muerte, Rodríguez Alcaine aleccionó a Fuentes del Villar sobre los pasos a seguir para dar un golpe de timón contundente en el que Vargas y Limón fueron los artífices. No era por el cáncer que lo aquejaba, *La Güera* tenía achaques de otro tipo, sabía que estaba por morir y quería cuidarse las espaldas. Estaba enfermo, pero no era tonto. Quería de veras premiar la lealtad ciega del sobrino, aunque la oposición interna lo consideraba como parte de un equipo de dirigentes dictatoriales y gansteriles muy peligrosos, "uno de los principales represores de la corriente democrática" que emergió en 2000.

A este equipo se han sumado personajes de largo y negro historial como los hermanos veracruzanos Víctor Manuel y Vicente García Trujeque, así como Sergio Martínez Cisneros, quien heredó en julio de 2008 la dirigencia del SUTERM en la península de Baja California —la llamada Sección 9—, a la muerte de su padre Arturo Martínez Sáenz, cuyo cacicazgo se prolongó por casi cinco décadas, "famoso" o infame porque hacía préstamos con un interés de 10 por ciento mensual; Víctor Manuel Carreto Fernández de Lara, eterno líder del sindicato electricista en el estado de Puebla y, en su momento, compadre de *La Güera* Rodríguez Alcaine, así como Ezequiel Meixueiro Velázquez y Alfredo Molina Cotarelo. Estos últimos insertos en la dirigencia nacional.

Durante poco más de un año, Fuentes del Villar preparó su ratificación. La consiguió en noviembre de 2006. En abril del siguiente año, muy cínico o muy valiente, le fue a pedir el visto bueno, en la misma residencia oficial de Los Pinos, al presidente Felipe Calderón. En recuerdo al proceso que lo ratificó en el cargo le fue a decir: "Todo se manejó con apego a la ley, como lo hizo usted". Para esa época, Calderón todavía no lograba limpiar las dudas sobre su elección en 2006. Ya luego saldrían a la luz las declaraciones de Vicente Fox sobre la mano negra para que el PAN pasara sobre Andrés Manuel López Obrador.

Con el control del sindicato, Roberto Fuentes del Villar conservó el manejo de cuotas sindicales y otros beneficios contractuales que cada año alcanzan una suma promedio de 350 millones de pesos, aunque únicamente se conoce el destino de la mitad. Trabajadores sindicalizados en activo advirtieron que la CFE les retiene, cada catorcena, 2 por ciento de su salario para entregarlo al SUTERM en el renglón de cuotas. Sólo entre 2007 y 2009, la CFE entregó al sindicato 410.5 millones de pesos para gastos diversos y por revisión del Contrato Colectivo de Trabajo, además de 112.4 millones para estimular diversas actividades entre los trabajadores, 16.5 para la renta de locales sindicales, y 6.9 para servicio eléctrico y telefónico.

La dirigencia del SME documentó que, al menos hasta finales de 2012, la CFE entrega al SUTERM montos equivalentes a 2 por ciento de cada contrato que firma con las empresas "contratistas", con la finalidad de que deje operar a estas compañías y se fomente la privatización. "Se trata de una 'compensación monetaria' por aceptar la privatización del sector eléctrico, Víctor Fuentes acepta la cantidad de 2 por ciento sobre el monto de cada obra, así como 2 por ciento del costo de los 773 permisos otorgados a las empresas trasnacionales para la generación de energía eléctrica, siendo cómplice de la privatización, junto con el (ex) director general de la CFE, Alfredo Elías Ayub".

Durante una conferencia de prensa que ofreció el 29 de marzo de 2010, Martín Esparza, líder del SME, incluso entregó fotografías para demostrar que una de las instalaciones donde estaban las secciones 57, 123 y 186 del SUTERM en el estado de Hidalgo, ubicadas en la colonia Montecillo, en Tula, se había convertido en el centro de operación de empresas contratistas.

Los opositores internos acusaron a Fuentes y Ayub de permitir que las empresas contratistas operaran libremente y se llevaran un porcentaje, producto del desplazamiento laboral. Fuentes Villar fue identificado como líder de los esquiroles cuando Felipe Calderón decretó en secreto y a través de un descarado montaje, avalado más tarde por la Suprema Corte de Justicia, la desaparición de Luz y Fuerza del Centro, el 11 de octubre de 2009.

Después de la toma por asalto de todas las instalaciones, en la que participaron la Policía Federal y el Ejército, trabajadores sindicalizados de la CFE se hicieron cargo de las operaciones para suministrar energía eléctrica a 6.1 millones de clientes en el Distrito Federal y 132 municipios de los estados de México, Hidalgo, Morelos y Puebla que, hasta el día de la desaparición, atendían 44 mil trabajadores de Luz y Fuerza del Centro afiliados al Sindicato mexicano de Electricistas.

ASALTO EN DESPOBLADO

Sin duda alguna, a Víctor Fuentes del Villar le resultó más fácil de lo que pensaba tomar el poder para proteger sus intereses, poner en práctica las lecciones que recibió, intentar preservar —si bien parece una tarea imposible— una buena imagen de su extinto tío *La Güera* Rodríguez, y sentar las bases para forjar su propio imperio en el SUTERM.

"Fuentes del Villar fue avalado por las autoridades federales, con la misma práctica del fraude, y sin tomar en cuenta lo establecido en los estatutos en cuanto a la obligación de realizar un congreso extraordinario para la sucesión del secretario general. Al igual que el tío en 1976, el 14 de noviembre de 2006 —durante el XV Congreso Nacional Ordinario— el sobrino repitió los mismos esquemas para ratificarse en el cargo, descalificando de manera burda a *Cambio y Democracia Sindical;* bajo presión y amenaza de 500 golpeadores, apostados dentro el local sindical, para impedir que entráramos a registrar la planilla", documentó Jesús Navarrete Castellanos, dirigente de la Coordinación Nacional de Electricistas, en su estudio *En defensa del patrimonio Energético.*

Brazo derecho de Fuentes del Villar como secretario de Trabajo y Conflictos del Comité Ejecutivo Nacional, Vinicio Limón; y Arturo Martínez Sáenz, entonces presidente de la Comisión de Honor y Justicia del SUTERM —cargo que hoy ocupa Molina Cotarelo— fueron los responsables de las maniobras para frenar a la disidencia e impedir su participación en aquel congreso de octubre de 2006. Navarrete hace algunas precisiones: "en complicidad, han ido más allá de las separaciones injustificadas, convirtiendo los cargos y mentiras administrativas, con los que apoyan los despidos, en demandas penales, como en los casos de Maximiliano García Gaxiola y Armando Manríquez, o de Adulfo Santiago Castillo y del ingeniero Ignacio Roche Pérez, despedidos en su momento bajo demandas judiciales".

Los trabajadores poco han podido hacer ante tamañas demostraciones de poder. En una escuela de conspiradores, ellos aparecen como grandes perdedores. Fuentes es menos histriónico que su tío, no disfruta tener a la prensa metida en los asuntos sindicales ni de su persona, pero, a una semana de tomar por asalto el SUTERM, fue obligado a encabezar un movimiento de esquiroles para garantizar el suministro de energía eléctrica —de luz, como tradicionalmente se dice— al Distrito Federal y sus zonas aledañas tras la desaparición de LyFC.

Justo entonces, los trabajadores se vieron acosados por desinformación y chismes sobre la desaparición de los cuantiosos recursos del Fondo Mutualista —muchos ni siquiera se acordaban de él— que *La Güera* Leonardo Rodríguez Alcaine, como hábil mago que era, había desaparecido de los recursos del sindicato. Desde mediados de 1996, jubilados, trabajadores en activo y ex trabajadores de la CFE —sindicalizados— habían denunciado la desaparición de dichos recursos, cuyo monto alcanzaba inicialmente 13 mil millones de pesos, en realidad 37 mil, que los empleados sindicalizados de la paraestatal integraron por 38 años consecutivos en calidad de socios.

El dinero había estado oculto por tanto tiempo que sólo unos cuantos —apenas 174 de 92 mil— recordaban su existencia. Y esos poquitos tenían presente que, mañosamente, su dirigencia nacional, encabezada por *La Güera* Rodríguez y Fuentes del Villar, disfrazó la desaparición de los recursos y que, fuera de ellos, nadie sabía a cuánto ascendían. Ningún trabajador había recibido un centavo de aquel dinero que, legalmente, les pertenecía.

Escondido en los sótanos de la corrupción sindical y el solapamiento oficial, el tema tenía una historia larga y una cola tan grande que terminó por reventar solo. De 1955 a 1990, trabajadores afiliados al Sindicato Único de Trabajadores Electricistas de la República Mexicana —en esos siete lustros se han documentado 93 mil sindicalizados— hicieron sus aportaciones correspondientes, vía descuento de nómina al fondo, que servirían para apoyar a los trabajadores por diferentes vías, sobre todo la del préstamo en efectivo, para cuando falleciera alguno de sus familiares. Era una especie de seguro por defunción.

El descuento, en apariencia, no era oneroso —diez pesos catorcenales al principio—. A partir de 1959, casi diez años después de creado el fondo, la CFE se comprometió con un aporte equivalente al 10 por ciento de lo que recaudaran los socios sindicalizados. El descuento y las aportaciones se hicieron puntualmente hasta abril de 1990. Ese año, *La Güera* Rodríguez, sus hombres de más confianza en el Comité Ejecutivo Nacional sindical y funcionarios de la CFE pactaron en secreto y decidieron desaparecerlo, escondiéndolo en abril de ese año.

Con el tiempo salieron a la luz algunos detalles oscuros. El 25 de abril de 1990, el apoderado del sindicato, Juan Manuel Calleja García, y el representante de la CFE, Eduardo Muñoz Moguel, establecieron un convenio para desaparecer el fondo, teniendo como testigos al entonces secretario del Trabajo, Arsenio Farell Cubillas, al director de la CFE, Guillermo Guerrero Villalobos, y al secretario general del SUTERM, el senador Leonardo Rodríguez Alcaine. Arbitrariamente, la CFE y el SUTERM dieron por terminado el fondo para sustituirlo por el Seguro Colectivo Obrero, contratado por Aseguradora Obrera S.A. de C.V., propiedad del hoy desaparecido Banco Obrero.

Consumado, el acuerdo fue plasmado en la fracción vigésima sexta del convenio de firma del Contrato Colectivo de Trabajo el 25 de abril de 1990: "Con motivo del seguro de vida contratado por el SUTERM con la Aseguradora Obrera, en favor de los beneficiarios, de los trabajadores y jubilados que fallezcan, las partes están de acuerdo en que la cláusula 68, referente al fondo mutualista del SUTERM, en virtud de haber sustituido el citado fondo por aquel seguro, debiendo por tanto recorrerse la numeración de las cláusulas subsecuentes. [. . .] Asimismo, se acuerda suprimir la mención del fondo mutualista del SUTERM en todas las cláusulas en que se haga referencia al mismo, adecuando su texto en la forma en que sea convenido en cada caso".

Curiosamente, la aseguradora en cuya mesa directiva se sentaba *La Güera* se declaró en quiebra y ninguna autoridad puede dar fe de los recursos porque el Fondo Mutualista operaba de manera irregular. Rodríguez y asociados apenas podían creer en su buena suerte: desaparecieron miles de millones de pesos y ni un trabajador abrió la boca.

La situación cambió a medidos de 1993, cuando un grupo de sindicalizados —174 entre jubilados y retirados de Nayarit y Jalisco— leyó el clausulado de su Contrato Colectivo de Trabajo, descubrió la bribonada y exigió la devolución de sus aportaciones. Según sus cálculos, cada uno debía recibir en ese entonces 150 mil pesos. Era su dinero. Con el tiempo descubrirían que tampoco era esa la cantidad, sino 300 mil pesos.

Acosados por reclamos y pescados con los dedos entre la puerta, Eduardo Lecanda Lujambio, secretario de Trabajo del sindicato y *La Güera* intentaron desviar la atención y responsabilizaron por los descuentos su administración y estado contable a la CFE. El contraataque oficial llegó casi de inmediato: la empresa descontó a los trabajadores lo relativo a las cuotas para el Fondo Mutualista, pero se entregaron a la Secretaría de Finanzas del Comité Ejecutivo del SUTERM.

Mientras el sindicato y la CFE se lavaban las manos, los trabajadores descubrieron que todo fue parte de un negocio personal. La Dirección de Seguros y Finanzas de la Secretaría de Hacienda les informó que en los archivos de la dependencia no existían antecedentes de alguna autorización otorgada al Fondo referido. En sus archivos de la Comisión Nacional de Seguros y Fianzas no se localizaron antecedentes respecto a la constitución y actividades del fondo de los electricistas.

Harto de la situación, el grupo inicial decidió hacer los primeros reclamos en mayo de 1994 ante la Junta Especial Número Cinco de la Comisión Federal de Conciliación y Arbitraje. Más adelante también presentaría una denuncia colectiva de hechos ante la Procuraduría General de la República (PGR), reclamando la devolución del Fondo Mutualista. Para julio de 2001, el número de denunciantes que reclamaban sus recursos había aumentado a 6 mil. En una carta que ese mes enviaron al presidente Vicente Fox, advirtieron: "Los reclamantes de aproximadamente $ 73'000,000.00 (setenta y tres mil millones de pesos) de este Fondo Mutualista, en poder del SUTERM, son padres, madres, esposos, esposas e hijos de cerca de 90 mil trabajadores de la CFE.

"La Ley General de Instituciones y Sociedades Mutualistas de Seguros vigente desde 1931 es la que determina la creación, funcionamiento y liquidación de los fondos mutualistas en el ámbito nacional y hasta la fecha el SUTERM y su secretario general Rodríguez Alcaine, no han acatado las disposiciones y requisitos que los obligan a liquidar legalmente este fondo, a pesar de que en las 58 demandas que hemos promovido ante la Junta Especial Número Cinco de la (Junta) Federal de Conciliación y Arbitraje, la CFE ha manifestado que en cumplimiento a lo pactado en los Contratos Colectivos de Trabajo entregó al SUTERM las cuotas que descontaba a sus trabajadores por este concepto y que además, anualmente, aportaba de su propio peculio las cantidades de dinero consignadas en estos contratos; siendo la última la del bienio 1988-1990 por la cantidad de $2,000.00 (dos mil pesos) por cada uno de los 90 mil trabajadores de esta industria eléctrica".

Las primeras 16 demandas se encuentran en el expediente 178/94 bajo el rubro de: J. Rosario Pérez Posadas y/otros y acumulados contra el SUTERM y la CFE. Los trabajadores también denunciaron la parcialidad de las primeras autoridades que vieron el caso: "La Junta Especial Número Cinco de la Federal de Conciliación y Arbitraje, desde la presentación de la primera demanda del reclamo del Fondo Mutualista en mayo de 1974 ha actuado con la 'línea' que le marcaban los secretarios de Gobernación, y de Trabajo y Previsión Social, del régimen anterior, sin examinar las pruebas ofrecidas por los trabajadores y sin tomar en consideración las declaraciones de la CFE, en donde afirma haber descontado del salario de los trabajadores la cuota del fondo mutualista y haber aportado anualmente diversas cantidades de dinero por este mismo concepto al Comité Ejecutivo Nacional del SUTERM.

"Tenemos fundados temores de que los dirigentes del Comité Ejecutivo Nacional del SUTERM, y en especial sus abogados representados por Juan Moisés Calleja García, ex ministro de la Suprema Corte de Justicia de la Nación, están ejerciendo presión política y jurídica sobre los honorables magistrados del Cuarto Tribunal Colegiado para que resuelvan negando el amparo que solicitan los coagraviados y con esto burlar, una vez más, la justicia".

Después de un largo análisis del juicio —que tuvo como antecedente un prolongado litigio en los tribunales colegiados Sexto, Tercero, Octavo y Décimo Cuarto en materia de trabajo del Primer Circuito, en el Distrito Federal—, el Sexto Tribunal Colegiado en materia de trabajo del primer circuito le notificó a Rodríguez Alcaine que estaba obligado a devolver más de 70 mil millones de pesos recabados durante 30 años mediante el Fondo Mutualista y que nunca entregó a los deudos de los empleados de la Comisión Federal de Electricidad (CFE). Actualizada la suma, con los intereses respectivos, según las tasas del Banco de México, las cuentas del Fondo Mutualista debían tener 638 mil millones de pesos. Y cada uno de los aportantes debía recibir, al menos, medio millón de pesos.

Nadie ha visto nada de ese dinero. Acaso y sin que sirva de ningún consuelo, empleadas de limpieza lo único que han descubierto es la colección de preservativos o condones que Fuentes del Villar guardaba en una gran fotografía que tenía en su oficina y una de las gavetas de su escritorio (desde luego de don Víctor) repleta, hasta el tope, de fajos apilados de billetes de 500 pesos.

Con las lecciones del tío aprendidas de memoria, Víctor Fuentes del Villar ha tenido bastante éxito: se encaramó a una casta de privilegiados, logró eludir las resoluciones sobre el Fondo Mutualista y encontró la fórmula para sobrevivir, implantar su cacicazgo y controlar los recursos del sindicato. Con la lógica del tío, se sostiene en un grupo muy reducido de incondicionales que opera en las coordinaciones regionales, líderes seccionales y delegados que son quienes responden por los empleados a la hora de decidir o de votar. Y con esa misma lógica, parece que sólo abandonará su cargo con los pies por delante. Aunque las cuentas del Fondo Mutualista hacen agua por todos lados, a estas alturas sabe —como saben casi todos los líderes— que mientras no se salgan del sistema el poder sindical puede ejercerse con absoluta impunidad.

temas 'de hoy.

España
Av. Diagonal, 662-664
08034 Barcelona (España)
Tel.: (34) 93 492 80 00
Fax: (34) 93 492 85 65
Mail: info@planetaint.com
www.planeta.es

Paseo Recoletos, 4, 3.ª planta
28001 Madrid (España)
Tel.: (34) 91 423 03 00
Fax: (34) 91 423 03 25
Mail: info@planetaint.com
www.planeta.es

Argentina
Av. Independencia, 1682
1100 C.A.B.A.
Argentina
Tel.: (5411) 4124 91 00
Fax: (5411) 4124 91 90
Mail: info@eplaneta.com.ar
www.editorialplaneta.com.ar

Brasil
Av. Francisco Matarazzo,
1500, 3.º andar, Conj. 32
Edificio New York
05001-100 São Paulo (Brasil)
Tel.: (5511) 3087 88 88
Fax: (5511) 3087 88 90
Mail: ventas@editoraplaneta.com.br
www.editoraplaneta.com.br

Chile
Av. 11 de septiembre, 2353, piso 16
Torre San Ramón, Providencia
Santiago (Chile)
Tel.: Gerencia (562) 652 29 43
Fax: (562) 652 29 12
www.planeta.cl

Colombia
Calle 73, 7-60, pisos 7 al 11
Bogotá, D.C. (Colombia)
Tel.: (571) 607 99 97
Fax: (571) 607 99 76
Mail: info@planeta.com.co
www.editorialplaneta.com.co

Ecuador
Whymper, N27166,
y Francisco de Orellana
Quito (Ecuador)
Tel.: (5932) 290 89 99
Fax: (5932) 250 72 34
Mail: planeta@acces.net.ec

México
Masarik 111, piso 2.º
Colonia Chapultepec Morales
Delegación Miguel Hidalgo 11560
México, D.F. (México)
Tel.: (52) 55 3000 62 00
Fax: (52) 55 5002 91 54
Mail: info@planeta.com.mx
www.editorialplaneta.com.mx
www.planeta.com.mx

Perú
Av. Santa Cruz, 244
San Isidro, Lima (Perú)
Tel.: (511) 440 98 98
Fax: (511) 422 46 50
Mail: rrosales@eplaneta.com.pe

Portugal
Planeta Manuscrito
Rua do Loreto, 16-1.º Frte.
1200-242 Lisboa (Portugal)
Tel.: (351) 21 370 43061
Fax: (351) 21 370 43061

Uruguay
Cuareim, 1647
11100 Montevideo (Uruguay)
Tel.: (5982) 901 40 26
Fax: (5982) 902 25 50
Mail: info@planeta.com.uy
www.editorialplaneta.com.uy

Venezuela
Final Av. Libertador con calle Alameda,
Edificio Exa, piso 3.º, of. 301
El Rosal Chacao, Caracas (Venezuela)
Tel.: (58212) 952 35 33
Fax: (58212) 953 05 29
Mail: info@planeta.com.ve
www.editorialplaneta.com.ve

Grupo ⊛ Planeta   Planeta es un sello editorial del Grupo Planeta